부처님은 이렇게 말씀했다

부처님은 이렇게 말씀했다

잡아함 1,362경에서 가려뽑은
금쪽 같은 부처님 말씀 100가지

홍사성

참글세상
1% 나눔의 기쁨

아함부 경전을 읽는 사람의 행복

"거룩하옵니다. 세존이시여. 예를 들면 넘어진 것을 일으켜 세우듯이, 가려져 있는 것을 벗겨내듯이, 방황하는 사람에게 길을 안내하는 것 같이, 암흑 속에서 등불을 밝혀 눈 있는 자는 보라는 것과 같이 저희들을 깨우쳐 주셨습니다."

부처님 당시 성제자(聖弟子)들은 설법을 듣고 난 다음의 감동을 이렇게 찬탄했다. 아함부의 경전을 읽다보면 왜 이런 찬탄이 나올 수밖에 없었는지가 짐작이 간다. 아함의 경전들에서 부처님은 마치 교사가 학생들에게 자상한 가르침을 일러주듯이 나지막한 목소리로 설법을 하신다. 부처님의 가르침은 아주 짧은 한마디라도 진리의 말씀이어서 누구도 동의하지 않을 수 없다. 그런 가르침을 받은 사람들이 마음의 어두움이 벗겨지는 순간 그 감동을 찬탄의 말로 고백하는 것은 지극히 자연스러운 일이다.

지난 몇 년 동안 나는 비교적 부처님의 육성에 가깝다는 아함부의 경전들을 읽어 왔다. 경전을 읽으면서 나는 부처님 당시의 성제자들과 같은 감동을 느꼈다. 예전에도 간혹 이 경전들을 읽지 않은 것은 아니지만 그때는 경안(經眼)이 열리지 않은 탓인지 마음으로부터의 공감이 부족했던 것이 사실이었다. 그러던 어느 날 나는 가족들이 외출하고 없는 집에서 향 한 개를 피워놓고 이 경전을 나지막한 소리로 읽은 적이 있었다. 이렇게 소리 내어 경전을 읽어나가자 문득 2천 수백 년 전 인도에서 가혹한 모래 바람을 마다 않고 설법하시던 부처님의 모습이 눈앞에 떠올랐다.

그 분은 경전 속에서 성의를 다해 진지하게 가르쳤고, 그 뜻은 촉촉하게 메마른 가슴을 적시는 듯했다. 순간 나는 과거 어느 때에도 느끼지 못하던 법열이랄까 깊은 감동에 몸을 떨어야 했다. 그것은 경전의 표현대로 '하얀 삼베에 먹물이 번지듯' 부처님의 가르침을 의심없이 마음 속으로 받아들이는 사람들의 전율과 같은 기쁨이었다. 그 뒤 나는 틈나는 대로 아함부의 경전들을 나지막한 소리로 읽어나갔다. 그럴 때마다 부처님은 언제나 내 앞에 시현해서 자상한 가르침을 베풀어 주었다.

'아, 이것이구나! 부처님은 우리에게 이것을 가르치고자 하는구나.'

나는 그제야 내가 진정으로 조금씩 '불자(佛子)'가 되어가고 있음을 느끼게 되었다.

물론 지금도 나는 몸과 마음이 완벽하게 부처님 그 분을 닮아가던 부처님 당시의 성제자들과는 비교도 되지 않는다. 그런 비교를 한다는 것 자체가 교만이고 분수를 넘어서는 일이다. 그러나 한 가지 분명한 것은 이제 나도 비로소 '성스러운 가르침의 물결(預流)'로 향하고 있다는 자각이다. 그것은 30여년이 넘게 불교를 공부한 끝에 뒤늦게 부처님을 '나의 스승'이라고 마음 속으로부터 받아들이는 사람의 행복이기도

하다.

　이 책은 그 동안 내가 아함부의 경전을 읽으며 가장 감명을 많이 받았던 것 중에서 일부를 간추려 엮은 것이다. 널리 알려진 대로 아함부의 경전은 장아함, 중아함, 잡아함, 증일아함 4부로 구성돼 있다. 한역(漢譯) 장아함은 비교적 긴 경전들로 22권에 30개의 경이 들어 있고, 중아함은 중간 길이의 경전으로 60권에 241경이 들어 있다. 또 증일아함은 51권에 472경, 그리고 짧은 경전들을 모아놓은 잡아함은 50권에 무려 1362개의 작은 경전들이 수록돼 있다. 이 가운데서 가장 원형적인 부처님의 가르침을 담고 있는 것이 바로 잡아함이다.

　잡아함에는 특별히 난해한 가르침이 없다. 부처님이 제자들과 어울려 지내면서 그때그때 일어난 일상적인 사건을 통해 우리가 어떻게 살아야 하는지를 솔직하고 간절한 음성으로 말씀하고 있다. 경전을 읽다 보면 우리는 시공을 뛰어넘어 부처님의 인격적 향기를 느끼게 된다. 이 책은 바로 이 잡아함에서 가장 쉽게 마음에 와 닿는 100개의 경전을 골라 간단한 독후감을 덧붙인 것이다. 원래는 4부 아함 전체에서 가장 요긴한 것만 골라 한권으로 만들려고 했으나 버리기 아까운 것들이 너무 많아 할 수 없이 장아함이나 중아함, 증일아함은 다음을 기약하기로 했다.

　이 책을 엮는 뜻은 필자가 아함의 경전들을 읽으면서 느꼈던 감동을 독자와 함께 하고 싶다는 소박한 욕심에서다. 그래서 독자들이 쉽게 경전을 읽을 수 있도록 원뜻이 손상되지 않는 범위에서 윤문에도 노력을 기울였다. 바라기로는 독자들도 이 책에 수록된 경전을 읽을 때는 반드시 입으로 소리를 내서 읽어주었으면 한다. 부처님이 열반한 뒤 경전을 결집할 때도 이렇게 소리 내어 합송을 했다고 하는데, 이는 내용을 잘 기억하게 할 뿐만 아니라 그 뜻을 가슴에 담을 수 있기 때문이었다.

나는 이 책을 누구보다도 먼저 사랑하는 아내와 두 딸에게 읽히고 싶다.

1998년 11월 6일

개정판에 붙여

《부처님은 이렇게 말씀했다》가 출간된 지 28년이 지났다. 출판사측에 따르면 그동안 이 책은 초기 불교에 대한 관심을 불러일으키면서 불교서적으로는 드물게 17쇄의 중판을 거듭했다. 그만큼 독자의 사랑을 많이 받았다는 뜻이다. 그 성원에 보답하기 위해 그동안 절판되었던 책을 새로 편집해 개정판을 출간키로 했다. 아무쪼록 이 책이 불교를 처음 공부하는 사람들의 좋은 친구가 되었으면 한다. 다시 한 번 꾸준한 사랑을 보내 준 여러분들에게 감사의 인사를 올린다.

2025년 10월

차례

- 아함부 경전을 읽는 사람의 행복 · 14

제1부 　　　　　**바람을 향해 흙을 던지지 말라**

- 노여움을 다스리는 지혜 · 14
- 바람을 향해 흙을 던지지 말라 · 17
- 용서하지 않는 것도 허물 · 19
- 대립과 투쟁의 원인 · 22
- 누가 천박한 사람인가 · 24
- 사람을 평가하는 기준 · 26
- 밥 먹을 자격이 없는 사람 · 29
- 나쁜 별명을 없애는 방법 · 31
- 사람 대접과 사람 노릇 · 34
- 살인마도 제자로 교화하다 · 37
- 아직도 기회는 있다 · 40
- 절약은 하되 인색해서는 안 된다 · 43
- 인생에서 실패하는 지름길 · 46
- 상식의 진리를 실천하라 · 48
- 전쟁을 하지 말라 · 50
- 동물학대를 반대하는 불교 · 52
- 불효자에게 들려주는 노래 · 55
- 불교식 다이어트 비법 · 58
- 도끼보다 무서운 입을 조심하라 · 61
- 누구에게나 찾아오는 죽음 · 64

제2부   쓸데없는 말보다 침묵이 값지다

- 좋은 친구와 사귀는 이익 ·· 68
- 좋은 친구 나쁜 친구 ·· 71
- 어떤 사람과 친해야 하나 ·· 74
- 쓸데없는 말보다 침묵이 값지다 ································ 76
- 친족을 엄격하게 다스리라 ·· 78
- 재산을 관리하는 방법 ··· 81
- 무엇을 해서 먹고 살아야 하는가 ······························ 84
- 명예와 덕망이 높아지는 비결 ··································· 87
- 사회사업은 최고의 공덕 ··· 90
- 겉모습으로 판단하지 말라 ·· 93
- 불교의 길, 정치의 길 ··· 96
- 좋은 지도자, 나쁜 지도자 ·· 99
- 내가 싫으면 남도 싫어해 ·· 102
- 부처님도 어쩔 수 없는 사람 ··································· 104
- 교만한 사람에게 주는 교훈 ····································· 106
- 스스로 아끼고 사랑하라 ··· 109
- 인생이 걷는 네 갈래 길 ·· 112
- 소원성취의 비결은 불방일 ······································ 115
- 나누어 주는 공덕 ··· 118
- 자리를 나누어 앉은 부처님 ···································· 121

제3부 나무는 기운 쪽으로 넘어진다

- 도둑도 훔쳐 가지 못하는 보물 ·········· 124
- 애욕의 늪에 빠지지 않는 방법 ·········· 126
- 남의 허물을 들추기 위해서는 ·········· 129
- 세상에서 가장 즐거운 일 ·········· 132
- 부처님의 영가법문 ·········· 135
- 자살에 대한 불교의 입장 ·········· 137
- 낙태에 대한 불교의 입장 ·········· 140
- 삿된 길을 가르치는 종교들 ·········· 143
- 천문 지리에 능통한들 무슨 소용인가 ·········· 145
- 존경받는 종교인이 되려면 ·········· 147
- 청정한 승단의 거룩함 ·········· 149
- 타락한 수행자를 위한 훈계 ·········· 152
- 모든 사람은 평등하다 ·········· 154
- 인격과 교양의 향기 ·········· 157
- 자신을 속일 수는 없다 ·········· 160
- '대장부'의 불교적 조건 ·········· 163
- 진실로 내 것이 아니면 버리라 ·········· 166
- 지혜로운 사람과 어리석은 사람 ·········· 168
- 존중하고 의지할 대상 ·········· 171
- 나무는 기운 쪽으로 넘어진다 ·········· 174

제4부   **성자가 걸어가는 길**

- 늙음과 죽음이 무너져 내릴 때 ·············· 178
- 성자와 범부의 차이 ·············· 181
- 깨달음에는 남녀가 없다 ·············· 184
- 불교를 공부하는 이유 ·············· 187
- 중생이 중생일 수밖에 없는 까닭 ·············· 189
- 목욕을 한들 죄가 씻어지랴 ·············· 192
- 이성에 대한 욕망을 억제하는 법 ·············· 194
- 불교의 명상법 ·············· 197
- 10가지 나쁜 업을 짓는 과보 ·············· 200
- 수행이란 금을 제련하는 과정 ·············· 203
- 극단을 피하는 중도의 길 ·············· 206
- 정신과 육체·의식의 삼각관계 ·············· 209
- 육신과 자아를 관찰하는 법 ·············· 212
- 부처님의 산상수훈 ·············· 215
- 12개의 고리로 맺어진 인생의 비밀 ·············· 218
- 열반이란 무엇인가 ·············· 221
- 성자들이 걸어가는 길 ·············· 224
- 사성제의 진리를 터득하라 ·············· 227
- 누가 진리를 만들었는가 ·············· 229
- 불교의 종교적 특질 ·············· 232

제5부 　 불자가 가져야 할 얼굴

- 종교생활은 맑은 공기를 마시는 것 ·················· 236
- 불교를 만난 것은 최고의 행운 ························ 238
- 불자가 가져야 할 얼굴 ································· 241
- 삼보에 귀의한 공덕 ····································· 244
- 부처님은 왜 설법하는가 ································ 247
- '전도선언' 속에 담긴 뜻 ································ 250
- 불자의 사명은 전법 ····································· 253
- 부처님이 임종 직전에 한 일 ·························· 256
- 진리를 의지처로 삼으라 ································ 259
- 사람을 믿으면 실망하기 쉽다 ························ 262
- 꾸준히 절에 나가야 할 까닭 ·························· 265
- 그릇을 비워야 채울 수 있다 ·························· 268
- 점을 치거나 보면 안 된다 ······························ 271
- 전생의 일을 화제 삼지 말라 ·························· 273
- 늘 부처님과 함께 있는 사람 ·························· 275
- 가족부터 불자를 만들자 ································ 278
- 남편을 불법에 귀의시키라 ····························· 281
- 병상에 염주를 걸어주는 불교 ························ 284
- 불자의 조건 열여섯 가지 ······························· 287
- 재가불자가 해야 할 일 ································· 290

제1부

바람을 향해 흙을 던지지 말라

노여움을 다스리는 지혜

 부처님이 사밧티(사위성) 기원정사에 계실 때의 일이다. 어느 날 젊은 바라문 핑기카라는 젊은이가 찾아와 입에 담기 거북한 욕지거리로 부처님을 모욕했다. 그래도 부처님은 핑기카가 퍼붓는 욕설을 잠자코 듣고만 있었다.

실컷 욕을 하던 그도 부처님이 별 반응을 보이지 않자 이내 조용해졌다.

이때를 기다렸다가 부처님은 그에게 말을 건넸다.

"젊은이여. 그대의 집에도 가끔 손님이 찾아오는가?"

"물론 그렇소."

"만약 손님이 그 음식을 먹지 않으면 그 음식은 누구의 차지가 되겠는가?"

"그야 물론 내 차지가 되겠지요. 그런데 그것은 왜 묻는 것이오."

"젊은이여. 오늘 그대는 나에게 욕설로 차려진 진수성찬을 대접하려 했소. 그러나 나는 그것을 받고 싶지 않소. 그러니 그 모욕적인 언사들은 모두 그대의 차지가 될 것 같소. 젊은이여. 만약 그대의 욕설을 듣고 화를 내면서 똑같이 욕을 했다면 손님과 주인이 권커니 자커니 하는 꼴이 되겠지만 나는 그렇게 하고 싶지 않소."

잡아함 42권 1152경 《빈기가경(賓耆迦經)》

 다른 자료를 보면 이 젊은이는 외도를 신봉하는 사람이었다. 그가 이렇게 화를 내며 욕지거리를 퍼부은 것은 그의 동족 한 사람이 부처님 교단으로 출가했기 때문이었다. 그로서는 용납할 수 없는 일이었다. 그는 이를 계기로 부처님은 도대체 어떤 분인지, 그분도 화를 내는가. 어쩌는지를 떠보려고 모욕을 준 것이었다. 그러나 부처님은 이미 탐진치를 극복한 분이었다. 그의 속셈은 결국 수포로 돌아가고 말았다.

우리 주변을 돌아보면 수양을 어지간히 했다는 사람도 자신을 구시하거나 모욕적인 말을 들으면 참지 못하고 화를 내는 경우가 많다. 이는 아직도 '나(我)'라는 생각이 남아 있기 때문이다. 그러나 참으로 공부가 익은 사람은 그러지 않는다. 화낼 마음이 없는데 무슨 마음으로 화를 내겠는가.

분노란 불길과 같아서 부채질하면 할수록 더욱 거세게 타오른다. 반대로 참으면 참을수록 사그라드는 것이 또한 분노다. 부처님이 핑기카에게 가르쳐주고자 한 것도 분노의 마음을 부채질하기보다는 그 불길을 잠재우고 다스리는 지혜였다.

예로부터 큰스님들은 어떤 사람이 참다운 수행자인지 아닌지, 드(道)가 익었는지 설었는지를 구분하는 방법으로 그가 어떻게 노여움을 다스리는가를 살폈다고 한다. 화를 자주 내는지, 잘 참는지를 보면 수행의 성숙도를 알 수 있다는 것이다.

《빈기가경》 바로 앞에는 《아수라경》이라는 경이 있다. 아수라(阿修羅)란 싸움을 좋아하는 귀신을 말한다. 이 경에서 부처님은 분노를 다스리는 법을 다음과 같은 게송으로 가르치고 있다. 화를 잘 내는 사람은 외워두면 도움이 될 것이다.

참는 것은 분노를 이기고
착한 것은 악한 것을 이기네.

은혜를 베풀면 간탐을 항복받고
진실 된 말은 거짓의 말을 이기네.

꾸짖지 않고 사납게 하지 않아도
언제나 성현의 마음에 머무르면
나쁜 사람이 화를 돋구더라도
돌산처럼 움직이지 않을 수 있으리라.

바람을 향해 흙을 던지지 말라

부처님이 사밧티의 동쪽 녹자모 강당에 계실 때의 일이다. 부처님은 여느 날과 마찬가지로 아침 탁발을 하기 위해 성 안으로 들어갔다. 그런데 탁발이 끝나갈 무렵 뜻밖의 곤란한 일이 생겼다. 사밧티(사위성)에 사는 파라트파차 라는 욕쟁이가 부처님을 따라다니며 차마 입에 담기 거북한 욕을 하는 것이었다.

그 때 부처님은 그가 정상적인 사람이 아니라는 것을 알고 아무런 대꾸도 하지 않았다. 그러자 파라트파차는 부처님이 자기의 위세에 눌려 아무런 대꾸도 하지 않는 줄 알고 '당신은 나에게 졌다'고 기고만장했다.

그러나 일체의 분노로부터 해탈한 분이 부처님이다. 그런 일에 얼굴을 붉히거나 화를 낼 부처님이 아니었다. 약이 오른 파라트파차는 흙을 한주먹 쥐고 부처님을 향해 뿌렸다. 그때 마침 맞은 편에서 바람이 불어와 흙먼지는 도로 그에게 돌아갔다. 파라트파차는 자기가 뿌린 흙먼지를 고스란히 뒤집어쓰고 말았다. 멀리서 이 모습을 지켜보던 사람들은 웃었다.

부처님은 딱하다는 듯이 그를 바라보다가 이렇게 타일렀다.

"아무에게나 마음대로 욕하거나 모욕을 주어서는 안 된다. 너를 화나게 하거나 원한이 있는 사람에게도 그렇게 하면 안 된다. 몸과 마음이 청정해서 때가 없는 사람에게 나쁜 말을 하면 허물은 도리어 자기에게 돌아가게 된다. 마치 바람을 거슬러 흙을 뿌리면 그 흙이 되돌아와 자신을 더럽히는 것과 같다."

파라트파차는 그제야 정신을 차리고 참회했다.

"부처님. 제가 잘못했습니다. 제가 왜 미친 사람처럼 부처님에게 거칠고 추악한 말로 욕하고 모욕했는지 모르겠습니다. 저의 참회를 받아주소서."

잡아함 42권 1153경 《건매경(健罵經)》

 깨달음을 성취한 부처님이 45년 동안 펼친 전도의 여정은 고난과 질시의 가시밭길이었다.

외도의 무리들은 부처님의 명성을 질투하여 터무니없는 모함을 하기 예사였다. 어떤 사람은 부처님이 성자인가 아닌가를 시험하기 위해 일부러 곤란한 일을 만들기도 했다.

부처님은 그 때마다 아주 인상적인 대응방법으로 그들을 교화해 나갔다. 잡아함 42권에 이런 에피소드들이 여러 가지 소개되고 있는데 이 경전도 그 가운데 하나다.

세상을 살다보면 파라트파차와 같은 사람을 만나 뜻밖의 봉변을 당하는 일이 가끔 생긴다. 그럴 때 보통은 화를 참지 못하고 분노하기가 쉽다. 하지만 화를 내면 스스로 흙먼지를 뒤집어쓰는 꼴이 된다. 화를 내면 낼수록 결과적으로 손해를 보는 나 자신이다. 크게 화를 내면 갑자기 피가 거꾸로 흐르고 심장이 크게 박동해서 혈관이 터지고 몸을 상하게 하는 수도 있다. 이럴 때 일수록 부처님이 모범을 보였던 대처방법을 떠올리는 것이 좋을 것 같다.

용서하지 않는 것도 허물

부처님이 사밧티(사위성)의 기원정사에 있을 때의 일이다. 어느 날 아침 탁발을 끝내고 돌아온 부처님이 조용한 명상에 잠겨 있는데 어디에선가 말다툼하는 소리가 들려왔다. 싸움 난 곳으로 사람을 보내 알아보게 했더니 사연은 이러했다.

어느 비구가 동료에게 사소한 잘못을 저질렀다. 그는 곧 자기가 잘못한 것을 깨닫고 상대방에게 정중히 사과를 하고 용서를 빌었다. 그러나 사과를 받은 쪽은 그것만으로는 부족하다고 느꼈던지 그를 용서해주지 않았다. 오히려 그에게 계속 큰소리로 윽박지르고 나무랐다.

옆에서 이를 지켜보던 동료들은 처음에 잘못한 비구보다 사과를 받아들이지 않는 쪽이 너무한다 싶었다. 그래서 '이제는 그만 사과를 받아들이고 용서를 해주라'고 충고를 했다. 그래도 그는 막무가내였다. 오히려 제3자는 참견하지 말라고 호통이었다. 그러자 이번에는 싸움을 말리려던 사람과 시비가 생겨 목소리는 더욱 커지게 됐다. 그러다보니 작은 시비가 큰 시비가 되고. 마침내는 부처님조차 무슨 일인지 걱정할 정도가 된 것이었다.

싸움의 자초지종을 전해들은 부처님은 혀를 끌끌 차면서 싸우는 비구들을 불러 모아 놓고 이렇게 타일렀다.

"잘못을 하고도 뉘우치지 않는 것은 잘못이다. 잘못을 사과하고 용서를 비는데 받아들이지 않는 것도 잘못이다. 그들은 모두 어리석은 사람들이다. 그러나 잘못을 하고 그것을 뉘우치는 것은 훌륭한 일이다. 잘못을 비는 사람을 용서하는 것은 더 훌륭한 일이다. 이들은 모두 현명한 사람이다."

부처님은 이어 수행자가 늘 가져야할 마음가짐을 게송으로 덧붙였다.

남에게 대해 해칠 마음이 없으면
분노에도 또한 얽매이지 않나니
원한을 품어 오래 두지 말고
분노의 땅에도 또한 머물지 말라.

비록 화가 치밀더라도
그 때문에 나쁜 말을 하지 말라.

구태여 남의 허물을 애써 찾거나
약점과 단점을 들춰내지 말라.
항상 마땅히 스스로를 단속하고
정의로써 스스로를 되살피라.

잡아함 40권 1108경 《득안경(得眼經)》

사람의 마음이란 크게 쓰면 하늘을 덮고도 남지만 작게 쓰면 바늘 하나 꽂을 데가 없다. 마음을 너그럽게 쓰면 어떤 일도 용서가 되지만 그렇지 않을 때는 잘못을 빌어도 용서의 마음이 생기지 않는다. 남을 이해하지 못하거나 용서하는 마음이 부족하면 싸움은 필연적이다. 세상의 모든 싸움이란 대개 용서하는 마음이 부족한 데서 생긴다.

그런데 그 싸움이란 것도 나중에 되돌아보면 참으로 어이없고 사소한 일이 원인인 것이 많다. 조금만 너그러웠다면 충분히 이해할 일이었는데도 다툼을 벌인 것이다. 이는 아직 수행이 부족한 탓으로밖에 볼 수 없다.

부처님 제자들 가운데서도 수행이 부족한 사람들은 사소한 일로 언쟁을 벌이는 일이 적지 않았던 것 같다. 이 경은 그런 사정을 짐작하게 하는 에피소드 가운데 하나다.

싸움은 끝나고 나면 언제나 뒷맛은 개운치 않다. 상대방을 제압했거나 상대방에게 제압을 당했거나 관계없이 불쾌감만 남는다. 불쾌감을 가슴에 담아 두어 좋을 것이 무엇인가.

부처님 말씀대로 '분노의 땅'에는 가지 않는 것이 좋다.

대립과 투쟁의 원인

 부처님이 사밧티(사위성)의 기원정사에 있을 때의 일이다. 그 무렵 마하카트야나는 바라나 마을의 한 숲에 머물고 있었는데 어느 날 막대기에 물통을 달고 다니는 바라문이 찾아와 이런 것을 물었다.

"세상에는 나라를 다스리는 왕과 왕이 싸웁니다. 높은 지위에 있는 바라문과 바라문도 다툽니다. 재산이 많은 장자거사들도 싸웁니다. 이들은 무슨 까닭으로 싸우는 것입니까?"

"왕과 왕이 싸우고, 장자거사와 장자거사가 싸우는 것은 탐욕에 매이고 집착하기 때문이지요."

"세상에는 집을 나온 수행자도 있고 신을 섬기는 종교인들이 있습니다. 그들도 싸웁니다. 종교인들이 싸우는 것은 무슨 까닭입니까?"

"수행자와 수행자들이 싸우는 것은 자기 생각(見欲)에 매이고 집착하기 때문이지요."

"그러면 탐욕이나 견욕에 매이거나 집착하지 않는 길은 없습니까?"

"우리의 스승인 여래, 응공, 정등각, 명행족, 선서, 세간해, 무상사, 조어장부, 천인사, 불세존께서는 탐욕과 견욕에서 벗어난 분이며, 그것에서 벗어나는 길을 가르치는 분이지요." 마하카트야나의 설명을 들은 바라문은 "그 분이 지금 어디에 계시냐"고 물었다. 기원정사에 계신다고 하자 그는 그쪽을 향해 예배하고 돌아갔다.

잡아함 20권 546경 《집조관장경(執粗灌杖經)》

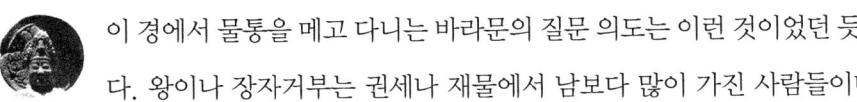 이 경에서 물통을 메고 다니는 바라문의 질문 의도는 이런 것이었던 듯하다. 왕이나 장자거부는 권세나 재물에서 남보다 많이 가진 사람들이다. 그런데도 그들은 싸운다. 그 이유가 무엇인가. 또 종교인들은 권력이나 재물로부터 떠나 정신적인 가치를 추구하는 사람들이다. 그런데 그들도 싸운다. 그 이유는 무엇인가.

이에 대한 마하카트야나의 대답은 명쾌하다. 왕이나 장자가 싸우는 것은 가진 것에 만족하지 않고 더 많이 가지려고 하는데 원인이 있다. 요즘 말로 하면 이해갈등 때문이라는 지적이다. 이에 비해 그런 것을 떠난 수행자나 종교인들이 싸우는 것은 자기 주장이 옳다고 우기는데 원인이 있다. 요즘 말로 하면 이념갈등 때문이라는 지적이다.

세상이란 예나 지금이나 이해갈등과 이념갈등이 끊임없이 반복되고 있다. 이해갈등들이 형이하학적인 갈등이라면 이념갈등은 형이상학적인 갈등일 것이다. 이러한 갈등이 끊임없이 계속되는 것은 탐욕과 견욕 때문이다.

탐욕의 원인은 '나의 것'이라는 아집(我執)에 얽매이는데 있다. 견욕의 원인은 삿된 소견에 얽매여 비진리를 진리라고 믿는 법집(法執)에서 연유한다. 아집에서도 벗어나야 하지만 법집에서도 벗어나야 다툼이 없는 세상이 열린다. 다툼이 없는 세상을 위해 부처님의 가르침대로 아집과 법집을 벗어던져야 한다.

누가 천박한 사람인가

부처님이 라자가하(왕사성)의 죽림정사에 있을 때의 일이다. 아침 탁발을 나간 부처님은 바라드바자(婆羅墮奢)라는 불을 섬기는 바라문의 집 앞을 지나게 되었다. 그 때 바라드바자는 부처님에게 '그대는 불을 섬기지 않는 천한 사람이다. 그러니 불을 밝혀놓은 신성한 곳에 접근하면 안 된다.'고 고함을 질렀다. 부처님은 그에게 이렇게 물었다.

"너는 나를 천박하다고 했는데 참으로 천한 사람이 누구인지 아는가?"

그가 우물쭈물 대답을 못하자 부처님이 타일렀다.

"성내는 마음으로 원한을 품은 자, 위선을 행하며 그릇된 소견을 가진 자, 거짓을 꾸미고 아첨하는 자가 천한 사람이다.

생명을 해치고 자애로운 마음이 없는 자, 다른 사람을 핍박하고 압제하는 자, 남의 재물을 빼앗고 약탈하는 자가 천한 사람이다.

빚을 지고도 발뺌하는 자, 길가는 사람의 물건을 강탈하는 자, 자기 이익을 위해 거짓말을 하는 자가 천한 사람이다.

친척이나 남의 아내를 간음하는 자, 부자이면서 부모를 부양하지 않는 자, 부모나 형제자매를 괴롭히는 자가 천한 사람이다.

바른 것을 은폐하고 도리에 맞지 않는 것을 가르치는 자, 나쁜 일을 하고도 숨기는 자, 대접을 받고도 남을 대접할 줄 모르는 자, 수행자를 속이고 공양을 올리지 않는 자가 천한 사람이다.

　남의 물건을 탐내어 거짓말을 하는 자, 재물에 인색하고 고집을 세우는 자, 자기는 추켜세우고 남을 깔보는 자, 타인이 가르쳐 줘도 부끄러움을 모르는 자가 천한 사람이다. 부처님을 헐뜯고 부처님의 제자를 비난하는 자, 성자가 아니면서 그런 척하는 자, 이런 모든 사람이 바로 천한 사람이다.

　사람은 출생에 따라 천한 사람이 되거나 성자가 되는 것이 아니다. 사람은 그 행위에 의해서 천한 사람도 되고 또한 성자도 되는 것이다."

잡아함 4권 102경 《영군특경(領群特經)》

　이 경의 내용에 대해서는 더 이상 설명이 필요 없을 것 같다. 다만 부처님이 열거한 '천박한 사람'의 조건에서 우리가 얼마나 자유로울 수 있는지에 대해서는 각자가 반성이 있어야 할 것 같다.

　반성문을 쓸 때처럼 솔직하게 자신을 돌아보면 이 조건에 하나도 해당되지 않는 사람은 없을 것이다. 빚을 지고도 발뺌을 하거나, 친구의 아내를 간음하는 따위의 파렴치한 짓은 하지 않았다고 해서 무죄라고 할 수는 없다. 자기를 추켜세우고 남을 깔보았다든지, 남이 가르쳐 줘도 부끄러움을 모르는 사람이라는 지적은 꼭 누구를 두고 하는 말 같아 뒤통수가 간지럽다. 그러나 부처님은 이런 사람들에게 조금 위안이 될 만한 말씀도 잊지 않는다. '출생에 의해서가 아니라 행위에 의해 천한 사람도 되고 성자도 된다.'는 말씀이 그것이다. 어제까지 천한 짓을 했더라도 오늘부터 바른 행동을 하면 성자의 길을 걸을 수 있다는 뜻이다. 천한 짓을 해서 천한 사람이 된 것은 어제의 일이고, 오늘부터라도 천한 사람보다는 성자의 모습을 조금이라도 흉내내보는 것이 어떨는지.

사람을 평가하는 기준

부처님의 제자 가운데 외모가 보기 민망할 정도로 추하게 생긴 비구가 있었다. 그는 늘 외모 때문에 다른 사람들로부터 업신여김과 따돌림을 받았다. 어느 날 부처님이 기원정사에서 설법을 하고 있는데 이 비구가 나타났다. 사람들은 못생긴 비구가 온다면서 모두 고개를 돌리고 업신여기려 했다. 이를 본 부처님이 제자들을 타일렀다.

"너희들은 저 못생긴 비구를 업신여기거나 따돌리지 말라. 왜냐하면 저 비구는 이미 모든 번뇌가 다하고 할 일을 마친 사람이다. 온갖 무거운 짐을 벗어버리고 모든 결박에서 벗어났으며 바른 지혜로 마음의 해탈을 얻었기 때문이니라. 그러므로 너희들은 외모만 보고 함부로 사람을 평가하지 말라. 오직 여래만이 사람을 평가할 수 있느니라."

부처님은 이어서 그 외모가 못생긴 비구를 이렇게 평가했다.

"몸이 크고 얼굴이 잘생겼다 하더라도 지혜가 없다면 어디다 쓰랴. 저 비구는 비록 얼굴은 추하지만 마음이 지혜로운 사람이다. 그러니 외모만 보고 사람을 업신여기지 말라. 모든 번뇌에서 벗어난 저 비구야말로 최고의 장부니라."

잡아함 38권 1063경 《추루경(醜陋經)》

우리는 흔히 겉모습만 보고 그 사람을 평가하려고 한다. 속이야 어찌되었든 외모가 아름답고 그럴듯해 보이면 일단 그 사람의 인격도 그럴 것이라고 믿는다. 그래서 그런지 사람들은 인격을 도야하기보다는 외모만 가꾸는데 더 많은 관심을 기울인다. 코를 높이고 눈을 크게 하고 턱뼈를 깎아내는 수술이 성행하는 것을 보면 사람들이 미모에 얼마나 집착하는가를 알 수 있다. 심지어 젊은 사람들은 '머리 나쁜 것은 용서해도 얼굴 못생긴 것은 용서할 수 없다' 고 말할 정도다.

그러나 오랜 경험에 의하면 남에게 해를 끼치고 아픔을 주는 사람은 못생기고 못 배운 사람이 아니다. 많이 배우고 허우대가 멀쩡한 사람들이 남에게 해를 끼치고 아픔을 주는 경우가 더 많다.

TV 뉴스를 보면 얼굴을 가리고 잡혀가는 사람치고 못생긴 사람이 없다. 지위도 높고 공부도 많이 한 사람들이다. 저렇게 잘생긴 사람들이 무슨 죄를 지었으면 얼굴을 가리고 잡혀가는 것일까. 대개는 모든 이익을 독점적으로 챙기기 위해 부정한 짓을 하고, 뇌물을 주고받은 혐의다. 높은 자리의 특권을 이용함으로써 못나고 못 배운 사람들은 언감생심 쳐다보지도 못할 일들을 배짱 좋게 저지른 것이다. 그들의 얼굴을 보면 한결같이 기름기가 흐르는 잘생긴 얼굴들이다. 보통사람들은 이런 속내도 모르고 잘생기고 많이 배운 사람들에게 늘 주눅이 들어 있다. 겉모습이 우선 잘난 사람이면 무엇이든지 잘하고 훌륭하다는 이상한 선입견을 갖는 것이다.

부처님은 이러한 태도에 대해 엄중한 비판을 하고 있다. 사람의 진정한 평가 기준은 외모가 아니라 인격이며 능력이어야 한다는 것이다. 장애인이면서 정상인보다 더 훌륭한 사람이 얼마나 많은가를 생각하면 우리의 고정관념은 부끄러운 버릇일 뿐이다.

물론 기왕이면 잘생기고 아름다운 외모를 갖는다는 것은 기분 좋은 일이고 복된 일이다. 거기다가 외모에 걸맞는 인격을 갖춘다면 그보다 더 좋은 일은 없을 것이다. 문제는 외모에 비해 '허우대 값'도 못하는 짓을 너무 많이 하는데 있다. 부처님이 이 경에서 말하고 있는 것은 바로 이 허우대 값도 못하는 사람들의 허구성에 대해서다.

우리가 참으로 존중해야 할 것은 잘생긴 외모나 멀쩡한 허우대가 아니라 그 속에 들어 있는 인간 됨됨이다. '잘 생긴 사람은 반드시 얼굴값을 한다.'는 속언은 잘 생긴 사람들이 얼굴값을 못해서 생긴 말이다. 얼굴이 훗훗하고 부끄러운 일이다.

인격이나 교양의 향기가 오히려 조롱꺼리가 되는 시대에 외모만 보고 사람을 함부로 판단하지 말라는 부처님의 말씀은 더욱 새롭게 느껴진다.

밥 먹을 자격이 없는 사람

 부처님이 코살라의 나라 마을로 여행 중일 때의 일이다. 어느 날 탁발을 나간 부처님은 밭 가는 농부로부터 다음과 같은 질문을 받았다.

"사문이여, 우리는 손수 밭 갈고 씨 뿌리는 노동을 하고 식사를 한다. 그러니 당신도 밭 갈고 씨를 뿌려 수확을 거두어 식사를 하는 것이 옳지 않은가."

그의 질문은 거의 힐난에 가까웠다. 어째서 일하지 않고 먹으려 하느냐는 것이었다. 이에 대해 부처님은 '농부여, 나도 밭을 갈고 씨를 뿌린다.'고 대답했다. 농부는 부처님의 대답을 이해할 수 없다는 듯 다시 말했다.

"거짓말하지 말라. 나는 사문들이 밭 갈고 씨 뿌리며 일하는 것을 한 번도 보지 못했다. 만약 당신이 농사를 짓는다면 씨앗은 어디에 있는가. 그대의 모습은 어디에 있으며 소는 어디에 있는가."

"마음은 나의 밭이고 믿음은 나의 씨앗이다. 지혜는 나의 모습이며, 몸과 입과 생각으로 짓는 악업을 없애는 것은 내가 뽑는 잡초다. 이런 일을 하는데 게으르지 않는 것은 나의 소(牛)다. 나는 이와 같이 밭 갈고 씨를 뿌려서 감로의 결실을 수확한다. 이것이 나의 농사다."

잡아함 4권 98경 《경전경(耕田經)》

종교인들, 특히 불교의 출가수행자는 생산노동에 종사하지 않는다. 생산노동이란 기본적으로 '소유'를 전제로 하는 것인데 수행자들은 무소유를 덕목으로 삼기 때문이다. 무소유인 수행자들은 재가자들의 보시에 의해 생활한다. 그런데 여기에는 한 가지 문제가 있다. 아무리 무소유라 하더라도 생산노동에 참여하지 않는 사람도 밥 먹을 자격이 있는가 하는 것이다. 이런 의문에 대답하는 것이 바로 이 경이다.

이 경전을 찬찬히 살펴보면 부처님도 노동 그 자체에 대해서는 충분한 가치를 부여하고 있음을 알 수 있다. 그것은 '나도 밭 갈고 씨 뿌린다.'는 말에서도 짐작할 수 있다. 문제는 노동의 방법이다. 사람은 누구나 직업이 따로 있다. 교육자나 은행원이 그 나름의 노동을 안 한다고 말할 수 없다. 직녀는 옷을 짜는 일을 하고, 농부는 농사짓는 일을 한다. 버스운전사는 승객을 수송하는 일을 하고, 시장의 상인은 생활필수품을 판다. 공장의 근로자는 자동차를 만들고, 청소부는 길거리를 깨끗하게 청소한다. 모두 자기 직업에 충실함으로서 남에게 이익을 주고, 그 대가로 밥을 먹는다.

그런 뜻에서는 수행자도 훌륭한 노동자다. 수행자는 깨달음을 얻어 남을 이롭게 하기 때문이다. 개중에는 무위도식하는 사람이 아주 없지는 않겠지만 더 많은 수행자는 열심히 수행한다. 그리고 그 결과를 이웃에게 회향하려고 한다. 이는 교육자가 남을 가르치는 대가로 밥을 먹는 것과 같은 이치다.

그렇다면 진정으로 밥 먹을 자격이 없는 사람은 누구인가. 어떤 일을 하느냐가 문제가 아니라 자기 일을 열심히 하지 않는 사람이다. 직장에 나가 적당히 시간만 때우고 들어오는 사람, 훌륭한 연기를 해내지 못하는 배우, 열심히 노래하지 않는 가수, 나라는 안 지키고 정치만 하려는 군인 등. 이런 사람들이 밥 먹을 자격이 없는 사람들이다.

나쁜 별명을 없애는 방법

부처님이 라자가하(왕사성) 죽림정사에 있을 때의 일이다. 어느 날 '흉악'이라는 별명을 가진 촌장 한 사람 찾아왔다. 그는 마을사람들이 자신을 '흉악'이라는 별명으로 부르는 것에 대해 무척 속이 상해 있었다.

"부처님, 사람들은 저를 가리켜 자꾸 '흉악'이라고 부릅니다. '선량'이라고 불려도 뒤에서 욕하는 사람이 많은 터에 '흉악'이라고 불리고 있으니 그 다음은 듣지 않아도 뻔할 것입니다. 도대체 저는 어떤 행동을 했기에 이렇게 나쁜 이름으로 불리고 있는지요."

부처님은 촌장의 질문을 받고 이렇게 대답했다.

"촌장이여, 그대는 무엇보다도 바른 견해를 갖지 못하여 남에게 화를 잘 내고, 화를 내기 때문에 나쁜 말을 하며, 남들은 그 때문에 그대에게 나쁜 이름을 붙이느니라. 또 바른 뜻, 바른 말, 바른 업, 바른 생활, 바른 노력, 바른 생각, 바른 선정을 닦지 않기 때문에 스스로 화를 내는 것이니라. 스스로 화를 내면 남을 화나게 만들고, 남이 화를 내면 자신은 더욱 화를 내게 되느니라. 그리하여 그대는 흉악이라는 이름으로 불리게 되었느니라."

"부처님. 참으로 그렇습니다. 저는 바른 소견을 닦지 않기 때문에 남에게 화를 잘 내고, 화를 잘 내기 때문에 나쁜 별명이 붙었나이다. 그러므로 이제부터는 화를 내는 일과 거친 말을 삼가 하겠나이다."

잡아함 32권 910경 《흉악경(凶惡經)》

별명은 그 사람의 인격적 특성을 가장 잘 나타내는 제2의 이름이다. 예를 들어 어떤 사람이 '샌님'으로 불린다면 그는 왠지 통이 작고 오종종한 사람처럼 보인다. 반대로 '멋쟁이'라든가 '신사'라는 별명으로 불리는 사람은 어쩐지 멋있어 보이고 친근감마저 느껴진다.

그러나 이런 별명은 갖고 싶다고 붙여지거나 갖기 싫다고 해서 없어지는 것이 아니다. 별명은 그 사람이 살아온 행위의 결과로서 붙여진 것이기 때문이다. 별명은 자기가 남에게 어떻게 보여 왔느냐에 따라 붙여지는 것이므로 그렇게 불리는 것은 자기 탓이지 남의 탓이 아니란 얘기다. 따라서 별명을 바꾸려면 먼저 행동을 바꾸는 수밖에 도리가 없다. 그리고 행동을 바꾸려면 생각을 바꾸어야 한다. 멋지고 훌륭한 별명을 갖는다는 것은 매우 기분 좋은 일이다. '사기꾼'이나 '도둑놈'으로 불리거나 '쪼다'나 '바보'로 불리기를 좋아하는 사람은 없다.

내가 다른 사람에게 어떤 인상으로 각인되어 있는지를 확인하고 싶으면 다른 사람들이 나를 어떤 별명으로 부르는지를 알아보면 될 것이다.

한편 사람들은 이렇게 자상한 방법으로 중생을 교화하는 부처님에 대해 무려 10가지의 근사한 별명을 붙여서 불렀다.

여래(如來) - 진리에서 오신 분

응공(應供) - 존경받고 대접받을 만한 분

정변지(正邊知) - 바른 지혜를 갖추신 분

명행족(明行足) - 아는 것을 실천하는 분

선서(善逝) - 고통의 바다를 건너신 분

세간해(世間解) - 세상 일을 잘 아는 분

무상사(無上士) – 더없이 훌륭한 신사

조어장부(調御丈夫) – 중생들의 잘못을 항복받고 길들이는 장부

천인사(天人師) – 하늘과 인간 세상의 스승

불세존(佛世尊) – 진리를 깨달은 분이며 세상에서 가장 높은 분

이 멋지고 훌륭한 별명을 '부처님의 열 가지 다른 이름(如來十號)'이라고 한다.

부처님의 이 별명을 살펴보면 그 분이 어떤 인격을 갖춘 분인지를 짐작하기에 충분하다. 부처님의 별명은 어디에도 초월적이며 신적(神的)인 능력을 나타내는 표현은 없다. 그 대신 인간적으로 존경하고 신뢰할 만한 스승이라는 뜻이 강하게 나타난다. 참으로 부러운 별명이다.

사람 대접과 사람 노릇

부처님이 사밧티(사위성)의 기원정사에 있을 때의 일이다. 어느 날 마하카트야나는 바라나 마을의 한 숲에 머물면서 비구들과 주워온 옷가지를 고르고 있었다. 그 때 마침 지팡이를 짚은 노인이 찾아와 비구들을 한참 바라보다가 이렇게 말했다.

"여보게. 자네들은 어찌하여 늙은이를 보고 말도 하지 않고, 인사도 하지 않으며, 앉으라는 말조차 하지 않는가. 자네들은 법도도 모르는가?"

대중 가운데 있던 마하카트야나가 이 말을 듣고 이렇게 말했다.

"우리 승단의 법도에도 나이 많은 이가 오면 서로 인사하고 자리를 권하고 공경하고 예배하는 법이 있습니다."

"내가 보건데 이 가운데서 나보다 나이 많은 이가 없는데 나에게 공경하고 앉으라고 하지 않았다. 그러면서도 우리 승단에도 나이 많은 이를 공경하는 법도가 있다니 무슨 말인가."

노인장. 나이가 80-90세가 되어 머리가 희고 이가 빠졌더라도 철없는 젊은이처럼 행동하면 그는 늙은이가 아닙니다. 그러나 나이가 25-26세 밖에 안 되어 피부는 팽팽하고 머리 결은 검더라도 노인보다 지혜로우면 그는 젊은이라 할 수 없습니다."

"그것이 무슨 말인가?"

"아직도 오관으로 향락을 쫓고 탐심을 버리지 못하고 애욕을 탐하면 그는 나이가 많아도 철없는 젊은이나 다름없습니다. 그러나 나이가 적어도 오관으로 향락을 쫓지 않고 탐심과 애욕을 버린 사람이면 노숙한 노인에 해당됩니다."

마하카트야나의 설명을 들은 집장 바라문은 머리를 끄덕이며 이렇게 말했다.

"그 말대로 한다면 나는 나이가 많지만 철없는 젊은이고, 자네들은 지혜로운 노인이나 다름없네."

잡아함 20권 547경 《집장경(執杖經)》

경전은 자세한 묘사를 생략하고 있지만 문면의 뒤를 짚어보면 어떤 주책없는 노인이 찾아와 망령 난 행동을 했던 것 같다. 이에 대해 카트야나는 점잖은 말로 나이가 노숙해졌으면 거기에 맞는 행동을 해야 나이 값을 쳐주지 않겠느냐고 나무라고 있다.

카트야나의 지적은 사람 대접을 받으려면 먼저 사람 노릇을 해야 한다는 것이다. '노릇'은 하지 않고 '대접'만 받으려는 것은 의무를 다하지 않고 권리를 주장하는 것과 같다. 어른이 어른 노릇을 못하면 어른 대접 못 받는 것은 당연하다. 스승이 스승 노릇을 제대로 못하면서 대접만 받으려 하는 것도 마찬가지다. 부모도 부모대접을 받으려면 부모 노릇을 제대로 해야 한다. 대접받기만 좋아하고 그에 합당한 노릇을 못하면 후안무치(厚顔無恥)한 사람이다.

그런데 우리 사회는 불행하게도 노릇은 제대로 하지 않고 대접만 받으려는 사람이 너무 많아서 문제이다. 의원이나 장관. 그리고 공직에 높은 자리에 있는 사람들이 대접을 받으려면 먼저 법과 질서를 지키고 솔선수범하여 모범을 보여야 한다. 의원이나 장관이라고 법을 어긴 자가 단속원에게 제지를 당하면 "내가 누군 줄 아느냐" 하고 호통을 치고 갑질을 하는 노릇은 대접만 받으려는 것이다.

사장으로서의 직무는 상실하지 않으면서 종업원만 게으르다고 호통치는 경영자. 근로 의무는 소홀히 하면서 임금이 적다고 농성하는 근로자도 모두 노릇은 하지 않고 대접만 받으려는 사람들이다. 종교적 수양과 인격은 갖추지 못하고 대접만 받으려는 종교인도 마찬가지다. 대접 받고자하면 우선 노릇부터 제대로 해야 한다.

살인마도 제자로 교화하다

부처님이 앙굿다라 국을 여행할 때의 일이다. 부처님이 타바사리카 숲을 지나는데 마을 사람들이 부처님에게 그 길로 가지 말라고 만류했다. 숲속에 살인마 앙굴리말라(央瞿利摩羅)가 있다는 것이다. 부처님은 이를 개의치 않고 앙굴리말라가 있는 숲으로 들어갔다.

살인마가 부처님을 보자 칼을 들고 쫓아오며 말했다.

"멈춰라. 거기서라!"

"나는 언제나 멈춰 있는데 네가 멈추지 않는구나."

"너는 걸어가면서 쫓아가는 나보고 멈추지 않는다니 무슨 헛소리냐!"

"나는 일체중생을 해칠 생각을 멈췄는데, 너는 사람을 죽임으로써 나쁜 업을 멈추지 않는구나. 나는 벌레까지도 칼이나 막대기로 해치지 않는데, 너는 언제나 핍박하고 두렵게 하는 짓을 멈추지 않는구나."

이 말을 들은 앙굴리말라는 문득 잘못을 깨닫고 칼을 버렸다. 그리고 부처님 발아래 엎드려 참회하고 출가하기를 원했다. 부처님은 그를 가엾이 여겨 기꺼이 출가를 허락했다. 그는 열심히 정진하여 거룩한 아라한이 되었다. 어느 날 그는 자신의 심경을 게송으로 읊었다.

소를 길들이려면 채찍을 쓰고

코끼리를 다루려면 쇠갈퀴를 쓰지만
하늘이나 사람을 길들이려면
칼이나 막대기는 쓰지 않나니.

칼을 갈 때는 숫돌을 쓰고
화살을 바루려면 불을 쓰고
재목을 다룰 때는 도끼를 쓰고
자기를 다룰 때는 지혜로 하네.

사람들 속에서 방탕하게 놀다가도
이내 스스로 마음을 거둬 잡으면
그는 곧 세간을 밝게 비추기를
구름 걷히고 나온 달 같이 하리.

잡아함 38권 1077경 《적경(賊經)》

앙굴리말라는 원래 착한 청년이었다. 외모도 준수했으며 이름도 아힘사였다. 아힘사란 불해(不害) 즉 남을 해치지 않는다는 뜻이다. 그는 한 외도 바라문의 제자였는데 어느 날 스승의 아내가 유혹을 해왔다. 그가 이를 거절하자 스승의 아내는 일부러 옷을 찢고 남편에게 찾아가 아힘사가 자신을 능욕하려 했다고 모함했다. 외도녀의 남편은 그를 벌주고자 했으나 젊은 아힘사를 힘으로는 당할 방법이 없었다. 외도 바라문은 꾀를 내었다.

"이 칼로 백 명의 사람을 죽여서 목걸이를 만들어 목에 걸고 다녀라. 그러면 너는 수행을 완성하고 해탈을 얻게 되리라."

그는 스승의 꼬임에 빠져 사람을 해치기 시작했다. 사람들은 두려워서 벌벌 떨며 그를 앙굴리말라라고 불렀다. 앙굴리는 손가락, 말라는 목걸이란 뜻으로 이는 그가 사람을 죽여 손가락목걸이(指鬘)를 만든 데서 붙인 이름이다. 이렇게 99명을 죽인 앙굴리말라는 마지막 한 명을 더 죽이기 위해 사람을 찾다가 아들을 말리러 나온 어머니를 만났다. 그는 어머니를 죽이려 했다. 그때 부처님이 그 자리에 나타나자 부처님에게 칼을 들이댔다. 그 다음의 결과는 이 경전에 묘사된 그대로다.

얼마 뒤 빈비사라왕이 군대를 동원해 죄인을 잡으러 왔으나 그는 이미 부처님에게 교화돼 출가 수행자가 되어 있었다. 왕은 그냥 돌아갔다. 하지만 그에게 가족을 잃은 사람들은 아힘사를 용서하지 않았다. 그가 나중에 길거리에 나가자 사람들은 '살인마'라고 핍박했다. 그러나 그는 '나쁜 업의 갚음을 받는 것이니 미워하고 원망하지 않으리라'며 꿋꿋하게 수행자의 길을 걸어갔다고 한다. 끔찍한 사건이지만 살인마를 제자로 교화하는 부처님의 자비와, 잘못을 뉘우치는 살인마의 참회 과정이 큰 감동을 주는 이야기이다.

아직도 기회는 있다

 부처님이 사왓티의 기원정사에 있을 때의 일이다. 어느 날 부처님은 아난다와 함께 마을로 아침 탁발을 나갔다가 늙은 거지부부를 만나게 되었다. 그들은 남루한 누더기를 입고 모닥불을 쬐고 있었다.

"부처님, 저 노인들은 어찌하여 늙은 따오기처럼 신세가 곤궁하나이까?"

아난다의 질문에 부처님은 이렇게 말했다.

"저 늙은 부부는 젊고 건강할 때 열심히 일하지 않았기 때문이다. 만약 저들이 젊고 건강할 때 열심히 일을 했더라면 아마도 사왓티에서 제일가는 부자가 되었을 것이다. 만약 출가해서 수행에 전심했다면 훌륭한 아라한이 되었을 것이다. 그러나 저들은 젊은 시절에 그렇게 살지 않았다."

다시 아난다가 여쭈었다.

"저들은 청년 시절의 게으름 때문에 늙어서 과보를 받았다는 말씀인지요?"

"아니다. 만약 장년이 되었을 때 정신을 차리고 열심히 일했다면 사왓티에서 둘째가는 부자가 되었을 것이다. 또 출가해서 수행을 했다면 훌륭한 결과를 얻었을 것이다. 그러나 저들은 장년시절도 그냥 보냈다.

그리고 다시 중년을 맞았다. 그때라도 정신을 차리고 열심히 일했다면 사왓티에서 셋째가는 부자가 되었을 것이다. 또 열심히 수행을 했다면 훌륭한 과위를 얻었을 것이다. 그러나 저들은 그런 기회를 다 허송하고 말았다. 저들은 이제 건강도 없고 재물도 없고, 의욕도 없고 감당할 능력도 없다. 참으로 안타까운 일이 아닐 수 없구나."

잡아함 42권 1162경 《노부부경(老夫婦經)》

옛말에 '후회는 아무리 빨라도 늦은 것이라고 했다.' 반면 '늦었다고 생각할 때가 사실은 가장 빠르다'는 말도 있다. 이 두 가지의 상반된 명제에는 그 나름의 반면적 진실이 포함되어 있다. 현실적으로 후회는 아무리 빨라도 이미 늦은 것이다. 늦지 않았다면 후회하지 않았을 것이기 때문이다. 건물이 무너지고 난 후에 '더 튼튼하게 지었더라면…' 하고 후회해 봐야 아무런 소용이 없다. 우리 인생에는 이런 일이 수 없이 많다. 젊어서 열심히 일을 했더라면, 그때 조금만 참았더라면 하는 과거가 정법의 연속이 인생살이다.

아마 누구도 지나간 일을 놓고 후회하지 않는 사람은 없을 것이다.

그러나 모든 후회는 후회의 그 순간에도 아직 늦은 것이 아니다.

사람들은 자주 '내가 10년만 더 젊었으면…' 하고 아쉬워한다. 하지만 10년 전에 후회할 때 정신 차리고 조금 더 열심히 했다면 얼마든지 후회를 줄일 수 있었을 것이다.

우리는 지금도 어제 일을 후회하고 있다. 이 후회가 내일에 반복되지 않으려면 오늘부터 생활방식을 바꿔야 한다. 너무 일에만 매달려 건강을 해쳤다면 지금부터라도 쉬어가며 일을 하고 너무 게을렀다면 좀 더 열심히 할 일이다.

이 경은 후회 없는 인생을 위해서 어떻게 살아야 할 것인지를 말하고 있다. 부처님이 강조하고 있는 것은 '아직도 늦지 않았다'는 것이다. 지나간 과거가 후회된다면 그리고 내일도 같은 후회를 반복하지 않으려면 '지금 여기서' 최선을 다 하라는 것이다. 그러면 기회는 얼마든지 생기고, 성공도 보장된다고 가르치고 있다.

 후회와 반성만 계속하고 이를 보상할 새로운 삶이 없으면 그 인생은 기대할 것이 없다. 오늘 우리가 열심히 살아가는 이유는 아직 기회가 있기 때문이다. 이런 기대와 믿음이 없다면 인생처럼 허망하고 황량한 벌판도 없을 것이다.

절약은 하되 인색해서는 안 된다

 부처님이 사밧티(사위성)의 기원정사에 있을 때의 일이다. 어느 날 파세나디 왕이 부처님을 찾아왔는데 몰골이 말이 아니었다.

"대왕이여 어디서 오는데 먼지를 뒤집어쓰고 피로한 모습입니까?"

"부처님. 이 나라의 유명한 부자였던 마하나마가 며칠 전 목숨을 마쳤습니다. 그에게는 아들이 없어 재산을 모두 조사해 국고에 넣었습니다. 며칠 동안 그 일을 하느라고 먼지를 뒤집어썼더니 행색이 이 꼴입니다."

"그는 어느 정도로 큰 부자였습니까?"

"그는 창고에 백 천억의 순금을 쌓아둔 부자였습니다. 그는 재산을 모으기 위해 평생 싸라기밥과 썩은 시래기죽을 먹었으며 굵고 남루한 베옷만을 입었습니다. 그리하여 많은 재산을 모은 부자가 됐습니다. 하지만 그는 돈을 모으기만 했지 쓸 줄 몰랐습니다. 가난한 사람이나 불쌍한 사람이 찾아오면 문을 닫고 식사를 했습니다. 부모와 처자권속에게까지 인색했으니 수행자를 위해 보시하는 일은 더욱 없었습니다. 말할 수 없는 구두쇠였습니다."

왕의 얘기를 전해들은 부처님은 다음과 같이 말했다.

"왕이여, 그는 결코 훌륭한 재산가가 아니오. 그는 자기의 재물을 널리 써서 큰 이익을 얻을 줄 모르는 바보요. 비유하면 어떤 사람이 넓은 들판에 물을 가득 가두어두었으나 그 물을 마시거나 목욕을 하지 않으면 말라서 사라지는 것과 같소. 그는 재산이 있으면서도 복을 짓지 못하고 말았소. 그러나 왕이여, 재산을 모아 먼저 부모를 공양하고 처자권속을 돌보며 가난한 이웃과 친구들에게 나누어줄 줄 아는 사람은 현명한 부자라 할 것이요. 이는 비유하면 어떤 사람이 마을 부근에 연못을 만들고 나무를 심어 사람들이 찾아와 쉬게 해주는 것과 같소. 그는 사람들의 칭찬을 받을 것이며 그 공덕으로 천상에 태어날 것이요. 돈은 이렇게 쓰려고 아끼고 모으는 것이오."

잡아함 46권 1232경 《간경(慳經)》

 이 경은 여기서 끝나고 있다. 그러나 뒤에 나오는 1233경 《명종경(命終經)》에 따르면 구두쇠 마하나마는 그렇게 아끼던 돈을 써보지도 못하고 죽었는데 지옥에 떨어졌다고 한다.

꼭 필요한 곳에 의미있게 쓰여 지면 가치가 배로 늘어나는 게 돈이다. 반대로 잘못 쓰면 돈 값은 절반으로 줄어든다. 그래서 돈이란 어떻게 모으느냐 못지않게 어떻게 잘 쓰느냐가 더욱 중요하다. 한 끼에 몇 십만 원 하는 식사를 하고 자랑하는 사람이 있다. 진귀한 음식을 먹었으니 자랑 할만도 하다. 하지만 세상에는 아직도 한 끼 식사를 해결하지 못해 허리띠 구멍이 줄어드는 사람이 있다. 한 끼 식사 값을 줄이고 이들에게 조금만 후원을 한다면 돈 값은 백배로 늘어날 수 있다. 이것이 돈을 제대로 쓰는 것이다.

미국의 강철왕 카네기에게 이런 일화가 전한다.

어느 날 국민학교 교장선생님이 카네기에게 기부를 요청하러 왔다. 마침 카네기는 서재에서 촛불을 켜놓고 책을 읽고 있었는데 방문객이 들어오자 촛불 하나를 끄면서 손님을 맞았다. 교장선생님은 이 모습을 보고 카네기에게 기부금을 받기가 어려울 것으로 예상했다. 그러나 카네기는 예상 밖으로 선선히 교사신축 기부금을 내

놓았다. 교장선생님이 궁금해서 물었다.

"어째서 내가 들어가자 촛불 한 개를 꺼버렸습니까?"

"책을 읽을 때는 두 개가 필요하지만 얘기할 때는 촛불 한 개 만으로 충분하지 않습니까."

돈을 제대로 잘 쓰지 못하는 사람에는 대체로 두 가지 유형이 있다. 하나는 아무데나 흥청망청 쓰는 낭비형이고, 다른 하나는 무조건 움켜잡고 내놓지 않는 자린고비형이다. 부처님은 재가 불자가 낭비를 줄이고 근검절약하는 것을 칭찬했지만 쓸 돈마저 아끼는 자린고비는 욕심을 버리지 못했다는 이유로 비판했다.

인생에서 실패하는 지름길

 부처님이 기원정사에 있을 때의 일이다. 어느 날 용모가 단정한 한 젊은 이가 찾아와 부처님에게 인생에서 실패하는 일이 왜 생기는지에 대해 물었다.

"부처님, 인생에서 실패하거나 파멸하기 전에 그것을 미리 알 수 있는 방법은 없습니까?"

"젊은이여, 성공하는 것도 알기 쉽고 실패하는 것도 알기 쉽다. 어떻게 그것을 알 수 있는가.

나쁜 친구를 좋아하고 좋은 친구와 사이가 멀어져 원한을 맺으면 그것은 파멸의 문으로 들어가는 것이다.

악한 일을 좋아하고 착한 일을 싫어하며, 저울로써 남을 속이면 그것은 파멸의 문으로 들어가는 것이다.

장기나 바둑 같은 잡기를 즐기고 술을 마시며, 여자에 빠져 방탕하며 재물을 허비하면 그것은 파멸의 문으로 들어가는 것이다.

아내가 남편을 두고도 스스로 정절을 지키지 않거나 남편이 아내를 두고도 다른 여자에 눈을 돌리면 그것은 파멸의 문으로 가는 것이다.

늙은 여자가 젊은 남자를 마음에 두고 질투를 하거나 늙은 남자가 젊은 여자를 맞아들이려 하면 그것은 파멸의 문에 들어가는 것이다.

잠을 많이 자고 게으르며, 성내기를 좋아하며, 돈푼이나 있다고 친구를 모아 주지육림(酒池肉林)에 빠지는 행동을 하면 그것은 파멸의 문에 이르는 것이다.

능력은 고려하지 않고 높은 자리에 오르고자 하거나, 진주목걸이와 가죽신과 같은 사치품 갖기를 좋아하면 그것은 파멸의 문에 이르는 것이다.

남으로부터는 좋은 음식을 대접받고 남에게는 대접하지 않는 사람, 사문이나 바라문이 보시를 청해도 인색해서 공양할 줄 모르는 사람도 파멸의 문에 이른 사람이다.

부모나 나이 많은 어른을 공경하지 않고 공양할 줄 모르며, 부모형제를 때리거나 욕하는 사람, 부처님과 그 제자들을 비난하고 헐뜯는 사람, 수행을 제대로 하지 않았으면서 높은 경지에 오른 척하는 하는 사람도 파멸의 문에 이른 사람이니라.

이렇듯 실패와 파멸에 이르는 길은 이미 눈에 훤히 보이는 것이니 지혜로운 사람은 험하고 두려운 길임을 알아 멀리하고 피해야 하느니라."

잡아함 48권 1279경 《부처경(負處經)》

 이와 똑같은 말씀은 《숫타니파타》에도 나온다.

이 경을 읽다 보면 문득 신문이나 TV에 얼굴을 숙이고 나오는 사람들의 얼굴이 떠오른다. 파멸과 실패에 이르는 길은 참 간단하다는 생각이 든다.

상식의 진리를 실천하라

 부처님이 사밧티의 기원정사에 계실 때의 일이다. 어느 날 웃차야라는 청년이 찾아와 부처님께 여쭈었다.

"부처님, 재가자가 현세에서 어떤 일을 잘 해야 편안하고 행복하겠나이까?"

이에 대해 부처님은 현세의 이익을 위한 네 가지 덕목을 제시했다.

"첫째는 직업에 충실해야 한다. 직업이란 재가자가 살아가는 방편이니 농사를 짓거나 장사를 하거나 혹은 관리가 되거나 또는 글씨를 쓰거나 그림을 그리거나 간에 그 직업에 충실해야 한다.

둘째는 재산을 잘 보호하는 것이다. 돈이나 곡식이나 모든 재산은 직업에 충실해서 내손으로 일하고 벌어들인 것이니, 관리에게 수탈당하거나 도둑에게 빼앗기지 않도록 하며, 물에 떠내려가거나 불에 타는 재앙을 입지 않도록 잘 지켜야 한다.

셋째는 착한 벗과 사귀는 것이다. 법도에 어긋나지 않고 방탕하지 않으며 음흉하지 않은 사람과 사귀어야 한다. 좋은 벗은 근심과 걱정을 만들지 않으며, 기쁨과 즐거움을 가져다주는 사람이니 이런 벗과 사귀어야 한다.

넷째는 바르고 절도 있는 생활을 해야 한다. 지출과 수입을 비교해 수입보다 지출을 적게 하고 낭비를 하지 않아야 한다. 만일 재물이 없는데도 마구 쓰는 것은 우담바라 꽃처럼 화려하나 종자가 없는 것과 같고, 재물이 풍부하면서도는 그것을 쓰지 않으면 굶어죽는 개와 같이 어리석은 일이다.

이와 같이 네 가지 덕목을 실천하면 현세에서 행복하고 편안해질 것이다."

잡아함 4권 91경 《울사가경(鬱鼻迦經)》

부처님은 재가신자를 위해서도 많은 설법을 남겼다. 하지만 그 사실을 기록하고 있는 경전은 그리 많지 않다. 이는 경전의 편찬을 출가제자들이 주도하였던 까닭에 재가자를 대상으로 한 설법을 제대로 기억해내지 못한 탓이다. 그럼에도 불구하고 아함계통의 경전을 보면 재가자를 위한 설법이 적지 않게 발견되고 있다. 이 경도 그 가운데 하나다.

부처님은 재가자 세속에서 행복하게 사는 비결로 우선 직업에 충실할 것. 재산을 잘 관리할 것. 좋은 친구를 사귈 것. 수입과 지출을 균형 있게 할 것 등을 강조한다. 이러한 가르침은 굳이 부처님이 아니라도 지혜 있는 사람이라면 누구나 잘 아는 일이다. 그래도 부처님이 이 점을 강조해서 가르치는 뜻은 무엇일까.

중국 선종의 고사에 이런 것이 있다. 대문장가 백낙천(白樂天)이 어느 날 도림(道林)선사라는 고승을 찾아가 이런 질문을 했다.

"불교의 가장 진실한 가르침은 무엇인가"

"모든 악을 짓지 말고 많은 선을 행하는 것이다. 스스로 그 마음을 깨끗하게 하라는 것이 모든 부처님의 가르침이다.(諸惡莫作 衆善奉行 自淨其意 是諸佛敎)"

"그것이야 삼척동자도 아는 얘기가 아니오?"

"삼척동자도 아는 말이지만 팔순의 노인도 실천하기는 어렵지요."

도림선사의 대답에 백낙천은 무릎을 꿇었다.

부처님이 여러 경전에서 '당연한 말씀'을 하는 것도 이런 뜻일 것이다.

전쟁을 하지 말라

 부처님이 사밧티의 기원정사에 계실 때의 일이다. 어느 날 걸식을 나갔던 비구들이 돌아와 이렇게 아뢰었다.

"며칠 전에 코살라 국의 파세나디 왕과 마가다 국의 아자타삿투 왕이 사이가 벌어져 전쟁을 했습니다. 아자타삿투 왕이 코끼리부대, 전차부대, 기병부대, 보병부대를 앞세워 쳐들어오자 파세나디 왕도 군사를 일으켜 나가 싸웠습니다. 이 전투에서 코살라 국의 군대가 패하여 별처럼 흩어졌고 파세나디 왕은 겨우 몸만 빠져 나와 사밧티로 돌아왔다고 합니다."

제자들의 말을 들은 부처님은 안타까워하면서 이렇게 말했다.

"싸워서 이기면 원수와 적만 더 늘어나고, 패하면 괴로워서 누워도 편치 않다. 이기고 지는 것을 다 버리면 잘 때나 깨어 있을 때나 편안하리라."

이 전쟁이 있은 지 얼마 뒤 아자타삿투 왕은 아예 코살라 국을 없앨 심산으로 다시 군사를 일으켜 쳐들어왔다. 파세나디 왕은 군사를 배로 일으켜 나가 싸워서 마가다 국의 군대를 궤멸시키고 아자타삿투 왕까지 사로잡았다. 그러나 파세나디 왕은 독실한 불자인지라 아자타삿투 왕을 놓아 주기로 작정하고 부처님을 찾아와 사뢰었다.

"마가다 국과는 오랫동안 원한이 없었으나 어쩌다 사이가 나빠졌습니다. 그러나 이 젊은 왕은 나의 친구 빔비사라 왕의 아들입니다.

그래서 놓아 주려고 합니다."

"참 잘 생각했습니다. 싸워서 능히 이긴다 한들 끝내는 원한만 더욱 커져서 이익이 없습니다. 그를 놓아 주면 서로 편안하고 안락해질 것입니다."

두 나라 왕은 부처님 말씀을 듣고 기쁜 얼굴로 돌아갔다.

잡아함 46권 1236-1237경 《전투경(戰鬪經)》

부처님 당시에 있었던 몇 번의 전쟁을 기록하고 있는 이 경전에서 돋보이는 대목은 파세나디 왕의 불자다운 아량이다. 파세나디 왕은 친구의 아들을 놓아줌으로써 화해를 시도하고 있다. 매우 어려운 결단을 한 것이다. 부처님이 전쟁은 원한과 복수를 가져올 뿐이라며 이를 적극 찬성하는 장면도 인상적이다.

부처님은 어떠한 경우에도 전쟁을 용인하지 않았다. 무엇보다도 전쟁은 무고한 인명을 살상한다. 그리고 원한이 깊어져 다시 불행한 비극을 반복하기 때문이다. 전쟁과 복수는 문제 해결의 길이 아니다. 화해와 용서만이 평화를 보장한다.

인류는 역사적으로 크고 작은 수많은 전쟁을 경험해 왔다. 모든 전쟁은 정의(正義)를 가장하지만 사실은 이기심과 증오에서 비롯된 것이다. 그런 전쟁을 거부하고 예방하는 것은 불교의 세계사적 사명이다.

동물학대를 반대하는 불교

 부처님이 사밧티의 기원정사에 계실 때의 일이다. 어느 날 키가 큰 장신(長身) 바라문이 찾아와 부처님께 물었다.

"부처님, 저는 지금 사성대회(邪盛大會)를 마련하고자 칠백 마리의 황소를 기둥에 묶어 놓고 그 밖의 동물과 벌레를 희생하여 성안의 온갖 외도를 공양하려고 합니다. 제가 마련한 이 대회에 모자람이 없도록 부처님도 참석해 주십시오."

그러나 부처님은 그에게 이렇게 말했다.

"복을 짓기 위해 마련한 사성대회가 오히려 세 가지 죄를 짓는 대회가 되겠구나. 세 가지 죄란 무엇인가.

너는 지금 '온갖 동물을 희생하겠다' 고 했으니, 그렇게 한다면 죽이겠다는 생각(意)으로 죄를 짓고, 입(口)으로 죄를 짓고, 또 죽이게 되면 몸(身)으로 죄를 짓는 것이다. 죄를 짓게 되면 마땅히 그 과보가 따를 것이니 보시를 한다고 하다가 도리어 죄를 짓게 되는 것이다.

그러니 바라문이여, 너는 마땅히 묶어놓은 동물들을 풀어주라. 동물을 풀어줄 때는 '내가 너희들을 자유롭게 풀어줄 테니 산이나 늪이나 들에서 마음껏 풀을 뜯고 물을 마시며 바람을 쐬면서 행복하게 살라'고 말하라."

장신 바라문은 돌아가서 부처님 말씀대로 모든 동물을 풀어주고 희생제를 취소했다. 그 대신 깨끗한 음식을 마련하고 부처님과 제자들을 초청했다. 부처님은 이번

> 공양 초대에는 기꺼이 응했다.
>
> 잡아함 4권 93경 《장신경(長身經)》

 고대종교에서는 동물을 희생시켜 신에게 공양함으로써 재앙을 물리치고 복을 받을 것이란 믿음이 있었다. 부처님 당시에도 이런 동물 희생제가 있었는데 경전은 이를 '사성대회(邪盛大會)'라고 부르고 있다. 잡아함을 보면 《장신경》외에 4권의 89경 《우파가경(優波迦經)》에도 같은 얘기가 나온다. 《우파가경》은 사성대회라는 이름의 동물희생 의식의 모습을 이렇게 묘사하고 있다.

"여러 마리의 황소나 암소, 또는 물소와 새끼염소, 이밖에도 소소한 중생을 잡아매어 다 죽이거나 핍박하거나 괴롭게 한다. 또 하인이나 머슴을 매질로 위협하고 슬피 부르짖게 하며 온갖 고통을 준다."

경전에 따르면 이 행사는 그 규모가 매우 컸던 것 같다. 그리고 이 때 희생되는 대상은 동물뿐만이 아니라 사람도 포함됐던 것으로 보인다. 뿐만 아니라 이 희생제에는 많은 종교인(外道)들이 초청돼 큰 잔치까지 베풀어졌다.

이런 비인간적이고 반종교적인 행사에 대해 부처님은 강력한 반대와 비판의 입장을 분명히 하셨음은 물론이다. 우파가라는 청년이 기원정사로 부처님을 찾아와 '모든 바라문들은 사성대회를 칭찬하는데 당신은 어떻게 생각하느냐' 고 묻자 부처님은 이렇게 대답했다.

"어떤 행사는 칭찬하지 않지만 어떤 행사는 칭찬한다. 내가 칭찬하지 않는 것은 무고한 동물을 학대하거나 죽이는 것이다. 내가 칭찬하는 것은 잡혀온 동물들을 풀어주어서 고통을 주지 않는 것이다."

불교의 자비가 사람만이 아닌 모든 동물에까지 미치고 있다는 것은 널리 알려진 일이다. 그 구체적인 예가 바로 삿된 종교행사를 위해 희생되는 동물을 놓아주라는 가르침에서 확인된다. 죽음의 위기에 처한 동물을 자비로 살려주는 불교의 '방생'은 부처님의 이러한 동물사랑의 가르침에서부터 시작된 것이다.

불효자에게 들려 주는 노래

 부처님이 사밧티의 기원정사에 계실 때의 일이다. 어느 날 부처님은 외출을 했다가 늙고 쇠약한 노인이 구걸하는 모습을 보았다. 부처님은 그 모습이 안타까워 노인에게 까닭을 물었다.

"노인장께서는 늙고 쇠약하신데 어떤 사정으로 지팡이에 의지해 밥을 얻고 계십니까? 집도 없고 자식도 없습니까?"

"아닙니다. 집도 있고 자식도 있기는 합니다. 그러나 재산은 모두 아들과 며느리에게 물려주고 저는 이렇게 남의 집으로 다니며 밥을 얻어먹고 있습니다."

노인의 대답으로 미뤄 보건대 재산을 물려받은 자식들이 효도를 다하지 않자 집을 나와 거리를 방황하는 것이 틀림없었다. 이에 부처님은 노인에게 다음과 같은 노래(偈頌)를 가르쳐 주며 자식에게도 들려주라고 하였다.

아들을 낳고는 얼마나 기뻐했던가.
아들을 위하여 재물을 모았으며
또한 장가까지 보내 주었네.
그러나 나는 집을 나온 거지의 신세.

어떤 시골의 못된 자식은

저를 길러준 아비의 뜻을 등지니
그는 얼굴만 사람일 뿐 마음은 나찰
끝내 늙은 아비를 버리고 말았구나.

늙은 말이라 쓸데가 없다 하며
보리껍질까지 다 빼앗아 가니
자식은 아직 젊지만 아비는 늙은 몸
그래도 살자니 밥을 얻어야 하네.

자식을 위해 하며 사랑할 필요 있나
차라리 구부러진 지팡이가 더 낫도다.
나를 위해 사나운 소도 막아주고
험한 곳을 갈 때는 편안케 해주네.

내가 살아가는 것은 지팡이 때문
개도 물리치고 가시밭길도 피하네.
구덩이나 빈 우물 어두운 곳 지날 때도
지팡이에 의지해 겨우 넘어지지 않네.

노인은 부처님이 하라는 대로 마을로 돌아가 이 노래를 불렀다.
　자식들은 그제야 눈물을 흘리며 잘못을 깨달았다. 그리하여 노인을 집으로 모셔가서 목욕을 시키고 좋은 옷을 입혀드린 뒤 집안의 어른으로 모셨다.

잡아함 4권 96경《바라문경(婆羅門經)》

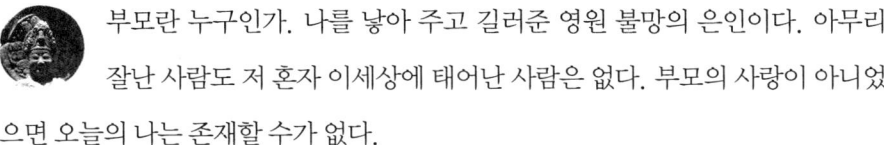부모란 누구인가. 나를 낳아 주고 길러준 영원 불망의 은인이다. 아무리 잘난 사람도 저 혼자 이세상에 태어난 사람은 없다. 부모의 사랑이 아니었으면 오늘의 나는 존재할 수가 없다.

부모님이 늙고 가난한 것은 오직 나 때문이다. 평생을 자식 걱정하면 단 것은 나를 먹이고 쓴 것은 당신이 먹었다. 마른자리는 나를 눕히고 진자리는 당신이 누웠다. 그런 부모가 늙고 병들었다고 외면한다면 그는 사람이 아니다. 자기도 자식을 키우면서 자식이 커서 나를 버린다면 그 슬픔이 얼마나 크겠는가.

그러나 효도관광해 드린다며 부모님을 여행지에 버리고 오는 사람들이 꽤나 있다. 그렇다면 이 노래를 들어야 할 사람은 우리들이 아닐는지 생각해 보자.

불교식 다이어트 비법

부처님이 사밧티(사위성)의 기원정사에 있을 때의 일이다. 어느 날 오후 코살라의 파세나디 왕이 부처님을 찾아왔다. 왕은 숨을 가쁘게 몰아쉬며 몹시 힘들어 했다. 부처님은 그에게 무슨 까닭이냐고 물었다. 그러자 파세나디 왕은 머리를 긁적거리며 이렇게 말했다.

"부처님, 사실 저는 맛있는 음식을 보면 참지 못하고 숨이 가빠질 때까지 먹는 과식하는 버릇이 있습니다. 조금 전 점심식사 때도 맛있는 음식이 있길래 좀 많이 먹었지요. 많이 먹으니까 자꾸 살이 쪄서 이제는 움직일 때마다 숨이 차고 땀이 날 지경입니다. 몸집이 이렇게 비대하다보니 창피스럽기도 하고 귀찮기도 하고 힘이 듭니다. 무슨 좋은 방법이 없겠나이까?"

부처님은 왕의 하소연을 듣고 빙그레 웃으면서 이런 게송을 하나 지어주었다.

사람은 마땅히 음식의 양을 헤아려
먹을 때마다 절제할 줄 알아야 한다.
그래야 과식에서 오는 괴로움을 줄이고
건강하고 장수를 누릴 수 있으리라.

그 자리에는 파세나디 왕의 시종인 웃타라라는 사람이 있었다. 왕은 그에게 자기가 식사할 때마다 이 게송을 외워달라고 했다.

기원정사에서 돌아온 왕은 식사를 할 때마다 시종이 들려주는 부처님의 가르침을 들었다. 대왕은 그 때마다 부처님의 충고가 생각나서 조금씩 식사의 양을 줄이고 과식을 피했다. 몇 달을 그렇게 하자 살도 빠지고 용모도 단정해졌다. 왕은 몰라보게 변한 자신의 몸매를 보고 기쁨에 넘쳤다. 왕은 부처님이 계신 쪽을 향해 무릎을 꿇고 이렇게 말했다.

"부처님은 저에게 현세의 이익과 후세의 이익을 다 주셨습니다. 음식의 양을 조절케 해서 살이 빠지게 했으니 현세에서 이익을 주신 것이요, 중도의 법을 알게 하셨으니 현세와 후세의 이익을 함께 주신 것입니다."

잡아함 42권 1152경 《천식경(喘息經)》

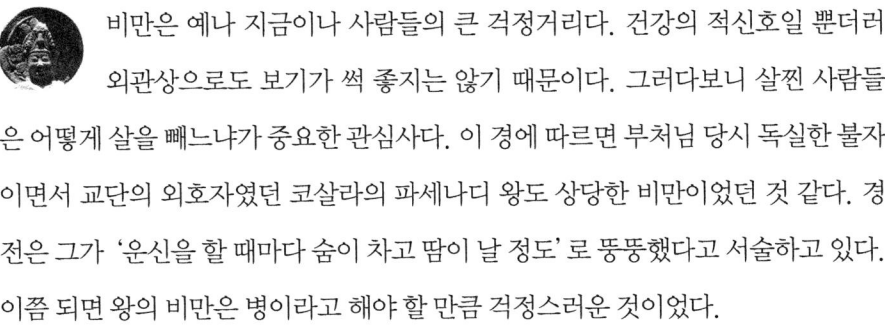

비만은 예나 지금이나 사람들의 큰 걱정거리다. 건강의 적신호일 뿐더러 외관상으로도 보기가 썩 좋지는 않기 때문이다. 그러다보니 살찐 사람들은 어떻게 살을 빼느냐가 중요한 관심사다. 이 경에 따르면 부처님 당시 독실한 불자이면서 교단의 외호자였던 코살라의 파세나디 왕도 상당한 비만이었던 것 같다. 경전은 그가 '운신을 할 때마다 숨이 차고 땀이 날 정도'로 뚱뚱했다고 서술하고 있다. 이쯤 되면 왕의 비만은 병이라고 해야 할 만큼 걱정스러운 것이었다.

그러나 살 빼기가 아무리 중요하지만 건강을 해칠 정도로 다이어트를 하는 것은 문제다. 한 시대를 풍미하며 세계 팝송계의 사랑을 한 몸에 받았던 미국의 세계적 팝가수 카펜터스의 멤버 카렌이 다이어트를 하다가 죽은 것은 너무나도 유명한 일이다. 아무리 살 빼기도 중요하지만 목숨까지 거는 것은 지나친 모험이다. 모든 것은 적당한 중도를 지키는 것이 최고다.

불교에서는 어느 한쪽으로 지나치는 것을 경계한다. 모자라도 안 되지만 지나쳐도 안 된다는 것이 중도의 원리다. 중도는 불교적 실천에서 늘 강조되는 중요한 개념이다. 수행을 열심히 하는 것은 좋지만 지나치면 안 된다는 것이다.

물론 적당한 휴식도 중요하지만 아주 게을러서도 안 된다. 살 빼기도 마찬가지다. 너무 과식을 해도 안 되지만 영양실조가 되도록 굶는 것도 좋은 방법이 못된다. 파세나디 왕이 살 빼기에 성공한 것은 양극단에 치우치지 않고 중도적 생활태도를 실천했기 때문이다.

그러면 어떤 것이 양극단에 치우치지 않는 중도인가. 항상 조금 모자란 듯할 때다. 저울의 눈금이 넘으면 이미 그르치기 쉽다.

도끼보다 무서운 입을 조심하라

부처님이 왕사성 죽림정사에 있을 때의 일이다. 어느 날 데바닷다를 따르는 코카알야가 부처님을 찾아왔다. 그는 데바닷다의 꼬임에 빠져 사리풋타와 목갈라나를 비난하고 다니는 사람이었다. 부처님이 이를 알고 그를 나무랐다.

"코카알야야, 너는 왜 사리풋타와 목갈라나를 비난하는가. 그들은 훌륭한 아라한이다. 계속 그들을 비난하면 긴 밤 동안 이익 되는 일이 없을 뿐더러 나중에 고통을 받게 될 것이다."

그러나 그는 '부처님에 대한 존경심에는 변함이 없지만 사리풋타와 목갈라나는 나쁜 욕심이 있는 사람'이라며 계속 헐뜯으려 했다. 부처님이 두 번 세 번 타일렀으나 말을 듣지 않고 자리에서 일어나 떠나갔다. 그 뒤 그는 온몸에 부스럼이 생겨 고름을 흘리는 큰 고통을 받다가 끝내는 목숨을 거두었다. 이 소식을 들은 부처님이 안타까움을 감추지 못하면서 제자들에게 이렇게 말했다.

"사람이 이 세상에 태어나면 입 안에 도끼가 함께 생긴다. 그것을 잘 간수하지 않으면 도리어 제 몸을 찍나니 그것은 세 치 혀를 잘못 놀리기 때문이다. 칭찬해야 할 것을 도리어 비난하면 그 죄는 바로 입에서 생기는 것이니 결국 죽어서 나쁜 곳에 떨어지게 된다. 장기와 바둑으로 재물을 잃는 것은 오히려 허물이 적다. 그러나 부처님과 아라한을 잃게 되는 것이야말로 큰 허물이다."

잡아함 49권 1278경 《구가리경(瞿迦梨經)》

 이 경을 살펴보면 데바닷다의 배신은 부처님이 사리풋타나 목갈라나의 인품을 더 높게 평가한 것과도 관계가 있어 보인다. 즉 데바닷다는 자신이 부처님의 후계자가 못 될 것을 염려해 교단을 떠나버린 것이다. 그러나 여기서 중요한 것은 이러한 교단갈등의 이면사가 아니라 부처님의 가르침이다.

부처님은 항상 세치 혀를 조심하라고 가르치고 있다. 말이란 모양도 없고 흔적도 남지 않지만 한번 입 밖으로 나오면 도저히 주어 담을 수가 없다. 그래서 말이란 입 밖으로 내뱉기 전에 반드시 돌아올 결과를 먼저 생각해야 한다. '말 한마디에 천 냥 빚을 갚는다.' 는 속담이 있지만 반대로 말 한마디에 목숨을 잃고 신세를 망치는 일도 허다하다.

화가 난다고 남을 비방하거나 질투하면 그 죄는 결국 자신에게로 돌아올 뿐이다. 입안에서 생긴 도끼가 자기의 발등을 찍는 것이다. 그럼에도 불구하고 사람들은 입안의 도끼로 자신을 망치려 하고 있다. 더욱이 그로 인해 훌륭한 도반을 잃거나 끝내는 자신까지도 더러운 흙탕물에 빠지는 일을 하고 있다. 이 얼마나 위험한 일인가.

어느 일요일에 어떤 부부가 사소한 다툼 끝에 부부싸움을 했다. 남편은 아내를 욕하고 꾸짖었다. 아내는 남편의 잘못을 들추면서 지지 않았다. 화가 난 남편이 드디어 해서는 안 될 말을 했다.

"도저히 용서할 수 없다. 당신과는 아무래도 그만두는 게 좋겠다."

"그래 좋다. 그만두자. 그런데 어떻게 그만두는 게 좋은가?"

"너는 너대로 가고 나는 나대로 가자."

두 사람은 똑같이 집을 나왔다. 남편은 술집으로 갔고 아내는 영화관으로 갔다. 얼마 뒤 두 사람은 나란히 집으로 돌아왔다.

"안 돌아올 듯 나가더니 왜 돌아왔나?"

"내일 출근하려고 왔다. 그런데 당신은 왜 들어왔나?"

"출근 준비 시켜주려고 왔다."

금방이라도 이혼할 것 같은 두 사람은 서로를 용서했다. 코미디 같은 부부싸움이었다.

이들 부부의 말싸움을 유심히 살펴볼 부분이 있다. '그만두자'고는 했어도 '이혼하자'는 말은 서로 안하고 있다. 이것이 중요하다. 그만두자는 말은 결혼생활을 그만두자는 말이 될 수도 있지만 싸움을 그만두자는 뜻도 된다. 실제로는 헤어지자고 말하고 싶어도 '이혼'이라는 결정적인 말은 아껴야 나중에 화해의 여지가 남는다. 말이란 이런 것이다. 그러므로 누구든지 발등이 찍히지 않으려면 입 속에 있는 도끼를 잘 간수해야 한다.

누구에게나 찾아오는 죽음

부처님이 사밧티(사위성)의 기원정사에 있을 때의 일이다. 그 무렵 키사고타미 비구니는 기원정사 인근의 비구니 처소에 머무르고 있었다. 어느 날 그녀는 탁발을 마치고 돌아와 한 나무 밑에 앉아 명상을 하고 있었다. 그때 악마가 나타나 그녀에게 이렇게 속삭였다.

"너는 왜 아들을 잃고 눈물을 흘리면서 시름하고 있는가? 혼자 나무 밑에 앉아 있지 말고 세속으로 나가 남자를 구해보는 것이 어떤가?"

그러자 그녀는 문득 정신을 차리고 악마에게 이렇게 말했다.

"자식의 모습을 잊고 나면 번민하거나 근심하지 않게 되리라. 모든 근심과 괴로움을 다 버리면 어둠은 사라지고 참된 진리를 얻게 되어 마침내 편안하고 고요하게 되리라."

악마는 이 말을 듣고 더 이상의 유혹을 포기하고 사라졌다.

잡아함 45권 1200경 《구담미경(瞿曇彌經)》

이 경전의 주인공인 키사고타미는 매우 비극적인 인물이다. 그녀는 원래 출가하기 전에 한 아이의 어머니였다. 과부인 그녀는 외아들에 의지해 살았는데 그 아들이 그만 병이 들어 죽었다. 그녀는 하늘이 무너지는 듯한 슬픔에 빠졌다. 그녀는 차마 아들의 시체를 화장하지 못하고 몇 날 며칠을 눈물로 지새웠다.

그 무렵 부처님은 사위성에 머물고 계셨는데 키사고타미의 딱한 사연을 듣고 그녀를 위로하기 위해 묘지로 찾아갔다. 그러나 사랑하는 자식을 잃은 어머니의 슬픔을 어찌 몇 마디의 말로 달랠 수 있겠는가. 그래서 부처님은 그녀가 스스로 슬픔을 삭일 수 있도록 이런 제안을 했다.

"불쌍한 여인이여. 그렇게 슬퍼한다고 한 번 죽은 자식이 다시 살아날 수는 없다. 그래도 죽은 자식을 살리고 싶다니 내가 도움을 주겠다. 이렇게 한 번 해보자. 마을로 돌아가 한 번도 상여가 나가지 않은 집에서 향불을 구해 오너라. 그러면 죽은 아이를 다시 살릴 수 있을지도 모른다."

키사고타미는 어쩌면 자식을 살릴 수 있을지도 모른다는 희망으로 향불을 구하러 마을로 나갔다. 사람들은 그녀의 딱한 사연을 듣고 향불을 주려고 했지만 '상여가 나가지 않은 집'이라는 조건에 맞는 집은 한 집도 없었다. 그녀는 하루 종일 성안을 돌아다녔으나 결국 향불을 구할 수 없었다. 키사고타미는 그제야 죽음이란 누구에게나 찾아오는 것이며 누구도 영원히 살 수 없다는 것을 인정할 수밖에 없었다.

빈손으로 돌아온 키사고타미는 스스로 슬픔을 달래며 이렇게 말했다.

"부처님이시여. 향불은 집집마다 다 있었습니다. 그러나 상여가 나가지 않은 집은 한 집도 없었습니다. 태어난 모든 것은 반드시 죽기 때문입니다. 이것을 인정하게 되니까 저의 슬픔도 절반으로 줄어드는 것 같습니다."

이 이야기는 《잡비유경》 하권 23번째 에피소드에 자세히 소개돼 있다. 여기서 부처님이 가르치고자 하는 것은 우리가 처한 무상한 현실을 빨리 인정하라는 것이다. 사랑하는 자식을 잃은 어머니에게 이렇게 말하는 것은 어떻게 보면 냉정한 일이다. 그러나 최상의 해결책은 역시 현실을 있는 그대로 직시하는 것 뿐이다.

천지가 열린 뒤로 한 번도 죽지 않은 사람은 없다. 죽음과 불행이 나에게만 온다고 생각하는 것은 어리석음이요 집착이다. 그 집착이 오래가면 갈수록 고통의 강도는 더해진다. 고통을 조금이라도 빨리 덜고 평온을 얻고자 한다면 생사의 이치를 바로 인식하고 집착에서 벗어나야 한다는 것이 부처님의 생각이다.

키사고타미는 이후 출가하여 비구니가 되었다. 앞에서 인용한 경전은 출가한 그녀가 가끔은 아들 생각을 하는 장면을 묘사하고 있다. 여기서 악마의 존재는 내적 갈등을 상징한 것이다. 하지만 그녀는 이미 번뇌가 다 사라졌으므로 옛날처럼 비탄에 잠기는 일은 없었다. 다만 한 아이를 가졌다가 잃어버린 어머니의 애틋한 모정이 고요한 마음의 거울에 비쳐지고 있을 뿐이다.

제2부

쓸데없는 말보다 침묵이 값지다

좋은 친구와 사귀는 이익

부처님이 라자가하의 어느 골짜기 작은 정사에 머물고 있을 때의 일이다.
그 무렵 아난다도 이 골짜기의 어느 조용한 곳에서 조용히 명상을 하고 있었는데 그는 친구에 대한 생각을 하다가 이런 결론에 도달하게 되었다.

'좋은 친구를 갖는다는 것은 참으로 소중한 일이다.

나에게 좋은 친구가 있고 또 좋은 친구와 함께 있다는 것은 수행하는데 큰 도움이 된다.

아마도 내 수행의 절반은 좋은 친구가 있기 때문에 가능할 것이다.'

아난다는 명상에서 일어나 부처님에게로 갔다.

그리고 자신이 생각한 바를 솔직하게 아뢰고 부처님의 의견은 어떠한지를 여쭈었다.

"아난다야, 네 생각은 틀렸다. 그렇게 생각하면 안 된다. 좋은 친구와 함께 있으면 수행의 절반을 이룩한 것이나 다름없다는 생각은 잘못된 것이다."

아난다는 평소 부처님이 좋은 친구와 함께 있는 것은 참으로 좋은 일이고 수행에도 큰 도움이 있다고 말씀해온 것으로 알고 있었다. 그러므로 절반은 아니더라도 많은 이익은 있다고 격려해 줄 것으로 짐작했다. 그런데 부처님은 그렇지 않다고 하니 당황스럽기까지 했다.

그러나 부처님이 아난다의 생각이 잘못됐다고 한 뜻은 다른 데 있었다.

"아난다야, 너는 이렇게 생각해야 한다.

너에게 좋은 친구가 있고, 그 친구와 함께 있게 되면 수행의 절반을 이룩한 것이 아니라 전부를 이룩한 것이나 다름없다고 생각해야 한다. 이것이 올바른 생각이다.

왜냐하면 순수하고 원만하고 깨끗하고 바른 행동은 언제나 좋은 벗을 따라다니지만 나쁜 벗은 그 반대이기 때문이다.

그러므로 너희들은 언제나 좋은 벗과 사귀고 좋은 벗과 함께 있어야 한다."

잡아함 27권 726경 《선지식경(善知識經)》

 불교에서는 함께 수행하면서 탁마하는 친구를 각별하게 생각한다.

그래서 이 친구를 '도반(道伴)' 또는 '선지식(善知識 또는 善友)'이라 부른다.

도반은 '함께 구도의 길을 가는 동무'라는 뜻이고 선지식은 '좋은 벗'이라는 뜻이다. 도반이라는 말은 중국에서부터 쓰기 시작한 것 같고, 선우는 인도에서부터 사용했던 것으로 보인다.

불교에서 이렇게 친구를 멋진 표현으로 부르면서 소중하게 생각했던 것은 그 역사가 자못 길다.

부처님의 제자 가운데 사리풋타와 목갈라나는 아주 절친한 친구였다.

그들은 좋은 스승을 만나면 혼자만 제자가 되지 말고 같이 가자고 약속했다.

어느 날 사리풋타가 부처님의 제자를 만나 이런 말을 들었다.

"모든 법은 인연에 의해 생긴다.   (諸法從緣生)

진리의 체현자는 그 원인을 설명하신다.   (如來說是因)

그 인연의 소멸에 대해서도 설명하신다.   (彼法因緣盡)

우리의 스승은 이와 같이 가르친다."　　　　(是大沙門設)

모든 것이 신의(神意)에 따라 운명적으로 이루어지고 있다고 생각해온 사람들에게 인연에 의한 것이라는 설명은 전혀 새로운 것이었다. 그래서 이를 '연기법송(緣起法頌)'이라 한다.

이 말을 들은 사리풋타는 귀가 번쩍 뜨였다.

친구인 목가라나에게 말했더니 그도 같은 생각이었다.

두 친구는 주저 없이 그들을 따르던 무리 250여명을 데리고 불교교단에 귀의했다.

친구의 우정으로 이루어진 아름다운 개종결행이었다.

친구와의 우정에 대해서는 부처님도 매우 소중하게 생각했다.

이 경에서 보듯이 부처님은 좋은 친구가 '수행의 절반이 아니라 전부'라고 말하고 있다.

또 다른 경에서는 성공과 실패의 조건 가운데 하나로 좋은 친구를 갖느냐, 못 갖느냐를 지적한 적도 있다.

이는 좋은 친구와의 우정이 얼마나 소중한 것인가를 단적으로 일깨우는 가르침이다.

좋은 친구는 수행자에게만 소중한 것이 아니다.

누구나 좋은 친구를 갖는 것이 가장 중요하다.

어쩌면 그것은 '인생의 전부'일지도 모른다.

그렇다면 나는 지금 인생의 전부라 할 만한 친구를 몇이나 가지고 있는가.

오늘밤 잠들기 전에 친구의 얼굴을 하나하나 떠올려 볼 일이다.

좋은 친구 나쁜 친구

 부처님이 나라 마을 호의 암라 동산에 계실 때의 일이다.
어느 날 이 마을에서 장사를 하는 외도 한 사람이 찾아왔다.

그는 나이가 120세나 되는 노인으로 오랫동안 장사를 하다 보니 친구와의 우정과 배신에 대해 많은 것을 생각하게 되었다.

여러 사람을 찾아가 좋은 친구와 나쁜 친구를 가리는 방법을 물어보았으나 시원한 대답을 듣지 못하던 터였다.

"한 가지 여쭈어볼 일이 있습니다.

어떤 친구가 착한 척 겉모습만 꾸미는 나쁜 친구입니까.

어떤 친구가 두 몸을 한 몸처럼 생각하는 좋은 친구입니까?"

부처님은 그에게 이렇게 일러주었다.

"마음으로는 진실로 싫어하면서 입으로는 좋다고 말하는 사람, 입으로는 은혜롭고 부드러운 말을 하면서 마음으로는 그렇지 않은 사람, 일을 같이 하면서도 하는 일마다 속으로는 어긋나는 사람이 있다.

이런 사람은 착한 척 겉모양만 꾸미는 사람이니 그는 좋은 친구가 아니다.

그러나 두 몸을 한 몸같이 생각하는 좋은 친구는 어떤 일을 할 때 방해하거나 의심을 품지 않으며 허물이나 꼬투리를 잡으려 하지 않는다.

착한 친구를 의지하는 편안함은 자식이 아비의 품에 안긴 듯하여 아무도 그 사이를 뗄 수 없나니 이런 친구가 좋은 친구다."

잡아함 35권 978경 《상주경(商主經)》

 사람이 살아가는데 친구처럼 소중한 존재도 없다. '친구따라 강남 간다'는 말은 친구가 우리 인생에서 얼마나 소중한 동반자인가를 말해준다.

강남에 가면 좋은 것이 있는지 나쁜 것이 있는지 모른다. 그래도 친구가 가자니까 같이 가는 것이다. 이 얼마나 보기 좋고 믿음직한 일인가. 부처님 말씀대로 좋은 친구는 아버지의 품처럼 편안하기 그지없다.

그래서 사람들은 누구나 좋은 친구 사귀기를 원한다.

하지만 정말로 좋은 친구를 사귄다는 것은 참으로 힘든 일이다.

일상적으로 경험하는 바이지만 평소에는 아주 사이좋은 관계라도 이해관계가 얽히면 돌아서기 쉬운 것이 친구관계다.

어려운 일이 생길 때 친구를 믿어주고 도와주려는 사람을 보기가 여간 어렵지 않다.

두 몸을 한 몸같이 생각한다는 것이 결코 쉽지 않기 때문일 것이다.

이 때문에 배신감이나 섭섭함을 토로하는 사람도 적지 않다.

우정에 대해 말할 때 사람들이 착각하고 있는 것이 하나 있다.

나는 언제나 상대에게 잘 해주었는데, 친구가 나를 믿어주지 않는다는 것이다.

대개의 착각은 여기서 비롯된다.

예를 들어보자.

만약 내가 어떤 친구에게 돈을 빌려 주었다. 그런데 그 친구가 그것을 변제할 능력이 없어 나를 피해 다닌다.

친구 때문에 낭패당하는 사람들의 전형적인 사례다. 이 때 사람들은 서로 야속하다고 말한다. 그러나 일이 이 지경에 이르러 두 사람이 할 수 있는 것은 아무 것도 없다. 아무리 상대를 원망해도 해결의 방법이 나오지 않는다. 이 때 사람들은 친구를 버린다. 결국 친구보다는 돈이 더 중요하다고 생각하는 것이다. 비극이긴 하지만 이것이 현실이다. 바로 이 대목에서 우리는 자신에게 물어보아야 한다. 내가 지금까지 친구에게 참으로 '몸은 둘이지만 하나처럼 생각해왔는가' 하는 것이다. 만약 그렇지 않다면 더 이상 친구와의 우정이나 배신에 대해 논하지 않는 것이 좋다. 두 몸을 한 몸처럼 생각했다면 서로에게 손해날 일을 하지 않았을 것이기 때문이다.

좋은 친구를 얻고자 하면 내가 먼저 좋은 친구가 되어주는 것이 최선의 방법이다. '몸은 둘이면서 하나처럼 생각하는 친구'를 가지려면 우선 나부터 그렇게 해야 한다. 이해관계에 따라 우정과 배신이 엇갈려서는 좋은 친구를 얻을 수 없다. 좋은 친구를 얻지 못하는 것은 내가 먼저 좋은 친구가 돼주지 않기 때문인지도 모른다.

부처님은 지금 좋은 친구와 나쁜 친구의 조건을 제시하면서 너는 어디에 속하는가를 묻고 있다. 이제 우리가 이에 대한 대답을 할 차례다.

어떤 사람과 친해야 하나

 부처님이 사밧티의 기원정사에 있을 때의 일이다. 어느 날 부처님은 제자들에게 다음과 같이 설법했다.

"세상에는 서로 친하게 지내는 사람들이 있다. 그들은 누구와 서로 친하게 지내는가. 살생하는 사람은 살생하는 사람과 친하고 도둑질하는 사람은 도둑질하는 사람과 친하게 지낸다. 음행하는 것을 좋아하는 사람은 그런 부류의 사람과 친하게 지낸다. 거짓말하고 이간질하고 욕 잘하고 꾸미는 말 잘하는 사람은 그런 사람들과 잘 어울린다. 욕심 많고 성내고 삿된 소견을 가진 어리석은 사람은 같은 부류를 따라 서로 친하게 지낸다. 비유하면 더러운 물건이 더러운 물건과 서로 화합하는 것처럼 열 가지 악업 짓기를 좋아하는 사람은 그런 사람들과 서로 친하게 지낸다.

이와는 달리 살생하지 않고 훔치지 않으며 음행하지 않는 사람은 같은 부류와 어울리기를 좋아한다. 거짓말, 이간질, 나쁜 말, 꾸미는 말을 좋아하지 않는 사람은 같은 부류의 사람과 친하게 지낸다. 욕심과 성냄과 삿된 소견을 갖지 않는 사람은 비슷한 사람들끼리 어울린다. 비유하면 소젖은 소젖과 어울려 서로 화합하는 것처럼 열 가지 선업 짓기를 좋아하는 사람들은 같은 사람들끼리 서로 친하게 지낸다."

잡아함 37권 1045경 《수류경(隨類經)》

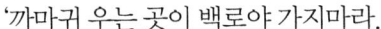'까마귀 우는 곳이 백로야 가지마라.'

옛 시조의 한 구절은 나쁜 친구들과의 유유상종(類類相從)을 경계한 말이다. 사람은 모두 끼리끼리 만나고 비슷한 사람끼리 논다는 것이다. 좋은 친구와 가까이 하고 교양 있는 사람들과 어울리는 사람은 그 자신도 착하고 교양 있는 사람이다. 반대로 나쁜 친구와 가까이 하고 교양 없는 사람과 자주 어울리는 사람은 그 자신도 나쁜 짓을 하는 사람이 분명하다.

불량청소년이 어울리는 친구는 모두가 불량청소년이다. 도둑이나 사기꾼이 어울리는 사람은 모두가 비슷한 성향의 한통속인 사람들뿐이다. 도박을 좋아하거나 마약을 복용하는 사람들도 겉으로 보기에는 멀쩡하지만 놀 때 보면 반드시 끼리끼리 논다. 혹 그런 것을 좋아하지 않는 사람이 있으면 반드시 남을 그리로 끌어들이려 한다. 같은 패거리를 만들어야 같이 놀기가 편하기 때문이다.

어떤 사람의 참다운 면목을 알고자 하면 만나는 사람이 누구이고 어떤 사람과 친하게 지내는지를 살펴보면 된다. 폭력배는 폭력배와 어울려 산다. 기생은 기생끼리 어울려 산다. 만약 보통사람이 이들과 만나면 심각한 문제가 생긴다. 폭력배와 정치인이 만난다면 거기에는 무엇인가 검은 연결고리가 있는 것이 분명하다. 돈 많은 사람과 기생이 만난다면 거기에는 틀림없이 깨끗하지 못한 뒷얘기가 있다고 보아야 한다.

거름더미 속에서는 아무리 깨끗한 풀도 같이 썩어가기 마련이다. 근묵자흑(近墨者黑)이라 했다. 검은 것을 가까이 하면 검어질 수밖에 없다. 우리가 어떤 사람을 가까이 해야 할지는 말하지 않아도 분명하다.

쓸데없는 말보다 침묵이 값지다

부처님이 라자가하(王舍城) 죽림정사에 있을 때의 일이다.

어느 날 오후 비구들은 공양을 끝낸 뒤 식당에 모여앉아 이런 저런 이야기를 하고 있었다. 이 날의 화제는 참으로 다양했다. 무슨 이야기 끝에 정치의 얘기가 나오자 이어서 전쟁에 관한 얘기가 나왔다. 또 누군가가 재물에 관한 얘기를 하자 이번에는 도둑에 관한 얘기가 꼬리를 물었다. 그러다가는 사업에 관한 얘기가 이어졌으며 다음에는 옷에 관한 얘기로 옮겨갔다.

그러다가 마침내는 남녀 간의 사랑에 관한 데로 화제가 옮겨 갔다. 이렇게 계속된 세속적인 화제는 서너 시간이 지나도 그칠 줄 몰랐다.

그때 부처님은 식당 건너편에 있는 나무 아래서 조용히 명상에 잠겨 있었다. 부처님은 비구들의 얘기 마당이 좀처럼 끝날 것 같지 않음을 알고 자리에서 일어나 그들 곁으로 갔다.

"지금 너희들은 무슨 얘기를 그렇게 재미있게 나누고 있는가?"

비구들은 지금까지 했던 얘기의 대강을 부처님께 아뢰었다. 그러자 부처님은 조용히 타일렀다.

"수행자는 그런 일에 시간을 허비해서는 안 된다. 그런 이야기는 아무리 많이 해도 바른 이치를 깨닫는데 도움이 되지 않는다. 열반을 향하는 데도 아무런 도움을 주지 못한다. 그러므로 수행자들은 언제나 진리를 깨닫고 열반에 이르는데 도움이 되는 법담(法談)만을 나누는 것이 좋다. 그렇지 않을 때는 차라리 성스러운 침묵을 지키는 것이 좋다."

비구들은 이 말씀을 듣고 부끄러워하면서 각자의 처소로 돌아갔다.

잡아함 16권 411경 《논설경(論說經)》

사람이 언제까지나 주먹을 꽉 쥐고 살 수는 없다. 손은 적당히 펴고 사는 것이 편하지 주먹을 쥐면 힘이 들어 금방 지치고 만다. 출가자도 사람인지라 언제나 엄숙하고 경건한 모습만을 강요하는 것은 무리다. 만약 부처님이 말씀하신 뜻이 이런 것이라면 죄송하지만 여기에는 쉽게 승복하기가 힘들 것 같다. '사람이라면 조금은 여유가 있어야 하지 않겠습니까.' 하고 건의라도 해보고 싶다.

'중도(中道)의 길'이란 바로 적당한 휴식을 포함하는 말이다. 그렇다면 부처님이 나무랐던 것은 무엇인가. 부처님이 이 경에서 가르치신 것은 반드시 그렇게 엄숙하라기보다는 출가자의 화제로 적절한 것과 그렇지 못한 것이 어떤 것인가를 가리라는 의미로 해석하고 싶다. 휴식도 좋고 담소도 좋지만 적절치 못하거나 점잖지 못한 것은 피하라는 것이다. 예컨대 여자 문제 같은 것은 아무리 휴식시간에 나온 화제라도 품위에 맞지 않는 것이다.

이 가르침은 출가자가 아닌 세속사람들에게도 많은 교훈을 준다. 사람들은 자신과 상관없는 일에 마음을 뺏기는 일이 너무 많다. 그래서 곧잘 남의 일에 간섭도 하고 어떤 때는 본의 아니게 시비에 휘말리기도 한다. 또 신사숙녀가 입에 올릴 화제로 적절한 것인지 아닌지도 늘 고려가 있어야 한다. 굳이 고담준론(高談峻論)이나 법담은 아닐지라도 상관없는 일에는 관심을 덜 갖는 것이 신상에 이롭다. 잘 알지도 못하는 일에 나서지 않으면 최소한 과오는 범하지 않을 수 있기 때문이다.

친족을 엄격하게 다스리라

부처님이 기원정사에 머물고 있을 때의 일이다. 그 무렵 툇사 비구도 기원정사에 있었는데 툇사는 '나는 부처님과 외사촌이다. 그러므로 누구를 공경할 필요도 없고 꺼리길 것도 없다. 두려울 것도 없고 충고를 받을 이유도 없다'고 하면서 돌아다닌다는 것이다. 이 소문을 들은 부처님이 사람을 시켜 툇사를 불러오게 했다.

"툇사야. 듣자하니 네가 '나는 부처님과 형제지간이다. 그러므로 누구를 공경할 필요도 없고 충고도 들을 것이 없다'고 했다는데 사실인가?"

대중 가운데 불려나온 툇사는 사태가 심상치 않음을 알고 솔직하게 시인했다.

그러자 부처님은 엄하게 툇사를 타일렀다.

"툇사야. 그렇게 해서는 안 된다. 너는 오히려 '나는 부처님 고모의 아들로 형제지간이 되므로 누구에게나 공경해야 하고 두려워하고 충고를 참고 받아들여야 한다'고 생각해야 한다. 만일 참으로 성내고 교만한 마음을 떠나게 되면 사람들은 네가 '부처님과 형제지간이어서 훌륭한 수행자가 되었다'고 하리라."

훈계를 받은 툇사는 그후 겸손한 수행자가 되어 사람들의 존경을 받게 되었다.

잡아함 38권 1068경 《저사경(低沙經)》

부처님의 여러 친족들이 불교교단으로 출가한 사실은 널리 알려진 일이다. 10대 제자 중 라훌라는 바로 아들이고 아난다는 사촌 동생이었다. 배신자 데바닷다와도 사촌 지간이고 용모가 출중했던 난다는 이복 동생이다. 또 텃사 존자는 고모의 아들이었다. 부처님을 길러준 마하파자파티 부인과 아내 야쇼다라도 출가해 비구니가 되었다.

이처럼 많은 친족들을 출가시킨 것은 두 말할 것도 없이 불법(佛法)이야말로 윤회로부터 해탈을 얻을 수 있는 구원의 길이었기 때문이다. 가장 '행복한 삶'에 친족을 끌어들이는 것은 부처님에게도 인지상정(人之常情)이었던 셈이다.

그러나 부처님은 불교교단에 출가한 친족들에 대해서는 누구보다도 엄격하게 대했다. 아들인 라훌라가 아직 나이가 어린 탓에 버릇없는 행동을 많이 하자 장로 사리풋타에게 부탁해 특별훈육을 시키도록 했다. 그래도 부족했던지 하루는 이런 방법으로 직접 가르쳤다.

라훌라에게 발 씻을 물을 떠오게 한 부처님은 발을 닦은 뒤 '이 물을 먹을 수 있겠느냐' 고 물었다. 라훌라가 '더러운 물이라 못 먹는다' 고 하자 이번에는 물을 버리고 '그러면 이 그릇에 밥을 담아 먹을 수 있느냐' 고 물었다. '더러워서 그럴 수 없다' 고 하자 다시 그릇을 내던지며 '저 그릇이 아깝는가' 하고 물었다. 라훌라는 '더러운 것을 담았던 찌그러지고 깨진 그릇이라 아까울 것이 없다' 고 대답했다. 그때 부처님은 라훌라를 향해 이렇게 타일렀다.

"그렇다. 더러운 물은 먹을 수 없고, 더러운 그릇에는 밥을 담을 수 없고, 더러운 그릇은 깨져도 아무도 아까워하지 않는다. 사람도 그와 같다. 거짓말이나 하고 버릇없이 구는 사람은 더러운 물처럼 아무도 좋아하지 않는다. 그를 내팽개쳐도 아무도 거들떠보지 않는다. 그러니 너는 항상 행동을 조심해서 훌륭한 사람이 되도록 해야 한다."

또 부처님은 이복 동생인 난타가 항상 좋은 옷을 입고 다녀 말썽이 되자 이를 나무라고 타일러 버릇을 고쳐 주었다. 이 사실은《저사경》바로 앞에 있는 1067경《난타경(難陀經)》에 기록돼 있다.

'남편이 사장이면 아내는 회장이고, 남편이 사단장이면 아내는 군단장, 남편이 코치면 아내는 감독' 이라는 우스갯소리가 있다. 다 친족들의 처신이 진중하지 못해서 생긴 말이다. 높은 자리나 지도적 위치에 있는 사람들은 친족관리에 각별한 신경을 써야 한다. 또 친족이 높은 지위에 있는 사람들도 모시는 어른에게 누를 끼치는 일이 없도록 처신을 조심해야 한다. 이 경은 바로 이 점을 가르쳐 주고 있다.

재산을 관리하는 방법

 부처님이 기원정사에 있을 때의 일이다. 어느 날 한 젊은이가 찾아와 세속에 사는 사람이 돈을 벌고 재산을 관리하는 법을 물었다.

"부처님, 어떻게 해야 돈을 많이 벌 수 있습니까. 또 어떻게 하면 재산을 잘 관리할 수 있습니까?"

부처님은 그에게 이렇게 가르쳐 주었다.

"우선 일을 잘 하는 법을 배워야 한다. 그리고 재물을 모으게 되면 그것을 넷으로 쪼개서 관리하는 것이 좋다. 즉 한 무더기로는 먹고 사는데 쓰고, 두 무더기로는 생업을 위해 이윤을 얻을 일에 쓰고, 나머지 한 무더기는 곤궁할 때를 대비해 저축해 두는 것이 좋다.

생업을 위해 이윤을 얻을 수 있는 일에는 여섯 가지 직업이 있다. 농사를 짓거나 장사를 하거나 목축업을 하거나 세를 놓아 이익을 구하거나 건축을 하거나 물건을 만드는 것이 그것이다. 이러한 직업에 힘을 다해 열심히 일하면 돈을 모아 안락하게 살아 갈 수 있으리라. 이렇게 재물을 구한다면 모든 물이 바다로 모이듯, 꿀벌이 꿀을 모으듯 재산이 불어날 것이다.

재산이 불어나면 자연히 사람도 많이 모여들 것이지만, 그렇지 못하면 사람들도 찾아오지 않을 것이다. 성공한 사람의 그늘에 사람이 모여들면 그들을 친형제처럼 거두고 받아들여야 한다. 그들에게 이익을 골고루 나누어 주면 목숨이 다한 뒤에는 천상에 태어나 즐거움을 누리게 되리라."

잡아함 48권 1283경 《기능경(技能經)》

 얼핏 생각하면 불교는 세속의 경제생활에 대해서는 무관심한 듯하지만 사실은 그렇지 않다. 출가자들에 대해서는 철저한 무소유를 강조하지만 재가자들의 경제생활에 대해서는 부(富)와 이익의 창출을 위해 구체적인 방법까지 제시하는 등 매우 적극적인 태도를 보이고 있다.

부처님이 세속적 경제생활에 대한 언급 가운데 백미를 이루는 것이 이 경전이다. 여기서 요약 제시 된 경제생활의 원칙은 불교경제사상의 핵심이라 해도 무방하다.

부처님이 말씀하시기를

첫째로 재산을 모으기 위해서는 훌륭한 기술과 기능을 먼저 익혀야 할 것을 강조한다. 농사를 짓든 장사를 하든 무엇을 하든 그 분야의 전문가가 되어야 한다는 것이다. 어떤 직업이냐가 문제가 아니라 전문가냐 비전문가냐가 중요하다.

둘째는 무슨 일을 하든 열심히 해야 한다는 것이다. 게으름은 모든 일에서 타락과 패망의 지름길이란 것이 부처님의 한결같은 가르침이다. 어떤 경전에 보면 도박이나 유흥에 빠지는 일이 없도록 신신 당부하고 있다.

셋째는 재산을 합리적으로 관리하라는 것이다. 재산이 조금 모였다고 수입을 초과하는 지출을 한다든가 낭비를 하는 것은 옳지 않다는 지적이다. 특히 돈을 어떻게 쓸 것인가에 대한 지적은 기억해 둘 만하다.

이 경에 따르면 1/4은 먹고 사는데 사용하고, 1/4은 곤궁에 대비해 저축하고, 나머지 2/4는 생업을 위해 재투자하는데 쓰라고 한다. 현대의 경제이론으로 보아도 손색이 없는 원칙이다. 넷째는 어느 정도 재물이 축적되면 이웃에게 베풀라는 것이다. 재산을 모으는 것은 축재 자체에 의미가 있는 것이 아니라 필요할 때 필요한 곳에 쓰기 위해서다. 따지고 보면 내가 재산을 모으는 과정에는 많은 사람들의 희생과 도움이 있었다. 따라서 그들에게 여러 가지 도움을 주는 것은 가진 사람들의 의무다. 요즘 말로 하면 보시란 곧 경제적 부의 사회적 환원이기도 하다.

이 경전을 읽다보면 부처님은 2600여 년 전에 어떻게 우리사회의 경제적 문제에 대해 전문가 뺨치는 조언과 분석을 하고 있는지 놀랄 정도다. 특히 곤궁해질 것을 대비해 수입의 1/4을 저축하라는 말씀은 한때의 호황을 믿고 낭비하다가 IMF시대를 맞은 우리에게 큰 반성을 하게 한다.

무엇을 해서 먹고 살아야 하는가

부처님이 라자가하 죽림정사에 계실 때의 일이다. 그 무렵 사리풋타도 이곳에 머물고 있었다. 어느 날 사리풋타는 마을에 들어가 탁발을 해서 나무 밑에 앉아 공양을 했다. 이를 본 정구(淨口)라는 외도인 여승이 사리풋타에게 물었다.

"존자께서는 입을 어디로 향하고 공양을 하시는지요?"

"나는 입을 밑으로 하거나, 위로 향하거나, 사방으로 향하거나, 또는 중간으로 향하게 하고 식사를 하지 않는다."

"그러면 존자께서는 입을 어디로 향하게 하고 공양을 하시는지요?"

"입을 아래로 향하고 식사를 하는 것은 천박한 방법으로 먹이를 구하는 것이니 이는 하구식(下口食)이라 합니다. 입을 하늘로 향하고 식사를 하는 것은 별을 관찰하고 먹이를 구하는 것이니 이는 앙구식(仰口食)이라 합니다. 입을 사방으로 향하고 식사를 하는 것은 심부름을 해서 먹이를 구하는 것이니 이는 방구식(方口食)이라 합니다. 입을 중간으로 향하고 식사를 하는 것은 병을 고쳐주고 먹이를 구하는 것이니 이를 사유식(四維食)이라 합니다. 나는 이러한 방법으로 먹이를 구하지 않는다. 오직 청정한 법을 행하는 것으로써 음식을 구하여 살아갈 뿐입니다."

그녀는 사리풋타의 대답을 듣고 존경하는 마음을 일으켜 칭찬했다. 그러나 그녀는 다른 외도들의 미움을 사서 죽임을 당했다.

잡아함 18권 500경 《정구경(淨口經)》

스님들이 발우공양을 할 때 유심히 관찰해보면 매우 특이한 점을 한 가지 발견하게 된다. 보통 사람들은 음식이 담긴 그릇을 식탁에 놓고 고개를 약간 숙여서 음식을 먹는데 비해 스님들은 고개를 숙이지 않고 음식이 담긴 발우를 입 가까이로 들어 올려서 식사를 한다. 음식 쪽으로 입을 낮춤으로써 음식에 탐착하는 모습을 보이지 않기 위해서다.

스님들이 음식을 먹는 것은 육신을 살찌우기 위한 것이 아니다. 다만 도업을 이루기 위해 몸을 지탱하는 약으로 음식을 먹는다는 것이다. 이는 공양을 하기 전에 외우는 오관게(五觀偈)라는 게송에도 잘 나타난다.

이 음식에 깃든 공덕을 생각하면　　(計功多少量彼來處)
덕행이 부족한 나는 받기가 송구하네　(忖己德行全缺應供)
오직 마음을 지켜 온갖 욕심을 버리고　(防心離過貪等爲宗)
다만 건강을 지키기 위한 약으로 삼아　(正思良藥爲療形枯)
도업을 이루기 위해 이 음식을 먹노라　(爲成道業應受此食)

음식에 대한 이 같은 생각은 음식을 어떻게 마련해야 하느냐 와도 밀접한 관계가 있다. 이 경에서도 두 사람의 문답 주제는 '수행자는 무엇으로 먹고 사느냐'는 것이다. 이에 대해 사리풋타는 네 가지 옳지 않은 방법을 지적하고 있다.

첫 번째 천박한 방법이란 남을 속이거나 사기 치는 행위를 말한다. 두 번째 별을 관찰한다는 것은 점을 치는 행위를 말한다. 세 번째 심부름을 한다는 것은 권력자나 부자에게 아부하는 것을 말한다. 네 번째 병을 고쳐준다는 것은 주술을 행하는 것을 말한다.

사리풋타는 이 네 가지 방법은 출가 수행자가 음식을 구하는 방법이 아니라고 말한다. 오직 바른 법에 의한 수행만이 출가자가 음식을 구하는 방법이라는 것이다.

출가 수행자는 '직업인'이 아니다. 수행 생활은 밥을 먹기 위한 수단일수 없다. 거짓으로 남을 속이거나, 점을 치거나, 심부름을 하거나, 주술을 부리거나 해서 이양을 챙기려면 굳이 수행자가 될 이유가 없다. 출가 수행자가 밥을 비는 것은 몸을 지탱하여 수행을 하기 위해서이다. 앞에서 인용한 '오관게'에는 이 정신이 잘 나타나 있다.

출가자는 그렇다 하고 그러면 재가자는 무엇을 해서 밥을 먹고 살아야 부끄럽지 않을 것인가. 남에게 해를 끼치지 않으면서 정당한 노력에 의한 것이어야 할 것이다. 지금하고 있는 일을 이 기준에 한번 맞춰볼 일이다.

명예와 덕망이 높아지는 비결

부처님이 사밧티(사위성) 기원정사에 머물고 계실 때의 일이다. 하루는 얼굴이 단정하고 행동이 기품 있어 보이는 한 신사가 부처님을 찾아왔다. 그는 교양 있는 신사답게 예의를 다해 부처님께 공손히 예배하고 한 쪽 옆에 앉았다.

"부처님 한 가지 여쭈어보고 싶은 것이 있습니다. 사람은 어떻게 해야 명예를 얻을 수 있으며, 어떻게 해야 재물을 얻을 수 있습니까? 또 어떻게 하면 덕망이 높아지고, 어떻게 하면 좋은 벗을 얻을 수 있겠습니까?"

"명예를 얻고자 한다면 계율을 지키시오. 재물을 얻고자 하면 보시를 행하시오. 덕망이 높아지고자 한다면 진실한 삶을 살고, 좋은 벗을 얻고자 한다면 먼저 은혜를 베푸시오. 그러면 그대가 원하는 것을 모두 얻을 수 있을 것이오."

부처님의 말씀을 들은 그는 참으로 훌륭한 가르침이라면서 기쁜 얼굴로 돌아갔다.

잡아함 1282경 《명칭경(名稱經)》

명예와 재물과 덕망과 좋은 친구는 이 세상의 모든 사람이 한결같이 갖기를 소망하는 대상이다. 그러나 어떤 사람은 이것을 얻기도 하고 어떤 사람은 아무리 소원해도 얻지 못한다. 왜 그런가. 이에 대해 부처님은 아주 간단한 대답을 내놓고 있다.

이 경의 가르침에 따르면 명예를 얻고자 한다면 우선 윤리적으로 깨끗이 하라는 것이다. 모든 생명을 소중히 여기고, 남의 재산을 탐내지 말고, 배우자 이외의 이성을 곁눈질 하지 말고, 거짓말을 하지 말고, 술을 과하게 마셔 실수하는 일이 없어야 한다. 그래야 명예를 얻을 수 있다는 것이다. 또한 재산을 얻고 싶으면 보시를 해서 공덕을 쌓아야 하며 덕망이 높아지려면 모든 언행이 진실해야 한다. 또 좋은 친구가 없다고 한탄하기 보다는 내가 먼저 좋은 친구가 되도록 노력해야 한다. 이것이 부처님이 가르쳐주는 처방이다.

부처님의 이러한 말씀은 어떻게 보면 특별할 것도 없는 참 평범한 가르침이다. 그러나 우리는 이 평범한 일을 소홀하게 하다가 명예와 재산과 덕망과 친구를 잃게 된다. 주위를 둘러보면 그런 사람들이 수없이 많다. 사회적으로 명예와 덕망이 높아 남들이 모두 부러워하는 사람이 어느 날 갑자기 도저히 용서받지 못할 죄가 드러나 매장되는 일이 허다하다.

남들 앞에서 사회적 도덕과 윤리를 힘주어 강조하던 사람이 어느 날 갑자기 가수 아무개와 불륜의 관계라는 사실이 탄로나 외국으로 도망간 변호사가 있다. 청문회에서 남의 잘못을 따지던 국회의원이 알고 보니 수억 원의 검은 돈을 받은 사실이 밝혀져 구속된 적도 있다. 대학에서 존경받는 교수가 부정입학에 관여한 사실이 드러나 교수사회를 놀라게 하고 스스로 쌓아온 명예를 손상시킨 사람도 있다. 경영이 어려워 근로자의 임금은 한 푼도 올려주지 못하겠다던 기업주가 알고 보니 외국으로 돈을 빼돌려 호화생활을 하더라는 얘기도 많다.

명예와 덕망은 비도덕적이거나 진실하지 못한 언행과 반대되는 것이다. 명예나 덕망을 가지려면 그에 합당한 생활을 해야 한다. 향락과 사치와 부도덕한 일을 즐기면서 양심에 거리낌 없이 살고자 한다면 처음부터 명예나 덕망과 같은 대우에 관심을 갖지 않는 것이 좋다. 두 개를 한꺼번에 가지려 하면 반드시 탈이 난다.

    남을 예로 들어 얘기할 필요도 없다. 지금 나는 어떤가. 경전의 가르침에 자기를 한 번쯤 반조해보면 금방 알 수 있을 것이다. 혹시 부처님 말씀과 다른 모습이라면 지금부터 고치기에 노력해야 할 것이다.

사회사업은 최고의 공덕

 부처님이 사밧티의 기원정사에 계실 때의 일이다. 어느 날 한 젊은이가 찾아와 부처님에게 이런 것을 여쭈었다.

"부처님 어떻게 해야 공덕이 밤낮으로 항상 증장할 수 있으며, 어떻게 해야 죽은 뒤에도 좋은 곳에 태어 날 수 있습니까? 원컨대 저를 위해 그 방법을 일러 주십시오."

"젊은이여. 공덕을 짓고자 한다면 동산에 과일 나무를 심으라. 그러면 나무 밑에는 그늘이 많고 시원해 여러 사람들이 쉬어갈 수 있으니 훌륭한 공덕이 될 것이다. 다리를 놓거나 배를 만들어 강을 건네게 해주는 것도 훌륭한 일이다. 또 배고픈 사람들을 도와주는 복덕의 집을 짓고 보시를 하거나 우물을 파서 목마른 사람의 갈증을 풀어주는 것도 방법이다. 객사를 지어서 지나가는 나그네를 쉬게 하는 일도 매우 훌륭한 일이다. 이렇게 하면 그 공덕은 밤낮으로 자랄 것이다. 만약 그대가 천상에 태어나기를 원한다면 법답게 정해진 계율을 지키라. 그러면 그 인연으로 천상에 태어나게 되리라."

젊은이는 부처님의 말씀을 듣고 기뻐하면서 이렇게 말했다.

"저는 오랜만에 훌륭한 스승을 뵈옵고 완전한 가르침을 배웠나이다. 이제 일체의 두려움을 버리고 이 세상의 갈애(渴愛)를 뛰어넘을 수 있게 되었습니다."

잡아함 36권 997경 《공덕증장경〈功德增長經〉》

부처님이 여기서 적시한 내용을 현대적으로 풀이하면 각종 사회복지사업에 해당된다. 배고픈 사람을 위해 복덕의 집을 지으라는 것은 대량실업의 시대에 실직자를 위한 음식 나누기를 하라는 것이고, 객사를 지어 나그네에게 잠자리를 마련해주라는 것은 노숙자를 위한 숙소제공과 같은 사업을 하라는 것이다.

조선시대의 유명한 고승인 서산대사는 이러한 가르침을 널리 펴기 위해 '회심곡(回心曲)'이라는 노래로 지어 보급하기도 했는데 그 중 일절을 옮기면 다음과 같다.

선심하라 발원하고 인간세상 나아가서
무슨선심 하였는가 바른대로 아뢰어라.
배고픈이 밥을주어 아사구제 하였는가.
헐벗은이 옷을주어 구난공덕 하였는가.
좋은곳에 집을지어 행인공덕 하였는가.
깊은물에 다리놓아 월천공덕 하였는가.
목마른이 물을주어 급수공덕 하였는가.
병든사람 약을주어 활인공덕 하였는가.
높은산에 불당지어 중생공덕 하였는가.
좋은밭에 원두심어 행인해갈 하였는가.

가사의 내용은 죽은 사람이 저승에서 염라대왕의 공초를 받을 때의 장면이다. 이런 물음에 제대로 대답하지 못하면 악도에 떨어진다는 것이 이 노래의 주제다. 이 같은 노래로 민중을 선도하는 것 말고도 실제로 불교에서는 이 노래에서 적시하는 여러 가지 일들을 실천하기에 많은 노력을 기울였다. 고려 때는 여행자를 위한 숙박시

설인 대비원, 가난한 사람을 위한 의료시설인 광혜원을 설립해 운영했다. 월천공덕을 짓기 위해 많은 다리도 놓았다. 지금도 남아있는 옛날의 돌다리는 모두 스님들이 손수 놓은 것들이다. 산길을 가다보면 누군가가 파놓은 우물을 볼 수 있다. 스님들이 길을 가다가 목마른 사람이 있으면 마시고 가라고 파놓은 우물이다.

  최근에도 불교계는 양로원, 고아원, 사회복지관 같은 것을 운영하면서 각종 사회복지 사업을 활발하게 펴고 있다. 매우 잘하는 일이고 바람직한 일이 아닐 수 없다. 더 많이 했으면 좋겠다.

겉모습으로 판단하지 말라

부처님이 사밧티의 기원정사에 머물고 있을 때의 일이다. 어느 날 파세나디 왕이 부처님을 찾아왔는데 마침 니간다풋타를 따르는 외도와 또 다른 외도의 무리 등이 기원정사 바깥을 배회하고 있었다. 그들은 수행자의 옷을 입었으며 고행자의 모습을 하고 있었다. 착한 왕은 그들에게 공경을 다해 합장하고 예배를 했다.

"저는 코살라의 파세나디 왕입니다."

부처님은 왕의 이러한 모습을 보고 물었다.

"대왕이 저들에게 세 번씩이나 이름을 말하며 예배한 까닭은 무엇 때문인지요?"

"저 분들의 행색을 보니 이 세상에 성자가 있다면 바로 저런 사람일 것 같아 존경을 바치고 예배를 했나이다."

그러자 부처님은 왕에게 이렇게 말했다.

"대왕은 저들이 참다운 종교인인지 아닌지를 그렇게 쉽게 단정하지 마시오. 저들이 훌륭한 종교인인지 아닌지는 가까이서 그의 행실을 살펴보아야 하오. 역경이나 고난을 겪으면서 그것을 어떻게 극복하는지, 진실과 거짓을 어떻게 분별하는지, 말하는 것과 행동하는 것이 다른지, 같은지를 살펴보고 판단하는 것이 옳소. 겉모습만 보고 판단하는 것은 삼가는 것이 좋소."

부처님의 이 같은 말씀을 듣자 왕은 생각나는 것이 있었다. 왕의 친척 중에도 한

때는 성자인 척하다가 집에 돌아와서는 다시 오욕(五慾)을 추구하는 사람이 있었기 때문이다. 이를 상기한 왕은 '마땅히 행실을 살펴보라'는 부처님의 말씀에 동의했다. 이에 부처님은 다시 이렇게 가르침을 베풀었다.

"나타난 형상과 겉모양으로만 그 사람의 선악을 말하지 마시오. 또 잠깐 동안 사귀어보고서 마음과 뜻을 같이하지 마시오. 원래 겉모습에는 속이 잘 드러나지 않나니 그것은 마치 놋쇠를 순금으로 도금한 것과 같기 때문이라오."

잡아함 42권 1149경 《형상경(形相經)》

 이 경은 제목에서 알 수 있듯이 이 경은 겉으로 드러나는 형상과 그 속에 내재된 인격의 문제를 주제로 삼고 있다.

일반적으로 우리가 사람의 인격을 평가하는 기준은 그의 겉모습을 보고서다. 외모나 허우대가 멀쩡하면 속이야 어찌됐든 신뢰감을 갖는다. 하지만 이러한 신뢰가 끝까지 변하지 않는 경우가 그리 흔치 않다. 첫인상이 중요하다고 하지만 그것만으로 모든 것을 판단하기에는 위험부담이 너무 높다. 금테안경을 썼다고 점잖은 사람인 줄 알고 돈을 빌려주었더니 사실은 사기꾼이더라, 처녀인줄 알고 사랑을 나누었더니 사실은 꽃뱀이더라, 착하고 순진한 줄 알았더니 사실은 늑대고 여우더라 하는 얘기는 겉모습만 보고 믿었다가 실망한 사람들의 고백이다.

종교인에 대한 기대나 평가도 마찬가지다. 일반적으로 사람들은 종교인이라면 무조건 남다른 덕망과 인격을 갖추고 있을 것으로 생각한다. 그러나 목사나 신부, 스님들이라고 해서 모두 그 이름에 걸맞는 인격을 갖추고 있는 것은 아니다. 오히려 그 반대의 경우가 더 많을 수도 있다. 실제로도 종교인이라고 잔뜩 기대했다가 실망을 하게 되는 일이 다반사다. 부처님은 이 문제와 관련해 사람을 평가할 때는 함부로 속단하지 말고 신중해야 한다고 말한다. 혹시 놋쇠를 순금으로 도금한 사람일 수도 있기 때문이다. '그 사람의 행위를 살펴보고 판단하라'는 충고는 사람을 사귀거나 평가하기 전에 반드시 음미해볼 말씀이다.

불교의 길, 정치의 길

 부처님이 히말라야 부근 한 오두막에 계실 때의 일이다. 어느 날 부처님은 선정에 들어서 이런 생각을 잠시 했다.

'내가 왕이 되어 남을 죽이거나 죽임을 당하는 일도 없고, 남의 것을 빼앗거나 빼앗김을 당하는 일도 없으며, 남을 슬프게 할 일도 없고, 스스로 슬플 일도 없도록 한결같이 법대로 행하고 법이 아닌 것은 행하지 않는 통치를 하면 어떨까.'

부처님이 이런 생각을 하자 악마가 나타나 속삭였다.

"부처님이시여. 그렇게 하소서. 부처님은 무엇이든 할 수 있는 분입니다. 정치의 길에 나서기만 하면 반드시 좋은 결과가 있을 것입니다."

그러나 부처님은 다시 생각했다.

"아니다. 비록 저 히말라야만한 황금이 있다고 하자. 그리고 다시 그것을 변화시켜 배로 늘린다 하자. 그래도 사람의 욕심을 다 채우기는 어렵다. 그러므로 지혜로운 사람은 금과 돌을 하나로 보아야 한다."

악마는 더 이상의 유혹이 어렵다고 판단해 물러가고 말았다.

잡아함 39권 1098경 《작왕경(作王經)》

 정치의 궁극적 이상은 인간의 행복에 있다. 이 점은 종교의 궁극적 목표가 인간의 행복에 있는 점과 일치한다. 그러나 인간의 행복을 위해 정치가 추구하는 방법과, 종교가 추구하는 방법은 근본적으로 다르다. 정치는 제도나 형식을 통해 인간의 평등한 행복을 추구하려 한다. 그리고 질보다는 양적(量的) 가치에 우선을 둔다. 반면, 종교는 내면적 자기정화를 통해 인간을 해탈과 안온의 길로 이끌고자 한다. 그리고 양보다는 질적(質的) 가치에 더 높은 비중을 둔다. 그러므로 종교인이 직접 정치에 나서는 것은 적절하지 않다는 것이 부처님의 판단이다. 이런 생각이 잘 나타나 있는 것이 이 경이다.

이 경에서 악마가 유혹하는 장면은 부처님 내면의 심리적 변화를 설명하기 위한 수단이다. 이런 관점에서 이 경을 찬찬히 읽어보면 부처님은 잠시 당신이 직접 정치를 해보면 어떨까 하는 생각을 했던 것 같다.

부처님이 정치를 해볼까 하는 생각을 했다고 해서 현실적으로 그것이 전혀 이상할 것도 없다. 잘 알려진 대로 부처님은 출가하기 전 비록 조그만 부족국가였지만 '카필라바수투'라고 하는 소왕국의 왕자였다. 출가하지 않았다면 그는 아버지의 뒤를 이어 정치의 길을 걸어갔을 사람이다. 더욱이 부처님의 고향 카필라바수투는 나라의 힘이 약해 마가다의 젊은 왕 아자타사투에 의해 부족이 전멸되는 비운을 겪었다. 노년의 부처님에게 카필라바수투의 패망과 석가족의 멸망은 무척 가슴 아픈 일이었다. 이 경이 이 때의 일로 잠시 동안 정치에 대한 생각을 하게 했는지는 확실치 않다. 다만 이 경을 통해 짐작할 수 있는 것은 부처님도 인간의 현세적 행복에 대해 관심을 가졌다는 점이다.

그러나 부처님은 이내 인간의 내면적 욕망을 다스리지 않는 한 투쟁과 우승열패가 해결될 수 없음을 알았다. 그리하여 정치의 길보다 종교의 길을 선택하기로 마음을 굳혔다. 인간의 내면을 다스리는 일은 정치가 아니라 종교라는 판단이었던 것이다. 그 대신 부처님은 중생의 현실적 행복을 완성시켜가는 방법으로 인민을 계몽하고 정치가를 훈육하는 간접적인 개입을 통해서였다. 직접적인 정치행위는 끝까지 사양했다.

    인간의 행복추구라는 점에서 정치와 종교는 목적이 같다. 하지만 종교는 보다 본질적인 방법으로 그것을 완성하려 한다는 점에서 정치와는 가는 길이 질적으로 다르다. 종교가 정치보다 우위에 서는 것은 이런 이유 때문이다.

좋은 지도자, 나쁜 지도자

 부처님이 라자가하 죽림정사에 있을 때의 일이다. 어느 날 부처님은 다음과 같은 비유를 들어서 설법을 했다.

"마가다국에 두 사람의 소치는 목자가 있었다. 그 중 한 사람은 어리석고 한 사람은 지혜로웠다. 두 사람은 많은 소떼를 거느리고 있었는데, 우기를 맞아 먹이가 풍부하고 안전한 곳으로 가기 위해 갠지스강을 건너고자 했다.

그런데 어리석은 목자는 이쪽 언덕과 저쪽 언덕을 잘 관찰하지도 않고 물살이 빠르고 약한 곳, 깊고 낮은 곳을 살피지 않고 한꺼번에 소떼를 몰아 강을 건너게 했다. 그의 소떼는 강물 한가운데 이르자 거센 물살에 휩쓸려 모두 익사하고 말았다. 왜냐하면 그는 강물의 사태를 잘 살피지 않고 무모하게 도하를 하려 했기 때문이었다.

그러나 지혜로운 목자는 소떼를 강물에 밀어 넣기 전에 여러 가지 상태를 잘 관찰했다. 우선 이쪽 언덕과 저쪽 언덕을 잘 살펴 강폭이 넓으면서 물살이 완만하고 깊지 않은 곳을 도하지점으로 선택했다. 그리고 소떼 가운데 비교적 힘이 세고 길이 잘 들여진 놈을 먼저 강물에 넣어 저쪽 언덕에 이르게 했다. 이어 암소를 건너게 한 뒤 다시 중간 소와 송아지들을 건너게 했다. 송아지들은 어미 소를 보며 용기를 얻어 무사히 강을 건넜다."

부처님은 숨을 한 번 고르고 다시 말씀을 이어 나갔다.

"비구들이여, 종교인들도 이와 같다. 잘못된 믿음을 가진 종교인은 이쪽 세계와 저쪽 세계를 잘 관찰하지도 않고 건너는 장소나 방법도 잘 모른다. 그들을 믿고 강을 건너려 하다가는 오히려 불행을 면치 못한다. 그러나 바른 지혜를 가진 종교인은 이쪽 저쪽을 잘 살펴 건널 곳과 물살의 깊이를 헤아리고 적절한 도하방법도 알기 때문에 사람들을 안전하게 행복의 언덕에 도달할 수 있게 한다. 그러면 어떤 사람이 지혜로운 종교인인가. 탐진치(貪塵痴) 삼독을 끊고 바른 깨달음을 성취한 사람이다."

잡아함 47권 1248경 《목우자경(牧牛者經)》

대중을 가르치고 이끄는 사람의 책무는 매우 크다. 그가 어떻게 말하고 이끄느냐가 대중의 운명을 좌우하기 때문이다. 만약 한 사람의 지도자가 판단을 잘못하면 그를 믿고 따르는 사람은 영문도 모른 채 나락으로 떨어지게 된다. 따라서 대중의 지도자는 여러 가지 방법으로 스스로의 능력과 자질을 검증해야 한다.

지도자가 자신의 자질을 검증해야 하느냐는 쉽지 않은 일이다. 사람의 능력이란 일을 경험해 보기 전에는 잘 드러나지 않는다. 의욕 같아서는 잘할 수 있을 것 같았으나 실제로는 그렇지 못한 경우도 있고, 그 반대의 경우도 있기 때문이다. 이런 때는 이 경에서 부처님이 예시한 조건에 우선 대입해 보는 것도 한 방법일 것이다.

첫째는 그 분야에 전문적인 식견과 지혜가 있느냐 하는 것이다. 강물의 흐름을 전문적으로 파악하지 못하면 아무리 잘하고자 해도 그 분야의 지도자로서는 부적합하다.

둘째는 성실한가 하는 것이다. 능력이 부족하면 성실하기라도 해야 잘못되는 것을 최소화 할 수 있다. 그렇지 못한 사람은 부적절하다.

셋째는 판단력과 용기다. 강물의 깊이와 물살의 세기를 판단했으면 주저 없이 결행할 용기가 있어야 한다.

다음은 책임감이다. 결과에 대해 변명만 늘어놓는 사람은 무책임한 지도자다.

정치·경제·사회·종교 등 모든 분야는 지혜롭고 능력 있는 지도자만을 원한다. 자격도 없으면서 독선과 아집으로 자리를 지키려는 사람은 하루라도 빨리 물러나는 것이 좋다. 그래야 자신은 물론 대중을 불구덩이 속으로 끌고 가지 않는다.

대중 스스로도 좋은 지도자와 나쁜 지도자를 가려내는 안목을 갖추어야 한다는 것이다. 자격 없는 사람이 지도자로 나서는 일을 막아야 그로 인해 생길 불행한 사태를 미연에 방지할 수 있다. 자격 없는 지도자를 혹시나 하는 기대로 받들고 따르는 바보 같은 짓을 하다가는 같이 망하는 길로 가게 된다. 우리는 그런 경험을 너무나 많이 하면서 살아왔다.

내가 싫으면 남도 싫어해

 부처님이 코살라의 벨루드바레야 마을 북쪽의 한 숲에 있을 때의 일이다. 어느 날 이 마을 사람들이 부처님을 찾아와 '성인의 제자는 어떤 마음가짐으로 살아야 하는가.'를 여쭈었다. 이에 부처님은 다음과 같이 가르쳤다.

"만약 누가 나를 죽이려 한다면 나는 좋아하지 않는다. 내가 좋아하지 않는 것이면 남도 그럴 것이다. 그런데 어떻게 남을 죽이겠는가. 만약 누가 내 물건을 훔치려 한다면 나는 좋아하지 않는다. 내가 좋아하지 않는 것이면 남도 그럴 것이다. 그런데 어떻게 남의 물건을 훔치겠는가. 만약 누가 내 아내를 범하려 한다면 나는 좋아하지 않는다. 내가 좋아하지 않는 것이면 남도 그럴 것이다. 그런데 어떻게 남의 아내를 범할 것인가. 이렇게 생각하고 살생하지 않고 훔치지 않고 사음하지 않는 계율을 지켜야 한다.

또 만약 누가 나를 속이려 한다면 나는 좋아하지 않는다. 내가 좋아하지 않는 것이면 남도 그럴 것이다. 그런데 어떻게 남을 속이겠는가. 만약 누가 나와 친구를 갈라지게 한다면 나는 좋아하지 않는다. 내가 좋아하지 않는 것이면 남도 그럴 것이다. 그런데 어떻게 남의 친구를 갈라놓겠는가. 만약 누가 나를 욕한다면 나는 좋아하지 않는다. 내가 좋아하지 않는 것이면 남도 그럴 것이다. 그런데 어떻게 남을 욕하겠는가. 만약 누가 나에게 꾸며대는 말을 한다면 나는 좋아하지 않는다. 내가 좋아하지 않는 것이면 남도 그럴 것이다. 그런데 어떻게 남에게 꾸며대는 말을 하겠는

가. 이렇게 생각하고 거짓말하지 않고 이간질하는 말하지 않고 나쁜 말하지 않고 꾸며대는 말하지 않는 계율을 지켜야 한다.

또한 부처님에 대한 무너지지 않는 깨끗한 믿음과 진리에 대한 무너지지 않는 깨끗한 믿음과 청정한 교단에 대한 무너지지 않는 깨끗한 믿음을 가져야 한다. 이렇게 일곱 가지 계율과 세 가지 깨끗한 믿음을 성취한 사람이라야 성인의 제자라 할 수 있느니라."

잡아함 37권 1044경 《비뉴다라경(紐多羅經)》

부처님의 가르침은 단순하고 명쾌하다. 남이 나를 해치거나 훔치거나 속이면 내가 싫어하듯이 남도 내가 그렇게 하면 싫어할 것이니 일에 비추어 남이 싫어하는 일을 하지 말라는 것이다. 여기서 장황한 설명은 군말이다. 부처님의 말씀이 옳다면 일상생활에서 그렇게 실천하면 된다. 이것이 금쪽같은 말씀을 들은 사람이 할 일이다.

부처님도 구제할 수 없는 사람

 부처님이 라자가하(왕사성)의 죽림정사에 계실 때의 일이다. 어느 날 말을 잘 길들이는 촌장이 찾아왔다. 부처님이 그 촌장과 이런 저런 얘기를 하다가 물었다.

"말을 길들이는 기술에는 몇 가지 방법이 있는가?"

"세 가지 방법이 있습니다. 첫째는 부드럽게 다루는 것이요, 둘째는 엄하게 다루는 것이요, 셋째는 부드러움과 엄격함을 섞어서 다루는 것입니다."

"만약 세 가지 방법으로도 길들여지지 않을 때는 어떻게 하는가?"

"쓸모없는 말이니 죽여 버립니다."

이번에는 촌장이 부처님께 여쭈었다.

"부처님은 조어장부(調御丈夫)이시라 제자들을 잘 다루시는 것으로 알고 있습니다. 부처님은 몇 가지 방법으로 제자들을 길들이시는지요?"

"나도 세 가지 방법으로 다룬다. 어떤 때는 부드럽게 하고 어떤 때는 엄격하게 하고, 어떤 때는 엄격하면서도 부드럽게 다룬다."

"세 가지 방법으로도 길들여지지 않으면 어떻게 합니까?"

"나도 또한 죽여 버린다."

"부처님은 살생이 나쁜 일이라고 말씀하시면서 어찌 길들여지지 않는 제자들을 죽인다고 말씀하시는지요?"

"네 말대로 살생은 나쁜 것이다. 그러나 촌장이여, 내가 세 가지 방법으로 길을 들이는 데도 그가 말을 듣지 않으면, 나는 무관심으로 그와 더불어 말하지 않고 가르치거나 훈계하지 않는다. 이것이 그를 죽이는 것이 아니고 무엇이겠느냐."

잡아함 32권 909경 《조마경(調馬經)》

이 경에 나오는 이야기를 유추해보면 부처님 제자 가운데는 이래도 말을 안 듣고 저래도 말을 안 듣는 제자가 있었던 모양이다. 이에 대해서는 부처님도 어쩔 수 없었던 듯 아예 가르치기를 포기하고 내버려 둔다는 것이다. 무관심이다. 실제로 부처님 제자 가운데는 무슨 말을 해도 듣지 않는 사람들이 있었다. 이들을 육군비구(六群比丘)라 하는데 대단한 말썽꾸러기였다. 수많은 계율이 제정된 것도 이들을 훈계하고 길들이기 위해서였다. 그러나 그들은 끝내 말을 듣지 않았다. 부처님도 그들을 포기할 수밖에 없었다.

불교에서 못된 망나니를 혼내줄 때 '천불(千佛)이 출세(出世)해도 구제하기 어렵다'는 말을 하는 경우가 있다. 부처님 같은 분이 천 번이나 이 세상에 와서 가르침을 펴도 구제받기 어렵다는 말이다. 듣기에 따라서는 엄청난 저주가 아닐 수 없다. 부처님도 포기하는 존재가 된다는 것은 무서운 일이다. 요즘 우리는 혹시 자신도 모르게 그런 존재가 되어 가고 있는 것은 아닌지 모르겠다.

교만한 사람에게 주는 교훈

 부처님이 사밧티(사위성)의 기원정사에 있을 때의 일이다. 어느 날 한 바라문이 찾아왔는데 이름은 '교만'이었다. 그에게 이런 이름이 붙은 것은 그럴만한 이유가 있었다.

그는 남들이 부러워할 만한 모든 것을 다 갖춘 사람이었다. 우선 그의 가계(家系)는 남들이 알아주는 명문가였다. 바라문 출신의 조상은 7대를 내려오면서 깨끗하고 흠결 없는 신분을 유지하고 있었다. 머리도 매우 총명했다. 온갖 책을 읽어 말을 하면 논리가 정연하였고 만 가지 이치에 통달해 있었다. 용모는 단정한 미남이었으며 체격도 대장부답게 훤칠했다. 또 재산도 남들이 부러워할 만큼 부유했다. 그러나 그는 자만심 때문에 절대로 고개를 숙이는 일이 없었다. 그래서 사람들은 그를 '교만바라문'이라 불렀다.

이런 그가 어느 날 부처님을 뵙기 위해 기원정사를 찾아온 것이었다. 부처님이 설법을 한다니 무슨 말을 하는지 알고 싶어서였다. 그는 이날도 황금마차에 일산을 받쳐 든 하인들을 앞뒤로 세우고 거드름을 피웠다. 이를 본 다른 사람들은 그를 부러워하며 모두 길을 비켜주었다. 그러나 부처님만은 그가 오든지 말든지 쳐다보지도 않았다. 교만바라문이 기분이 상하여 돌아가려고 했다. 이를 알아챈 부처님이 그에게 말했다.

"진리를 배우러 온 사람이 교만한 마음만 더해 가지고 돌아가는구나."

부처님으로부터 의외의 정문일침(頂門一鍼)을 맞은 교만은 그제야 자신의 허물을 깨달았다.

"부처님. 어떻게 해야 교만한 마음을 내지 않고 남을 공경하는 마음을 낼 수 있습니까?"

"모든 번뇌를 조복 받은 아라한을 보라. 그들은 바른 지혜로써 탐 진 치를 떠나고 모든 교만한 마음을 항복받았다. 이렇게 어질고 거룩한 사람에게는 항상 합장하고 공경하는 마음을 가져야 한다. 또한 부모와 어른과 존경할만한 모든 사람에게 마땅히 교만한 마음을 내지 말고 스스로 낮추어 인사하고 마음을 다해 받들어 섬기며 공경해야 한다."

잡아함 4권 92경 《교만경(驕慢經)》

권력 있고 돈 많은 사람, 똑똑하고 잘난 사람들이 하는 행동거지를 보면 눈꼴이 시려 견디지 못할 경우가 한두 번이 아니다. 그들은 도대체 겸손할 줄 모른다.

다른 사람은 무조건 자기 발 아래 있다고 생각하는지 웬만하면 반말을 했다. 자기는 무슨 별종이라고 생각하는지 보통 사람하고는 식사나 차 마시는 것조차 같이 하려 하지 않는다. 배를 내밀고 팔자걸음으로 걷고 목에는 철심을 박았는지 고개를 숙일 줄 모른다. 어디를 가든 특별대우를 받아야 직성이 풀린다. 이런 별종들은 절에 와서도 마찬가지다. 돈과 권력을 앞세워 거드름을 피우며 으스댄다.

심지어는 부처님께 예배할 때도 특별한 대우를 요구한다. 이런 사람을 부처님이 보셨다면 어떻게 했을까. 아마 거들떠 보지도 않았을 것이다.

교만에는 두 가지 악덕이 따라다닌다. 하나는 다른 사람을 불쾌하게 하는 것이고 또 하나는 겸손의 미덕을 잃음으로서 더 이상 발전을 방해하는 것이다. 세상에는 교만에 빠져 인간관계가 나빠지고 성장 발전을 멈춘 사람들이 참 많다. 부처님을 만나 하심(下心)을 배우지 못한 탓이 아닌가 모르겠다.

옛날 얘기 한 토막 하자.

큰 절 입구에 보면 '하마비(下馬碑)'라는 푯말이 있다. 여기서 부터는 말에서 내려 걸어서 들어오라는 표시다. 그러나 조선시대는 척불이 자심해서 관리나 양반이 여기서 말을 내려 걸어오는 사람이 별로 없었다. 심지어는 법당 앞까지 말이나 사인교를 타고 행차하는 일이 비일비재하였다. 이를 참다못한 스님들은 꾀를 냈다. 법당 바로 앞에 누각을 지으면서 아래층을 일부러 낮추어 지었다. 말을 타거나 사인교를 타고 법당 앞으로 접근하는 것을 금지하기 위해서였다.

법당 앞의 누각은 보통 '보제루(普濟樓)'라고 하는 현판을 달고 절에서 큰 법회를 할 때 사용하는 공간이다. 스님들이 설법을 통해 가르치는 것은 교만한 마음을 갖지 말라는 것이다. 그런데 관리나 양반들이 법당 앞까지 말을 타고 들어오니 누각을 낮추어 강제로 내리게 한 것이다. 그렇게 해서라도 방문객의 교만한 마음을 꺾겠다는 아이디어인 셈이다. 참 절묘한 생각이었던 것 같다.

스스로 아끼고 사랑하라

 부처님이 사밧티의 기원정사에 있을 때의 일이다. 어느 날 파세나디 왕이 찾아와 이런 것을 여쭈었다.

"부처님, 저는 이렇게 생각합니다. '어떤 사람이 몸과 입과 뜻으로 악행을 하면 그것은 자신을 아끼고 사랑하는 것이 아니며, 자신을 보호하는 것이 아니다. 반대로 몸과 입과 뜻으로 선행을 하면 그것은 자신을 아끼고 사랑하는 것이며 자신을 보호하는 것이다.' 라고. 제 생각에 잘못이 없는지요?"

왕의 질문에 부처님은 이렇게 대답했다.

"왕의 생각이 옳소. 어떤 사람이 몸과 말과 뜻으로 악행을 한다면 그는 자기 자신을 사랑하거나 보호하는 것이 아니오. 왜냐하면 나쁜 행위를 하게 되면 그는 그로 인해 편안해지지 않기 때문이오. 반대로 몸과 입과 뜻으로 선행을 하면 그는 참으로 자기 자신을 사랑하고 보호하는 것이오. 왜냐하면 착한 행위를 하게 되면 그는 그로 인해 안락을 얻을 수 있기 때문이오. 그러므로 진실로 자기를 사랑하고 보호하려는 사람은 잠깐이라도 빈틈이 없이 악행을 막고 선행을 실천해야 하는 것이오."

잡아함 46권 1229경 《자호경(自護經)》

 이 세상에서 자신을 가장 아끼고 사랑하는 사람은 누구일까. 사람들은 부모나 배우자나 또는 연인이 나를 가장 사랑할 것이라고 믿는다. 그러나 엄밀하게 따져보면 자신을 가장 아끼고 사랑하는 사람은 자기 자신 뿐이다. 누구도 자신만큼 자기를 아끼고 사랑하는 사람은 없다. 누가 나를 사랑하고 아낀다 하더라도 그것은 어디까지나 부차적인 것이다. 내가 누구를 사랑한다는 것도 사실은 마찬가지다.

파세나디 왕이 이 같은 결론을 얻은 것은 자기 부인과 대화를 나누는 중에서였다. 다른 경전에 따르면 왕은 어느 날 아름다운 경치를 구경하다가 왕비 말리카 부인에게 이렇게 물었다.

"이 세상에서 당신을 가장 사랑하는 사람이 누구라고 생각하시오?" 왕은 당연히 왕비가 '당신'이라고 대답해줄 것으로 기대했다. 그러나 왕비의 대답은 의외였다.

"나를 가장 사랑하는 이는 나 자신입니다."

"그러면 당신이 가장 사랑하는 사람은 누구요?"

왕비의 대답은 역시 '나 자신' 이라는 것이었다. 대왕은 처음에는 불쾌하고 당황했지만, 곰곰이 생각해보니 역시 자신이 가장 사랑하는 것은 자기 자신이었다.

우리들은 이 세상에서 가장 고귀하고 아름다운 것이 어머니의 사랑이라고 말한다. 어머니는 자식을 위해서 목숨도 아까워하지 않는다. 이것이 모성애다. 그러나 어머니의 사랑도 사실은 자기를 먼저 사랑하고 난 다음에 나오는 사랑에 불과하다. 한 가지 실험을 해보면 이 사실은 금방 확인된다.

어떤 가족이 가족사진을 찍었다고 하자. 사진을 가지고 가서 어머니에게 보여준다면 어머니는 사진 속에 누구 얼굴부터 먼저 찾아볼 것인가. 자식의 얼굴이 아니라 어머니 자신의 얼굴이다. 그리고 난 다음에 자식의 얼굴을 쳐다본다. 이것이 인간이다. 숭고한 모성애를 가진 어머니도 예외는 아니다.

이렇게 자신을 아끼고 사랑할 사람이 자신밖에 없다면 자신의 행위와 그 결과에 대해 책임질 사람도 자신밖에 없다. 자신의 행동이 경솔하고 사려깊지 못하면 그 결과는 다른 사람이 아닌 자기 자신에게 돌아오기 때문이다. 우리가 어떤 행동을 할 때 신중하고 자중자애 해야 할 이유가 여기에 있다. 부처님은 이 경 외에도 1228경《자념경(自念經)》에서도 같은 가르침을 반복해서 가르쳐주고 있다.

    결론은 간단하다. 참으로 자신을 사랑하고 아끼고 보호하려 한다면 먼저 자신을 불편하게 하거나 괴롭히고 불안하게 하는 짓을 하지 말아야 한다는 것이다. 경전을 읽다보면 이렇게 우리가 미처 생각하지 못한 솔직한 말씀을 들을 수 있어서 참 기쁘다.

인생이 걷는 네 갈래 길

 부처님이 사밧티의 기원정사에 있을 때의 일이다. 어느 날 파세나디 왕이 찾아와 이렇게 물었다.

"부처님. 한 가지 여쭈어 보고 싶은 것이 있습니다. 사람은 죽으면 어떻게 됩니까. 바라문은 죽으면 도로 바라문으로 태어나고, 귀족은 죽으면 다시 귀족으로 태어나게 됩니까. 그렇지 않습니까?"

대왕의 질문은 한마디로 '사람의 운명이란 한번 정해지면 영원히 변하지 않는가' 하는 것이었다. 이에 대해 부처님은 단호하게 '어찌 그런 일이 있을 수 있겠는가' 라고 가로 막으면서 다음과 같은 비유를 들어 설명했다.

"인생에는 밝음과 어둠이 있고, 그것은 다시 네 갈래의 길을 만들어 갑니다. 어둠에서 어둠으로 들어가는 길, 어둠에서 밝음으로 들어가는 길, 밝음에서 어둠으로 들어가는 길, 밝음에서 밝음으로 들어가는 길이 그것입니다. 인생에서 이렇게 밝음과 어둠이 교차하는 데는 모두 그럴만한 이유가 있어서입니다.

어둠에서 어둠으로 들어가는 길이란 어떤 사람이 비천한 가문에서 태어나 빈궁하고 하천하게 살면서 몸과 말과 생각으로 악업을 지어 다시 비천하게 되는 것을 말합니다. 비유하면 그는 피로써 피를 씻고 악으로써 악을 갚으며 뒷간에서 뒷간으로 들어가는 것과 같은 길을 걷는 사람입니다.

이와는 달리 어둠에서 밝음으로 들어가는 길이란 비천한 가문에서 태어났지만 어둠 속에서도 몸과 말과 생각으로 선업을 닦아 훌륭하게 되는 것을 말합니다. 비유하면 그는 땅에서 평상으로 올라서고, 다시 평상에서 코끼리에 올라타는 것처럼 날이면 날마다 밝음으로 상승의 길을 걷는 사람입니다.

이와는 반대로 밝음에서 어둠으로 들어가는 길이란 훌륭한 가문에서 태어났으나 몸과 말과 생각이 올바르지 못해 악업을 지음으로써 그 과보로 비천해지는 것을 말합니다. 비유하면 높은 누각에서 코끼리 등으로 내려앉으며, 다시 거기에서 평상으로, 다음에는 맨땅에, 그리고 마침내는 구렁텅이로 떨어지는 것과 같습니다.

한편 밝음에서 밝음으로 들어가는 길이란 좋은 가문에서 태어나 항상 몸과 말과 생각으로 선업을 지음으로써 더욱 훌륭해지는 것을 말합니다. 비유하면 아름다운 누각에서 나와 더 아름다운 누각으로 옮겨가는 것과 같습니다."

잡아함 42권 1164경 경전인 《명명경(明冥經)》

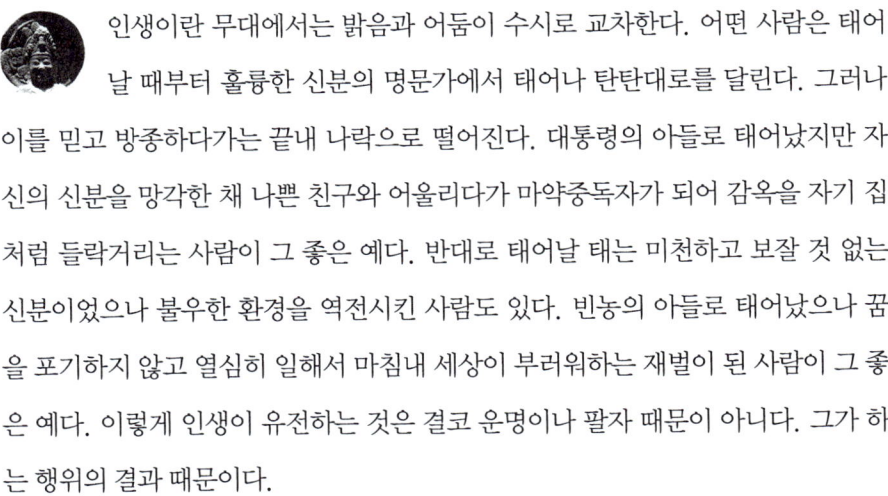

인생이란 무대에서는 밝음과 어둠이 수시로 교차한다. 어떤 사람은 태어날 때부터 훌륭한 신분의 명문가에서 태어나 탄탄대로를 달린다. 그러나 이를 믿고 방종하다가는 끝내 나락으로 떨어진다. 대통령의 아들로 태어났지만 자신의 신분을 망각한 채 나쁜 친구와 어울리다가 마약중독자가 되어 감옥을 자기 집처럼 들락거리는 사람이 그 좋은 예다. 반대로 태어날 때는 미천하고 보잘 것 없는 신분이었으나 불우한 환경을 역전시킨 사람도 있다. 빈농의 아들로 태어났으나 꿈을 포기하지 않고 열심히 일해서 마침내 세상이 부러워하는 재벌이 된 사람이 그 좋은 예다. 이렇게 인생이 유전하는 것은 결코 운명이나 팔자 때문이 아니다. 그가 하는 행위의 결과 때문이다.

부처님의 설명은 요컨대 사람의 운명이란 '지금 여기'에서 자신이 몸과 말과 생각으로 어떤 업을 짓느냐에 따라 정해진다는 것이다. 어둠에서 어둠의 길로 갈 것인지, 밝음에서 밝음의 길로 갈 것인지, 어둠에서 밝음의 길로 갈 것인지, 밝음에서 어둠의 길로 갈 것인지는 순전히 자신의 의지에 달려 있다는 것이다.

'잘되면 내 탓, 잘못되면 조상 탓'이란 말이 있다. 인생의 행복과 불행 가운데 행복은 자기 몫이고 불행은 남의 몫으로 돌리고 싶은 심정의 발로다. 그러나 이 경에 따르면 '조상 탓'이란 없다. 설령 조상이 못나서 태어날 때부터 곤궁한 형편이라 하더라도 어둠에서 밝음으로 나아가는 사람은 얼마든지 있다.

누구를 탓하고 원망하는 것은 비겁한 일이다. 비겁자가 되기보다는 당당히 운명과 싸워 승리자가 되어야 한다. 행복은 가난과 신고(辛苦)와 싸워 이긴 사람의 몫이기 때문이다.

이 경은 지금 불우한 사람은 용기와 희망을 가져야 하고, 형편이 괜찮은 사람은 겸손과 절제를 잃지 말아야 한다는 가르침이다.

소원성취의 비결은 불방일

 부처님이 사밧티의 기원정사에 계실 때의 일이다. 어느 날 코살라의 파세나디 왕이 부처님을 찾아와 물었다.

"사람은 누구나 소원이 있고 그것을 성취하고자 합니다. 어떻게 해야 현세의 소원을 성취하고 후세의 소원을 성취할 수 있겠나이까?"

이에 대한 부처님의 대답은 이러했다.

"그것은 오직 한 가지 게으르지 않는 것이지요. 누구나 방일하지 않고 부지런하면 현세의 소원을 성취하고 후세에도 소원을 성취하게 될 것입니다. 비유하면 씨앗을 뿌리거나, 물이 흐르거나, 사자가 집을 짓거나 이 세상의 모든 사물이 다 대지를 바탕으로 하고 있듯이 현세의 소원과 후세의 소원을 성취하는 것도 불방일(不放逸)의 대지를 바탕으로 하고 있기 때문입니다. 그러므로 대왕이여, 모든 소원을 성취하고자 한다면 방일에 의지하지 말고 불방일에 의지해야 합니다. 만약 대왕이 먼저 불방일에 의지하면 대왕의 부인이 그것을 따를 것이고 온 나라 백성과 공경대신들도 불방일에 의지할 것입니다.

대왕께서 불방일에 의지한다면 스스로를 지킬 수 있을 것이며 부인과 자녀도 지킬 수 있을 것입니다. 또한 창고의 재물도 더욱 늘어나 풍족해질 수 있을 것입니다. 그러므로 부지런한 것을 칭찬하고 부지런하지 않을 것을 비난해야 합니다."

잡아함 46권 1239경 《불방일경(不放逸經)》

사람들은 누구나 여러 가지 소원을 가지고 있다. 절이나 교회에 나가서 기도하는 사람의 대부분은 이 소원을 신불(神佛)의 가피로써 성취하려고 한다. 그러나 부처님의 대답은 냉정하고 단호하다. 현재나 미래에서 소원을 성취하고자 한다면 오직 게으르지 말고 부지런해야 한다는 것이다. 이것밖에 다른 방법이 없다는 것이 부처님의 가르침이다.

사람들은 이 같은 부처님의 가르침에 대해 불만도 있고, 아쉬움도 있을지 모르겠다. 그러나 이치로 따져보면 이는 부처님도 어쩔 수 없는 일이다. 자신이 게으르고 성실하지 않은데 신이나 부처님인들 무슨 방법이 있겠는가. 더욱이 부처님의 가르침은 처음부터 끝까지 자업자득(自業自得)이란 원칙에서 벗어나는 일이 없다. 만약 부처님이 초능력을 행사해 중생의 소원을 들어주고 해결해줄 수 있다면 왜 인간사회에 불행이나 슬픔을 남겨두고 열반에 들었겠는가. 모르긴 해도 이는 신의 경우도 마찬가지일 것이다. 만약 자비로운 신이 있어서 절대적 권능을 행사할 수 있다면 수많은 인간의 불행을 방치할 리 없다.

부처님은 어떤 소원이든 성취하려면 게으르지 말고 열심히 정진하라고 가르치는 것은 부처님도 그럴 수밖에 없기 때문이다. 부처님이 진실로 걱정하는 것은 부지런히 노력하지 않으면서 좋은 결과만 바라는 파렴치다. 이 파렴치한 게으름을 제거하지 않으면 인간은 어떤 일도 성취할 수 없다.

그런 의미에서 '98 U.S. 오픈 여자 골프 대회에서 극적으로 우승한 박세리 선수는 우리에게 많은 교훈과 감동을 준다. 박세리 선수는 독실한 불자로 늘 손에 염주를 걸고 다닌다. 하지만 그녀가 우승한 것은 불력(佛力)이기보다는 자신의 실력과 노력이었다. 결승 연장전 마지막 홀에서 공이 러프에 빠졌을 때 그녀는 신발과 양말을 벗고 물 속에 들어가 공을 쳐냈다. 그때 인상적인 장면은 발이었다. 종아리는 햇볕에 그을려 구리 빛인데 양말을 벗은 발은 다른 처녀들처럼 흰빛이었다. 갤러리들은 그녀의 발을 보고 신음 같은 탄성을 질렀다. '얼마나 많은 연습을 했으면 종아리와 발의 피부색이 달라졌을까. 하는 감탄이었다.

그녀의 우승 못지않게 하얀 발이 오랫동안 사람들의 기억에 각인된 것도 '연습벌레' 란 말을 들으며 연습을 게을리 하지 않았던 고통이 상상이 되었기 때문이었다. 불방일이야말로 오늘의 그녀를 세계적인 골프 스타로 만든 원동력이었던 것이다. 그녀에게 부처님의 가피가 있었다면 그것은 '게으르지 말고 부지런히 정진하라' 는 가르침이다.

그래서 불방일에 대한 부처님의 가르침은 유난하고 적극적이다.

임종에 이르러 부처님은 제자들에게 이런 유훈을 한다. '모든 것은 무상하다. 게으르지 말고 정진하라.' 모든 사물이 대지에 근거하고 있듯이 모든 성공은 불방일에 근거한다는 부처님의 가르침은 성공을 꿈꾸는 사람들이라면 오랫 동안 기억해야 할 가르침이다.

나누어 주는 공덕

 부처님이 사밧티의 기원정사에 머물고 계실 때의 일이다. 어느 날 얼굴이 아주 단정하게 생긴 사람이 부처님을 찾아와 보시의 공덕에 대해 여쭈었다.

"부처님, 저는 보시에 대해 묻고자 합니다. 무엇을 보시해야 큰 힘을 얻고, 무엇을 보시해야 단정한 얼굴을 얻고, 무엇을 보시해야 편안함을 얻고, 무엇을 보시해야 밝은 눈을 얻을 수 있는지요. 또 어떻게 해야 모든 것을 보시했다고 할 수 있는지 설명해 주십시오."

부처님은 그에게 이렇게 대답했다.

"큰 힘을 얻고자 한다면 음식을 나누어 주라. 단정한 얼굴을 얻고자 한다면 의복을 나누어 주라. 안락을 바란다면 수레를 보시하고, 밝은 눈을 얻고자 한다면 등불을 보시하라. 또한 모든 것을 보시했다고 말하려면 무엇을 얻기 위해 찾아오는 손님을 기다리는 것이다. 아울러 진리를 중생에게 가르쳐주면 그것이야 말로 보시 중에서도 가장 훌륭한 보시라 할 것이다."

잡아함 36권 998경 《시하득대력경(施何得大力經)》

 보시(布施)란 나누고 베푼다는 말로 불교에서 가장 중요하게 생각하는 덕목이다. 보시의 종류는 세 가지가 있다. 첫째는 재물을 나누어 주는 재시

(財施)요, 둘째는 진리를 가르쳐 주는 법시(法施)요, 셋째는 두려움을 없애주는 무외시(無畏施)다. 이 중 재시는 재가자가 출가 수행자나 가난한 사람에게 하는 보시이고, 법시는 출가자가 재가자에게 하는 보시다. 무외시는 권력을 가진 사람이 백성에게 베푸는 보시다.

또한 보시는 주는 사람이나 받는 사람이나 주는 물건이 모두 깨끗해야 한다. 이를 삼륜청정(三輪淸淨)이라 한다. 예를 들어 주는 사람이 어떤 대가를 바란다면 이는 깨끗한 보시가 아니다. 또 받는 사람이 이로 인해 마음의 부담을 느끼도록 하는 것도 깨끗한 보시가 아니다. 주고받는 물건이 깨끗해야 한다는 것은 예를 들어 뇌물과 같은 것을 주거나 받거나 하는 것은 깨끗한 보시가 아니라는 것이다.

그러면 왜 이렇게 아낌없이 대가를 바라지 말고 깨끗한 보시를 해야 하는가. 그래야만 진정한 보시의 공덕이 생기기 때문이다. 이 경전은 이 공덕을 위해 '무엇인가를 얻기 위해 찾아오는 손님을 집에서 기다리라.'고 까지 말한다. 이것이 참다운 보시라는 것이다. 이에 대해 중생들은 한 가지 의문을 갖게 된다. 그렇게 아낌없이 대가없이 주기만 한다면 '나는 어떻게 살란 말이냐' 하는 반발이다. 출가한 스님들이야 그래도 되겠지만 속가에서 사는 사람이 무조건 베풀기만 하면 거지꼴을 면하기 어렵다. 거지가 되기 위해 불교를 믿는 것이 아니라면 아무래도 좀 무리한 요구가 아닌가 싶기도 하다.

그러나 부처님의 셈법은 우리와 판이하다. 베푼 만큼 공덕이 돌아온다는 것이다. 설사 대가가 없어도 보시로 인해 스스로 기쁘면 그것이 최고의 공덕이라는 것이다. 속인의 입장에서 보면 참 바보 같은 셈법이 아닐 수 없다. 그런데도 부처님은 그렇게 하라고 가르치고 있으니 과연 우리는 이러한 말씀을 따라야 할 것인가 말아야 할 것인가.

고민 끝에 얻은 결론은 이런 것이다. 지금까지 세속에 사는 사람치고 부처님 가르침대로 살아온 사람은 거의 한 사람도 없었다는 것이다. 그래서 세상살이는 더욱 이악스러워지고 있으며, 부처님은 여전히 남에게 나누어 주어야 공덕을 성취한다고 가르치고 있다는 사실이다.

자리를 나누어 앉은 부처님

부처님이 사밧티의 기원정사에 계실 때의 일이다. 어느 날 부처님이 많은 제자들에게 둘러싸여 설법을 하고 있는데 제자 마하카사파(摩訶迦葉)가 찾아왔다. 그는 오랫동안 작은 암자에서 혼자 수행을 하느라고 수염과 머리를 제대로 깎지 못해 행색이 꼬질꼬질했다. 더욱이 옷은 낡고 해어져 누더기를 입고 있었다. 이를 본 제자들은 자리를 비켜줄 생각은 하지 않고 오히려 그를 업신여겼다.

'저 사람은 누구이기에 저리도 행색이 초라하고 위의도 갖추지 않는가.'

부처님은 이 같은 비구들의 생각을 알아차리시고 마하카사파에게 말했다.

"어서 오너라. 카사파여. 이리로 와서 나와 함께 자리를 나누어 앉자."

마하카사파는 사양하다가 부처님이 권하자 할 수 없이 좁은 자리를 반으로 나누어 앉았다. 그러자 부처님이 제자들에게 말했다.

"나는 모든 나쁜 법을 떠나 밤이나 낮이나 완전한 선정에 머무른다. 마하카사파도 또한 그러하다. 나는 사랑하는 마음(慈), 불쌍히 여기는 마음(悲), 기뻐하는 마음(喜), 일체에 집착하지 않고 버리는 마음(捨)을 성취했으며 완전한 지혜를 갖추었다. 마하카사파도 또한 그러하다. 그러므로 자리를 나누어 앉는 것이다."

이 말을 들은 제자들은 그제야 잘못을 뉘우치고, 이 일을 칭찬하고 기뻐하는 마음을 내었다.

잡아함 41권 1142경 《납의중경(衲衣重經)》

중국의 선종(禪宗)에서 전하는 설화에 따르면 부처님은 세 차례에 걸쳐 가섭존자에게 정법(正法)을 전했다고 한다. 첫 번째가 유명한 염화미소(拈華微笑)다. 부처님이 영산회상에서 설법을 하다가 꽃을 한 송이 들어 보였는데 가섭존자만이 그 미소의 의미를 알아채고 빙그레 웃자 마음에서 마음으로(以心傳心) 정법을 가섭에게 전했다는 것이다. 두 번째는 바로 이 경전에 나오는 얘기대로 자리를 나누어 앉았다는 분좌반좌(分座半坐)다. 마지막은 곽시쌍부(槨示雙趺)의 설화다. 부처님이 쿠시나가라 사라나무 아래서 열반에 들었을 때 가섭은 임종을 지켜보지 못했다. 늦게야 소식을 들은 가섭존자가 쿠시나가라에 도착하자 부처님은 관 밖으로 두 발을 들어내 보였다는 것이다. 이 세 가지 사건은 부처님이 가섭에게 법을 전했다는 삼처전심설(三處傳心說)의 시원을 이루게 됐다.

이 삼처전심설은 중국 송대(宋代)에 만들어졌으며 염화미소의 설화가 나오는 《대범천왕문불결의경》은 가짜 경전(僞經)이라는 주장도 있다. 따라서 여기서 삼처전심설이 사실이냐 아니냐를 따지는 것은 번거로운 일이므로 그만 두기로 한다. 다만 한 가지 주목할 것은 부처님이 제자에게 자리를 양보했다는 사실이다. 부처님은 세상에서 가장 존귀한 분(世尊)이시다. 그런 분이 앉을 자리가 없어 서성이는 제자에게 자리를 양보하고 나누어 앉은 모습은 여러 가지로 상징적인 교훈을 주고 있다.

좋은 자리나 높은 자리를 남보다 먼저 차지하려는 것이 중생들이다. 전철이나 버스 속에서 자리가 나면 궁둥이부터 먼저 들이미는 것이 우리들이다. 남의 불편에 대해서는 전혀 고려하지 않는다. 노약자에게 자리를 양보하는 것도 귀찮게 여긴다. 그런 우리들에게 부처님은 먼저 자리를 양보함으로써 세상을 살아갈 때는 조금 손해를 보더라도 양보를 하고 서로 돕는 것이 아름다운 일이라는 것을 몸으로 보여주고 있다. 이 작은 에피소드는 그래서 어떤 가르침 못지않게 큰 감동을 준다.

제3부

나무는 기운 쪽으로 넘어진다

도둑도 훔쳐가지 못하는 보물

 부처님이 사밧티의 기원정사에 머물고 계실 때의 일이다. 어느 날 한 단정한 젊은이가 찾아와 부처님께 이런 것을 여쭈었다.

"부처님, 어떤 것이 불로도 태우지 못하는 것입니까? 어떤 것이 바람이 불어도 날아가지 않는 것입니까? 어떤 것이 홍수가 져서 모든 것을 떠내려가게 할 때 떠내려가지 않는 것입니까? 나쁜 임금이나 도적이 사람의 재물을 겁탈해 갈 때 어떤 사람이 그들에게 빼앗기지 않을 수 있습니까? 어떤 보배창고를 지어야 끝끝내 허물어지지 않나이까?"

부처님은 젊은이에게 이렇게 가르쳐 주었다.

"젊은이여, 그대가 지은 복만이 불로도 태우지 못하고 바람으로도 날리지 못한다. 홍수가 져서 모든 것을 쓸어간다 해도 복은 떠내려가지 않는다. 나쁜 임금과 도적이 사람의 재물을 억지로 빼앗아 간다 해도 착한 남자와 여자가 지은 복은 빼앗아 갈 수 없다. 착한 일을 해서 지은 공덕의 보배창고는 끝끝내 허물어지지 않는다."

젊은이는 부처님의 가르침에 감사하고 돌아갔다

잡아함 48권 1291경 《화소경(火燒經)》

 젊은이가 부처님에게 한 질문을 보면 그는 아마 여러 차례 재산을 도둑맞거나 빼앗긴 경험이 있었던 모양이다. 또 뜻밖의 천재지변으로 재산을 잃기도 했던 것으로 보인다. 그래서 이 젊은이는 세상에서 가장 튼튼한 보물창고 짓는 법을 부처님께 여쭈러 왔다. 이에 대해 부처님은 유형의 재물은 아무리 많이 쌓아두어도 **빼앗기거나** 잃을 수 있지만 착한 사람이 지은 복덕만은 누구도 **빼앗아** 가거나 없어지지 않는다고 가르쳤다.

가끔 신문이나 방송에는 장롱 속에 감춰둔 물방울 다이아몬드나 달러를 훔친 도둑이 잡혔는데 주인이 나타나지 않는다는 재미있는 기사가 난다. 이들은 세상의 이목을 두려워해야 할 말 못할 사정이 있는 것이 틀림없다. 만약 이런 사람들은 보물을 집안에 감춰두지 말고 나누어서 좋은 일을 했다면 어떻게 됐을까. 아무리 도둑이라도 그가 지은 복덕은 훔쳐가지 못했을 것이다. 부처님은 없어질 보물보다는 없어지지 않을 보물창고를 지으라고 가르치고 있다. 장롱 속에 감춰둔 것이 많은 부자들은 다시 한번 생각해볼 일이다.

애욕의 늪에 빠지지 않는 방법

 부처님이 사밧티의 기원정사에 계실 때의 일이다. 그 무렵 아난다도 부처님과 함께 있었다. 어느 날 아난다에게 한 비구니가 찾아와 이런 전갈을 하고 갔다.

"지금 어떤 비구니가 병이 들어 앓고 있습니다. 그녀는 내일 존자에게 공양을 올리고 설법을 듣고자 하오니 불쌍히 여겨 한번 방문해 주소서."

아난다는 다음날 아침 발우를 들고 그 비구니를 찾아갔다. 그녀는 멀리서 아난다가 오는 것을 보자 일부러 옷을 풀어헤치고 알몸을 드러낸 채 평상 위에 누워 있었다. 그녀의 병이란 사실은 아난다를 연모하는 데서 생긴 병이었다. 이를 알아챈 아난다는 얼른 감관(感官)의 문을 닫고 더 이상 다가가지 않았다. 무안해진 그녀는 옷을 단정히 고쳐 입고 아난다 앞으로 나가 무릎을 꿇었다. 아난다는 그녀를 불쌍히 여겨 이렇게 설법해 주었다.

"누이여, 이 몸이란 음식으로 자라났고, 교만으로 자라났고, 탐애로 자라났고, 음욕으로 자라난 것에 지나지 않습니다. 그러므로 부처님의 제자는 음식을 먹을 때 몸을 보존하고 살기 위해 먹고, 주리고 목마른 병을 고치기 위해, 그리고 깨끗한 범행을 닦기 위해 먹어야 합니다. 마치 상인이 수레에 기름을 칠할 때 오직 길을 가기 위해서인 것처럼 분수를 헤아려 집착함이 없어야 합니다.

"누이여, 또한 부처님의 제자는 교만한 마음과 애욕과 음욕이 일어날 때 항상 이렇게 생각해야 합니다.

'아무개와 아무개는 모든 번뇌가 다하여 해탈을 했다. 그들은 이제 다시 윤회의 삶을 살지 않을 것이다. 그런데 나는 왜 아직 여기서 벗어나지 못하는가.'

이렇게 생각하고 마음을 굳건히 하면 마침내 식욕과 교만과 탐애와 음욕에서 벗어날 수 있을 것입니다."

아난다의 설법을 들은 그녀는 이렇게 참회했다.

"저는 어리석고 착하지 못해 큰 허물을 저질렀습니다. 이제 존자님 앞에서 허물을 고백하고 참회하오니 가엾이 여겨주소서."

잡아함 21권 564경 《비구니경(比丘尼經)》

이성에 대한 애욕은 인간의 본능이다. 누구도 이 본능으로부터 자유로울 수 없다. 애욕의 늪은 한번 빠지면 좀처럼 빠져 나오기 어렵다. 이는 수행자도 마찬가지다. 이 경은 애욕 문제를 둘러싼 수행자들의 고민과 극복 방법이 그려지고 있어서 특별한 관심과 흥미를 끈다. 특히 이성의 유혹 앞에 아난다가 '감관(感官)의 문을 닫는다'는 묘사가 주목된다.

경문(經文)의 행간에 숨어 있는 전후사정을 추측하건대 아난다를 연모하는 어떤 비구니가 아침공양에 초대하여 사랑을 고백하고자 했던 것 같다. 그러나 아난다는 극도의 훈련된 절제심으로 이 유혹에 넘어가지 않고 오히려 그녀의 잘못을 깨우쳐 주고 있다.

기록에 따르면 아난다는 용모가 단정하고 매우 다정다감한 성격의 소유자였다고 한다. 그래서 아난다에게는 많은 여자들이 사랑을 느끼고 자주 유혹의 손길을 내밀곤 했다. 그중에서도 유명한 사건은 주술사의 딸 마등가의 유혹이었다. 그녀는 아난다를 흠모해 주술로써 아난다를 유혹한 적이 있었다. 이 사실은《마등가경》에 소상히 나온다. 또 대승경전인《능엄경》은 이 사건을 소재로 전개되고 있다.《마등가경》에 따르면 마등가는 아난다를 연모하다가 비구니가 되었다. 앞의《비구니경》에 등장하는 비구니가 노골적으로 아난다를 유혹하는 것으로 보아 출가한 마등가가 아직 애욕을 끊지 못한 때에 있었던 일이 아닌가 추측되지만 이름이 나오지 않아 확인할 길이 없다.

주목되는 것은 이러한 전후사정보다는 여자의 유혹에 대처하는 아난다의 점잖은 태도다. 아난다는 수행자로서는 있을 수 없는 행위를 하는 여인에게 엄하게 꾸짖기보다는 부드러운 말로 타이르는 태도를 보이고 있다. 이는 아난다의 부드러운 성품을 말해주는 것이기도 하지만 한편으로는 이로 인해 계속적으로 여난(女難)을 당한 것이 아닌가 하는 생각도 든다.

애욕의 본능은 절제를 잃어버릴 때 인간을 타락시키고 망치기 쉽다. 미국의 클린턴 대통령이 지퍼를 잘못 내렸다가 당한 망신은 좋은 본보기다. 속인으로서는 금욕까지 할 필요야 없겠지만 사음(邪淫)은 삼가고 조심할 일이다.

남의 허물을 들추기 위해서는

 부처님이 기원정사에 머물고 계실 때의 일이다. 어느 날 장로 사리풋타가 부처님에게 이런 것을 여쭈었다.

"부처님, 만약 비구로서 남의 허물을 들추려 한다면 어떻게 해야 합니까?"

"우선 다섯 가지를 갖추어야 한다. 첫째는 반드시 사실이어야 하고, 둘째는 말할 때를 알아야 하고, 셋째는 이치에 합당해야 하며, 넷째는 부드럽게 말해야 하며, 다섯째는 자비심으로 말해야 한다."

"그러나 진실한 말을 했는데도 성을 내는 사람이 있습니다. 그때는 어찌해야 합니까?"

"그에게는 그것이 사실이며 자비로운 마음에서 말한 것임을 깨닫도록 해야 한다."

"만약 어떤 사람이 사실이 아닌 것을 사실인 양 말하면 어떻게 해야 합니까?"

"사리풋타여, 만약 어떤 강도가 와서 그대를 묶고 그대에게 해를 입히고자 한다고 하자. 그때 그대가 강도에게 나쁜 마음으로 욕하고 반항하면 어떻게 되겠느냐? 강도는 더욱 그대를 괴롭힐 것이다. 그러므로 그때는 나쁜 마음을 일으키지 말고, 나쁜 말을 하지 않는 것이 이익이다. 마찬가지로 누가 사실이 아닌 것을 사실이라고 말하더라도 그에게 나쁜 마음을 일으키지 말라. 원망하기보다는 불쌍한 마음을 일으키라."

"그러나 진실한 말을 해도 화를 내는 사람이 있습니다. 이때는 어떻게 해야 합니까?"

"만일 그가 아첨을 좋아하고 거짓되며, 속이고 믿지 않으며, 안팎으로 부끄러움을 모르며, 게으르고 계율을 존중하지 않으며, 열반을 구하지 않고 먹고 사는 일에만 관심이 많다면 그와는 함께 하지 않는 것이 좋으리라."

잡아함 18권 497경 《거죄경(擧罪經)》

 부처님과 사리풋다가 나눈 이 대화의 주제는 남의 허물을 말 할 때, 또는 내가 남으로부터 허물을 지적받았을 때 어떤 마음을 가져야 하는지 이다. 이에 대해 부처님은 그것이 진실한 것인지, 이치에 맞는지 등을 따져본 뒤 신중하게 말하고, 듣는 사람도 감사한 마음으로 받아들이라고 권한다. 만약 이런 조건을 갖추지 못한다면 차라리 참으라고 말한다.

같은 문제를 다룬 경전으로는 이 경 앞에 있는 《고수경(鼓手經)》《계경(戒經)》《쟁경(諍經)》등이 있다. 이런 경전들이 여러 개 있다는 것은 부처님을 모시고 수행하던 제자들도 다툼이 있고 시비가 있었다는 것을 말해준다. 이들도 한번 시비가 생기면 남의 권고를 듣지 않거나, 심하면 없던 말도 덧붙여서 남을 모함하는 일까지 있었다. 이에 대해서는 부처님도 걱정이 많았다. 그래서 다툼이 일어났을 때 해결하는 절차와 방법을 별도로 규정하기도 했다. 여기서는 그에 앞서 남의 허물을 말할 때는 최소한으로 지켜야 할 원칙이 제시되고 있다. 이 중에서 눈길을 끄는 것은 말할 때를 알아야 하고 말할 때는 부드럽게 해야 한다는 부분이다.

대체로 사람들은 남의 허물을 보거나 말할 때 상대방의 입장이나 기분은 전혀 고려하지 않는다. 사실대로 말하고 바른 말을 했는데도 듣는 사람이 언짢아하거나 화를 내는 것은 이런 배려가 없는 탓이다. 이렇게 되면 허물을 들춘다는 것 자체가 시비의 근원이 된다. 한번 시비가 생기면 최초의 원인은 없어지고 말꼬리가 말꼬리를 물면서 작은 시비가 큰 시비가 된다. 세상의 시비라는 것이 다 그렇다. 그러므로 비록 사실을 말하더라도 때와 장소를 가리고, 특히 상대방의 기분이 상하지 않도록 완곡한 표현을 하도록 하는 것이 중요하다.

또 한 가지는 사실이 아닌 것을 사실이라고 허위사실을 유포하는 경우 어떻게 하면 좋으냐, 하는 문제다. 이 때 부처님은 강도의 비유를 들면서 오히려 불쌍하게 여기라고 말한다. 부처님다운 말씀이다. 세속적 계산법으로 보면 이는 일방적인 양보와 인내를 요구하는 것이다. 이럴 때가 처신하기가 가장 힘들다. 부처님 말씀이 분명 옳기는 옳으나 그렇게 하면 현실적으로 손해를 보거나 바보취급을 당하기 쉽다. 그래도 부처님 가르침대로 해야 하는가?

자신이 얼마나 불교적으로 훈련된 사람인가는 이 때 어떤 선택을 하느냐에 있다.

세상에서 가장 즐거운 일

부처님이 사밧티의 기원정사에 계실 때의 일이다.

어느 날 코살라 국의 파세나디 왕을 비롯한 여러 귀족들이 한자리에 모여 연회를 벌였다. 그들은 권세와 재물에 있어서 부러울 것이 없었으므로 아름다운 미녀와 음악과 좋은 음식으로 화락(和樂)을 즐겼다.

연회가 한참 무르익는 중에 누군가가 '이 세상에서 가장 즐거운 것이 무엇인가'를 화제로 꺼냈다.

이에 대해 한 왕은 '아름다운 모습(色)이 가장 즐겁다'고 말했다.

그러자 다른 사람은 '아름다운 소리(聲)가 가장 즐겁다'고 말했다.

그러자 다른 왕은 향기(香), 또 어떤 왕은 맛(味), 또 다른 왕은 감촉(觸)이라고 말했다.

의견이 이렇게 각각이어서 왕들은 좀처럼 가장 좋은 것이 무엇인지에 대한 결론을 내릴 수 없었다. 그러자 파세나디 왕이 부처님을 찾아가 이 문제를 어떻게 생각해야 하는지에 대해 의견을 듣자고 했다. 그들은 기원정사에 계시는 부처님을 찾아가 자기들이 논의했던 주제에 대해 설명하고 어떤 것이 가장 즐거운 것인지를 여쭈었다. 왕들의 얘기를 다 듣고 난 부처님은 이렇게 말했다.

"대왕들이여, 모든 즐거움은 자기의 뜻에 맞아야 가장 즐거운 것이 되는 것이니라. 자기의 뜻에 맞는다는 것은 무엇인가. 다섯 가지 감각기관으로 어떤 느낌을 받아들일 때 지나치거나 모자라지 않고 적절한 것을 뜻에 맞는다고 하느니라. 그러므로 대왕들이여, 나는 적절하게 유쾌한 것이 가장 즐거운 것이라고 생각한다."

부처님이 이렇게 소박하고 일상적인 화제를 통해서 중도의 원리를 설명하자 왕들은 모두 고개를 끄덕였다.

잡아함 42권 1149경 《칠왕경(七王經)》

이 경의 주제는 이 세상에서 가장 즐거운 것이 무엇인가 하는 것이다. 여기서 한 왕이 말한 색(色)이란 눈에 보이는 것을 말한다. 그러니까 이 왕은 아름다운 것을 바라보는 것이 인생의 가장 큰 즐거움이라 꼽은 것이다. 또 성(聲)이란 소리를 말한다. 이는 아름다운 음악을 듣는 것이 가장 큰 즐거움이라 뜻이다. 향(香)이란 좋은 향기를 맡는 것이고 미(味)란 맛이므로 맛있는 음식을 먹는 것이 가장 큰 즐거움이란 뜻이다. 그리고 촉(觸)이란 감촉으로 피부에 스치는 부드러운 접촉을 의미하는 것으로 보인다.

부처님의 말씀은 요컨대 어떤 것이라도 뜻에 맞아야 하고, 적절해야 한다는 것이다. 예를 들면 아무리 맛있는 음식이라도 적절함을 넘어서면 먹기가 싫어진다. 어디 음식뿐이겠는가. 좋은 꽃향기도 지나치게 맡으면 머리가 아프다. 여색을 너무 밝히면 건강을 해친다. 술을 마시면 즐겁다지만 도에 넘치면 화근이 된다. 음악도 너무 많이 들으면 도리어 짜증이 난다. 그리고 이 모든 것은 또한 모자라면 모자라는 대로 갈증만 더한다. 이 세상 모든 일이 이렇게 지나치거나 모자라서 적절하지 못하면 도리어 심한 고통이 된다. 부처님은 이런 한계점을 알기 때문에 마음에 드는 적절함이 가장 즐겁고 좋다고 말씀한 것이다.

그러면 그 적절함이란 무엇인가. 양쪽에 치우치지 않는 것이다. 즉 중도(中道)가

가장 좋다. 그러나 사람들은 이 중도를 잘 지키지 못해 늘 화를 부른다.

어떤 사업가가 사업상 필요해서 골프를 배웠다. 그러나 골프를 하다 보니 재미가 들려 아예 사업은 제쳐두고 골프장에 가서 살았다. 모든 업무는 골프장에서 전화로 해결했다. 그렇게 몇 년을 하다 보니 사업은 점점 쪼그라들었다. 직원들은 사장이 자리를 비우는 날이 많으니 일을 열심히 하지 않았다. 거래처 사람이 찾아왔다가도 상담이 잘 이루어지지 않았다. 그는 결국 놀이에 빠지다가 회사를 망해먹고 말았다. 그런 뒤 은행가에는 이런 말이 퍼졌다.

'돈을 빌리러 오는 사업가와 같이 골프를 쳐보라. 만일 그가 싱글 핸디캐퍼이면 돈을 빌려주지 말라. 그는 골프에 빠져 사업을 망해 먹을 사람이다.'

부처님의 영가법문

 부처님이 사밧티의 기원정사에 계실 때의 일이다. 어느 날 코살라 국의 파세나디 왕이 부처님을 찾아왔다. 그의 모습은 몹시 지치고 슬픔이 가득했다.

"대왕은 어디서 오기에 해진 옷을 입고 머리를 흐트러뜨리고 있습니까?"

"부처님, 저에게는 할머니가 있어서 존경하고 의지했는데 갑자기 세상을 떠났습니다. 오늘 성 밖에 나가 화장을 하고 슬픔을 가눌 길 없어 이렇게 세존을 찾아왔습니다."

"왕은 조모님을 얼마나 존경하고 사랑하셨습니까?"

"만약 이 나라에 있는 모든 코끼리를 주고, 그것도 모자라면 왕위라도 주어서 조모님의 목숨을 구할 수 있다면 그렇게 했을 것입니다.

그러나 이미 돌아가셨으니 슬픔과 그리움과 근심과 괴로움에 견딜 수가 없습니다. 오늘 일을 당하고 보니 예전에 부처님께서 '일체 중생은 모두 죽는다. 한번 태어난 것으로서 죽지 않는 것은 없다'고 하신 말씀이 진실하고 옳은 것인 줄 알겠나이다."

"그렇습니다. 한번 태어난 것은 설사 온 천하를 차지한 전륜성왕이라도 죽지 않는 사람은 없습니다. 설사 번뇌가 다하고 모든 속박에서 벗어난 아라한이라도, 열 가지 힘을 갖춘 부처라도 마침내는 몸을 버리고 열반에 드는 것입니다. 그러므로 대왕은 알아야 할 것입니다.

모든 중생은 목숨이 붙어 있을 때 선행을 쌓으면 천상에 오르게 되고, 악업을 지으면 나쁜 곳에 떨어지게 됩니다. 그러나 훌륭하고 묘한 도를 닦아 번뇌가 다하면 윤회가 없는 열반에 듭니다. 여래와 성문 제자들이 그러합니다."

잡아함 46권 1227경《모경(母經)》

 이 경은 파세나디 왕이 조모의 죽음을 당해 부처님이 말씀한 설법으로 요즘으로 말하면 일종의 영가법문(靈駕法門)인 셈이다. 여기에서 부처님은 죽음에 대한 몇 가지 중요한 언급을 하고 있다.

첫째는 죽음은 누구에게나 찾아오는 것이며 피할 수 없다는 사실이다. 이는 부처님도 예외가 될 수 없다. 따라서 죽음을 지나치게 두려워하거나 슬퍼하지 말라는 것이 부처님의 가르침이다. 이에 대해서는 부처님이 다른 경전에서도 누누이 강조하고 있어서 새삼스러울 것이 없다.

둘째는 언젠가는 죽음을 맞아해야 하는 살아있는 사람의 태도에 관한 것이다. 이에 대해 부처님은 두 가지로 나누어 언급하고 있다. 하나는 재가(在家)에 있으면서 선업이나 악업을 지으며 살아가는 사람들의 경우다. 이들은 각기 지은바 업(業)대로 좋은 곳에 태어나거나 나쁜 곳에 태어나게 된다. 그러나 설사 좋은 곳에 태어난다 하더라도 그것은 윤회의 삶을 계속하는 것이 된다. 복업(福業)이 다하면 다시 죽고, 죽으면 다시 태어나 또 죽는 생사윤회를 반복한다는 것이다.

이 두 가지는 부처님이나 아라한들은 번뇌가 다하고 탐욕과 무명을 극복했으므로 다시는 윤회의 삶을 다시 반복하지 않는다. 해탈이란 바로 윤회의 수레바퀴를 벗어났다는 뜻이다.

자살에 대한 불교의 입장

부처님이 라자가하 죽림정사에 있을 때의 일이다. 그 무렵 찬나 존자는 나라 마을 암라나무 숲에서 수행하고 있었는데 병이 들어 매우 위중한 상태였다. 이 소식을 들은 장로 사리풋타와 마하카트야나는 찬나가 머무르고 있는 나라 마을 암라나무 숲으로 병문안을 갔다.

"좀 어떠하십니까. 위중하다고 들었습니다만…"

"아주 고통스럽습니다. 병은 더해만 가고 덜하지 않습니다. 스스로 목숨을 끊고 싶습니다. 더 이상은 고통스러운 삶은 바라지 않습니다."

"제발 그러지 마십시오. 필요하다면 내가 옆에서 간호를 해드리겠습니다."

"간호로 낳을 병이 아닙니다. 죽는 것이 고통을 덜하는 길입니다."

"그러면 한 가지 묻겠습니다. 존자는 눈과 귀와 코와 혀와 몸이, 보고 듣고 냄새 맡고 맛보고 감촉을 느끼는 것이 진실한 자기라고 생각하십니까?"

"아닙니다. 눈과 귀와 코와 혀와 몸과 의식은 모두 참다운 내가 아닙니다. 나는 그것이 나(我)라거나, 내 것(我所)이라거나, 나의 본체(我體)라고 생각하지 않습니다."

이렇게 말한 찬나는 그 다음날 혼자서 칼로 자살을 하고 말았다. 사리풋타와 카트야나는 안타까운 심정으로 찬나 비구의 육신을 화장하고 죽림정사로 돌아왔다. 그들은 부처님께 자초지종을 아뢰고 그의 행위가 옳은지 그른지를 여쭈었다.

"나는 그에게 큰 허물이 있다고 말하지 않으리라. 너희들이 말했듯이 그는 일체의 집착과 속박에서 벗어났다. 따라서 그는 죽은 뒤에도 다른 업신(業身)을 받지 않을 것이다. 그러므로 나는 그에게 큰 허물이 없다고 말하는 것이다."

잡아함 47권 1266경 《천타경(闡陀經)》

만약 어떤 사람이 어떤 이유로 자살을 했다면 이는 잘못인가 아닌가. 이에 대해 자살이란 어쨌거나 본인의 선택 문제이지 죄악은 아니라고 생각하는 사람이 있다. 또 얼마나 절박했으면 자살을 하겠느냐는 동정론도 있다. 과연 그러한가. 불교적 입장에서는 이 문제에 대해 어떤 판단을 내려야 하는가. 이 경을 읽다 보면 이에 대한 해답이 나온다.

이 경은 찬나라는 비구의 자살사건이 주제다. 그가 자살을 결심하게 된 것은 난치의 중병으로 고통을 참을 수 없어서였다. 하지만 그것은 육신에 대한 집착이나 생명에 대한 애착 때문에 생기는 고통이 아니었다. 육체적 고통이나 즐거움은 누구나 느끼는 것이다. 그러나 이미 해탈을 성취한 수행자는 고통이나 즐거움 자체에 집착하지 않는다. 모든 것에 집착하지 않는 사람에게 사는 것이나 죽는 것은 이미 아무런 문제가 되지 않는다. 그야말로 생사가 하나(生死一如)인 것이다. 따라서 부처님은 그가 더 이상 자신에 대한 집착이 없고, 그리하여 더 이상의 윤회를 하지 않을 사람이라면 자살을 하든 더 살든 관계가 없다는 것이다.

이 말은 얼핏 들으면 부처님이 자살을 해도 괜찮다고 말하는 것처럼 들린다. 하지만 이 말을 반대로 살펴보면 윤회의 사슬에서 벗어나지 못한 사람이 함부로 자살하는 것은 잘못이라는 의미가 들어 있다. 다시 말해 중생의 자살은 그것이 아무리 옳고 이유가 있는 것이라 하더라도 허물이 된다는 것이다. 해탈한 사람은 생사가 동일한 것으로 알지만 윤회의 바다에 빠진 사람은 그렇지 못하기 때문이다.

이 경전 외에도 《발가리경(跋迦梨經)》《차마경(差摩經)》도 난치병에 걸린 박카리 비구와 케마 비구의 자살을 주제로 다루고 있다. 결론은 앞의 내용과 동일하다. 이에 비해 어떤 비구가 병이 들어 죽었는데 그가 악도에 떨어질 것이라고 말하는 경전도 있다. 욕심이 많고 애착을 끊지 못했기 때문에 윤회를 거듭한다는 것이다. 이로 미루어 보면 자살은 중생이 함부로 선택할 죽음의 방법이 아니다.

낙태에 대한 불교의 입장

부처님이 라자가하 죽림정사에 계실 때의 일이다. 그 무렵 마하목갈라나는 락카나 비구와 함께 키자쿠타 산에서 수행 중이었다. 어느 날 목갈라나는 락카나와 함께 라자가하로 탁발을 나갔다. 어느 곳에 이르러 목갈라나는 이상한 것이 눈앞에 나타났다가 사라지는 것을 보았다. '온몸에는 가죽이 없고 모양은 살덩이같이 생긴 몸이 큰 중생' 이었다.

목갈라나는 신통이 뛰어난 제자였으므로 이 가엾은 중생이 어떤 존재인지를 알아채고 안타까운 표정을 지었다. 궁금하게 여긴 락카나는 무슨 일이냐고 물었으나 목갈라나는 그가 믿지 않을 것 같아 일부러 대답을 하지 않았다. 탁발을 마친 목갈라나는 마침 죽림정사에 머물고 계신 부처님을 찾아뵙고 이 같은 사실을 아뢴 뒤 짐짓 그 사연을 여쭈었다. 부처님은 이렇게 답변했다.

"그 중생은 과거 세상에 이 라자가하에서 살았는데 태내에 수태된 생명을 떨어뜨렸다. 이 죄로 말미암아 그는 지옥에 떨어져 이미 백천 세 동안 한없는 고통을 받았고 지금도 그 고통을 계속해서 받고 있는 것이다."

잡아함 19권 512경 《타태경(墮胎經)》

경의 제목에서 알 수 있듯이 이 경은 타태 즉 낙태를 주제로 다루고 있어서 주목된다. 이 경에서 목갈라나가 보았다는 가엾은 중생은 바로 누군가에 의해 낙태가 된 생명의 모습이다. 이렇게 낙태를 시키면 그 죄과로 낙태자는 다음 생에서 자신도 낙태의 과보를 받게 될 것이라는 것이 부처님의 경고다. 어떤 경우에도 낙태는 안 된다는 말씀이다.

낙태문제를 둘러싸고 허용해야 한다는 주장을 펴는 사람들이 있다. 강간 등에 의해 원하지 않는 임신을 했거나 기형아를 임신한 사실이 확인됐을 때 이를 출산하는 것은 산모나 태아에게 고통만 가중시킨다는 것이다. 또 폭발적인 인구증가에 의한 식량문제, 이에 따른 삶의 질의 문제 등을 고려하면 낙태를 죄악으로 매도만 해서는 안 된다는 주장이다. 이러한 주장들은 일견 타당한 측면이 아주 없는 것은 아니다. 기형아를 낳아 평생을 고통 받고 살아가는 사람이나 원하지 않은 임신을 해서 낳은 아이 때문에 한 여성의 운명이 불행의 늪으로 빠져든다면 이는 누구도 바라는 일이 아니다.

그러나 이러한 주장들은 어디까지나 어른들의 이기심에 의한 것이며 태아 자신의 선택은 아니다. 태아의 입장에서 보면 원하지 않는 임신이라 하더라도 그것은 어디까지나 어른들의 무절제나 부도덕에서 생긴 것이다. 더욱이 현대에 이르러서는 환경문제로 인해 기형아 임신이 늘고 있는데 이 역시 인간이 스스로 만든 조건이다. 사람들은 이런 조건을 제거할 생각은 하지 않고 무고한 생명만 해치려고 한다. 만약 입장을 바꿔 어른들 자신이 태중에서 낙태되었다면 어떤 느낌일까. 자신의 행복을 위해 낙태를 단행한 어른들의 이기심대로라면 무척이나 억울했을 것이다.

낙태가 늘어나면서 요즘은 이상한 풍속마저 생겨나고 있다. 이른바 수자공양(水子供養)이라는 것이다. 수자란 아직 사람이 되지 못한 물과 같았던 존재로 태아를 의미한다. 수자공양은 이 세상에 태어나지 못한 생명을 천도하는 의식으로 일본에서 시작된 불교의식이다. 이 의식이 낙태모의 마음을 조금이라도 위로해 줄 수 있다면 굳이 반대할 것까지는 없다. 다만 이로 인해 생명을 경시하는 풍조가 더 늘어나지 않을까 걱정이다. 여성들이 낙태를 한 뒤 수자공양을 해서 낙태에 대한 면죄부를 받는다면 낙태는 더 늘어날 수도 있기 때문이다.

이는 수자공양의 본래 취지를 왜곡하는 것이다. 낙태에 대한 수자공양이라면 그 자체는 오히려 부도덕한 것이다.

아무리 절박한 이유라 하더라도 생명가치를 넘어서는 가치는 없다. 생명의 값은 결코 공리적인 계산으로 따질 일이 아니다. 이것이 낙태문제에 대한 불교의 입장이다.

삿된 길을 가르치는 종교들

 부처님이 사밧티의 기원정사에 계실 때의 일이다. 어느 날 제자들에게 이렇게 말했다.

"훌륭한 바라문을 자칭하는 외도 가운데는 거짓의 도를 말하고, 삿되고 어리석어 바르게 가르치지 않고, 지혜로 깨달아 열반으로 향하지 않는 자들이 많다.

그들이 제자를 가르치는 방법은 실로 가관이다. 그들은 보름이 되면 깨 가루와 암라마라 가루로 목욕을 하고 새 무명옷을 입고 머리에는 긴 실 가닥을 드리운다. 그런 다음 소똥을 땅에 바르고 그 위에 누워 이렇게 말한다.

'착한 남자들아, 이른 아침에 일찍 일어나 옷을 벗어 한 곳에 두고 맨몸으로 동방을 향해 달려가라. 비록 길에서 사나운 코끼리나 모진 말, 미친 소, 미친 개를 만나거나, 가시밭이나 숯더미나 구덩이나 깊은 물을 만나더라도 피하지 말고 바로 나가라. 그곳에서 죽으면 하늘 나라에 태어날 것이다.'

이렇게 가르치는 것은 바른 길이 아니다. 바른 소견도 아니고 지혜로운 것도 아니다. 더더욱 열반으로 가는 길과는 거리가 멀다. 그러나 나는 제자들을 위해 바른 길을 가르친다. 나의 가르침은 지혜롭고 평등한 깨달음과 열반으로 향하는 길이다.

그것은 바로 여덟 가지 성스러운 길(八正道)이다."

부처님이 설법을 마치자 제자들은 기쁜 마음으로 돌아갔다.

잡아함 30권 842경 《바라문경(婆羅門經)》

인도에는 지금도 별의별 종교가 다 있다. 하루 종일 가시덤불 위에 누워있거나 숯불 위를 걸어 다니는 고행자들이 있다. 하루 종일 박수치며 열광적으로 노래함으로써 신의 은총을 비는 수행자들도 있다. 경전에 자주 등장하는 불을 섬기는 배화교도는 부처님 당시에도 큰 세력을 유지하고 있었다.

옛날 인도의 종교인 뿐 만이 아니다. 요즘도 태양신을 섬긴다든가, 산꼭대기에 올라가 밤새도록 성령을 기다린다든가, 심지어는 섹스교마저 등장해 사람들을 삿되고 어리석은 길로 인도하고 있다. 사람이 산채로 공중들림을 할 것이라며 생업을 포기하고 기도하라고 가르치던 교파도 있었다.

부처님은 이런 온갖 종류의 외도들을 비판하고 부정했다. 그런 것들은 바른 소견이 아니며 지혜로운 길도 아니며 인간을 행복으로 이끄는 종교가 아니라는 것이다. 종교를 무조건 믿을 것이 아니라 이성으로 살펴보고 진리와 비진리를 가려서 삿된 유혹에 넘어가지 않도록 조심해야 한다.

천문지리에 능통한들 무슨 소용인가

 부처님이 바라나시의 녹야원에 머물고 계실 때의 일이다. 하루는 어떤 바라문이 부처님을 찾아와서 이런 것을 여쭈었다.

"부처님, 저에게는 젊은 제자가 한 사람 있는데 그는 천문과 지리에 능통할 뿐만 아니라 길흉화복을 점치는 데도 탁월한 능력이 있습니다. 만약 그가 있을 것이라고 하면 반드시 있고, 없을 것이라고 하면 정말로 없습니다. 또 반드시 이루어진다고 하면 이루어지고, 망할 것이라고 하면 반드시 망합니다. 이런 것을 부처님은 어떻게 생각하십니까?"

부처님은 직접적인 답변 대신 몇 가지 반대 질문을 던져 그를 깨우쳤다.

"그 답변은 나중에 하기로 하고 우선 그대의 생각 몇 가지를 묻겠다. 아는 대로 대답해 보라. 물질이나 정신은 본래 종자나 실체가 있는 것인가, 없는 것인가?"

"없는 것입니다."

"그렇다면 그 젊은 제자가 있을 것이라고 해서 반드시 있다는 것은 거짓이 아닌지. 다시 묻겠다. 물질이나 정신은 영원히 멸하지 않는 것인지, 아닌지?"

"영원한 것이 아닙니다."

"그렇다면 그 젊은 제자가 망하지 않을 것이라고 하는 말은 거짓이 아닌가."

바라문은 최고의 찬사로 부처님의 가르침에 승복했다.

"그렇습니다. 부처님의 말씀은 참으로 이치에 합당한 것이어서 저의 어두운 마음을 열어 주나이다. 마치 어떤 사람이 물에 빠졌을 때 건져 주고, 길을 몰라 헤맬 때 길을 가르쳐 주고, 어둠 속에서 등불을 주는 것처럼 오늘 가르침도 그와 같나이다."

잡아함 2권 54경 《세간경(世間經)》

 요즘 사람들의 최대 관심사는 건강과 정력이다. 건강과 정력에 관한 책들이 날개 돋친 듯이 팔리고, 건강을 위한 운동에도 부쩍 관심이 많다. 건강과 정력에 좋다면 지렁이나 쥐도 잡아먹는다. 건강에 관한 이러한 관심이 나쁘다는 얘기가 아니다. 사람이라면 누구나 오래 살고 건강하게 살고 싶은 욕구가 당연하다. 문제는 그 관심의 정도가 지나치다는 데 있다.

사람의 건강이란 아무리 챙겨도 끝내는 망가지게 마련이다. 오래 살고 싶은 것이야 진시황제나 필부필녀나 다 똑같지만 수명이란 것도 한계가 있기 마련이다. 이것이 자연의 법칙이고, 태어난 모든 존재는 사멸한다는 인연의 법칙이다. 그럼에도 불구하고 사람들의 욕심은 이 당연한 이치를 망각하고 있다. 어떤 약을 쓰면 마치 영원히 건강하고 영원히 살 것처럼 착각한다. 병통은 여기서 생긴다. 그리하여 마침내는 온갖 방법을 다 동원해 건강에 좋다는 것을 찾아다니고 좋다는 것은 다 사먹으려 한다. 그러나 분명한 것은 건강백세를 보장하는 약을 파는 사람도, 심지어는 병을 고쳐주는 의사까지도 죽는다는 사실이다.

여기서 부처님이 말씀하고 있는 것은 설사 천문지리나 길흉화복을 알고 그런 것을 예언했다고 해서 그것이 무슨 소용이 있겠느냐는 것이다. 이치가 뻔한 일을 가지고 점을 치거나, 변하지 않는 무엇이 있나 해서 헤매는 것은 어리석은 일일 뿐이다. 아무리 매달리고 집착해도 소용없는 일이라면 차라리 그런 것으로부터 초연해지는 것이 오히려 좋다. 마음의 평화는 여기에서 생긴다.

존경받는 종교인이 되려면

 부처님이 사밧티 기원정사에 계실 때의 일이다. 어느 날 파세나디 왕이 부처님을 찾아와 어떤 종교인에게 보시해야 큰 과보를 얻을 수 있겠느냐는 질문을 했다.

부처님은 직접적인 답변 대신 왕에게 한 가지 비유를 들어 이렇게 되물었다.

"대왕이여, 당신이 만약 전쟁을 치르기 위해 군사를 모으고 있다고 합시다. 그때 어떤 잘생긴 바라문의 아들이 찾아왔습니다. 그런데 그는 아직 무술이나 병법을 잘 알지 못할 뿐더러 적을 보고도 싸울 줄 모르는 청년이었습니다. 대왕은 그런 청년에게 상을 주겠습니까?"

"아닙니다. 그는 상을 받을 만한 자격이 없습니다."

"그러면 다시 묻겠습니다. 이번에는 서쪽에서 수드라의 아들이 찾아왔습니다. 그는 비록 천민의 아들이나 무술에 능하고 병법을 잘 알며 싸움에 나가 용맹을 떨쳤습니다. 대왕은 그가 천민의 아들이라고 상을 주지 않겠습니까?"

"아닙니다. 그에게는 후한 상을 주겠습니다."

그때 부처님은 다시 본론으로 돌아와 대왕에게 이렇게 설법했다.

"대왕이여, 그와 같습니다. 중생의 복전인 종교인도 형상이 아니라 그가 갖춘 덕성이 중요합니다. 그 덕성이란 오개(五蓋)를 걷어내고 오분법신(五分法身)을 성취한 상태를 말합니다. 오개란 탐욕과 성냄과 혼침과 들뜸, 그리고 의심의 뚜껑입니다.

오분법신이란 계율과 선정과 지혜와 해탈과 해탈지견의 몸입니다. 이런 사람은 중생의 복전이며 존경과 보시를 받을 자격이 있습니다. 이들에게 보시하면 큰 과보를 얻을 수 있습니다."

잡아함 42권 1145경 《복전경(福田經)》

불교에서 '복전(福田)'이란 출가한 스님을 지칭한다. 가난한 수행자들을 위해 무엇인가 보시하고 공양을 올리는 것은 마치 복밭에 무량한 공덕의 씨앗을 뿌리는 것과 같기 때문이다. 그러나 출가자가 중생의 참다운 복전이 되려면 조건을 갖추어야 한다. 출가자다운 덕성과 인격을 갖추지 못하면 그는 공양을 받을 자격이 없다. 부처님의 말씀에 따른다면 종교인이 남의 존경과 보시를 받는 것은 결코 그 신분 때문이 아니다. 무술이나 병법에 능하지 않으면 장군이 아니듯이, 종교적 인격과 덕성을 닦지 않은 사람은 종교인이 아니라는 지적이다. 그리고 만약 이러한 조건을 갖추지 못했다면 그가 아무리 종교인의 모습을 했더라도 존경과 보시를 받아서도 안 되고 복전이 될 수도 없다는 것이다. 이것은 종교인이 중생의 복전이 되기 위해서 얼마나 까다로운 조건을 갖추어야 하는가를 말해주는 것이다.

요즘 종교인들이 과연 이런 덕성과 인품을 갖추고 있느냐에 대해서는 적지 않은 의문이 생긴다. 신자들로부터 많은 존경을 받으면서 행동이나 처신은 보통사람에 훨씬 못 미치는 사람들이 가끔 눈에 띄기 때문이다. 더 많은 종교인은 양심적이고 훌륭하고 거룩하다. 어물전을 망신시키는 꼴뚜기가 전체종교인의 명예와 도덕성에 상처를 입히고 있으니 그것이 안타까울 뿐이다.

모든 종교인은 존경을 받는 만큼 항상 스스로를 점검해야 한다. 자격 없이 받는 존경은 나중에 엄청난 비난과 조롱이 돼서 돌아온다는 점을 명심할 일이다.

청정한 승단의 거룩함

부처님이 어느 해 여름 안거를 라자가하의 죽림정사에서 보냈다.

마침 안거가 끝나는 날이 되자 인근에서 수행을 하던 5백 명의 제자들이 자자(自恣)를 위해 한자리에 모였다. 달이 뜨자 규칙에 따라 모임의 우두머리인 부처님부터 자자가 시작됐다.

"대중들이시여, 이제 자자를 행하노니 지난 안거 동안 내가 몸으로나 입으로나 생각으로나 무엇인가 비난받을 일을 했거나 그렇게 보이도록 미심쩍은 일을 하지는 않았는지요? 혹시 그런 일이 있다면 지적해 주소서. 이 자리에서 참회를 하겠습니다."

그러자 장로 사리풋타가 일어나 떨리는 목소리로 이렇게 말했다.

"부처님, 부처님께서는 몸과 말과 생각에 조금도 잘못이 없었습니다. 참으로 거룩하고 깨끗하게 한 철을 보냈습니다."

사리풋타는 이어 자신도 장궤합장(長跪合掌)을 하고 자자를 했다.

이번에는 부처님이 그의 청정함을 인정했다. 그 뒤 5백 명의 수행자들이 순서대로 자자를 했으나 아무도 비난의 말을 들은 사람이 없었다. 이를 지켜본 반기사라는 제자가 감격에 겨워 자리에서 일어나 즉흥시를 읊었다.

보름이라 청정한 달밤에

오백 명 대중이 모여 앉았으니
일체의 결박을 끊어 버리고
온갖 번뇌마저 다한 성자들이네.

맑고 깨끗하게 서로 친하고
어떤 구속도 다시 받지 않나니
해야 할 일을 이미 다해 마치고
애욕의 구름에서 벗어난 분들이네.

믿고 공경하는 마음으로 받들어
세 가지 밝음으로 괴로움을 없애고
진리의 아들 되어 물러날 근심 없으니
위대한 성자의 후손들에게 경배하노라.

잡아함 45권 1212경 《회수경(懷受經)》

 초기교단에서 행해지던 종교의식의 한 장면을 보여주는 이 경전의 묘사는 부처님과 그 제자들이 얼마나 고결하고 거룩한 삶을 살았는가를 추측케 한다.

종교인이 세속사회에 대해 지도적 위치를 갖는 것은 권력이나 돈이 많아서도 아니고 남을 즐겁게 해주는 연예적 소질이 많아서는 더욱 아니다. 권력은 군왕을 능가할 수 없고 재물은 부자를 뛰어넘을 수 없다. 종교인이 세속 사회의 내노라하는 사람들로부터 존경받는 것은 그들보다 우월한 도덕적 청정성 때문이다. 만약 종교인

에게 이것을 제거해버린다면 어떻게 될까. 아마 몸에서 피를 뽑아버린 것처럼 아무 쓸모없는 허수아비에 지나지 않을 것이다.

그래서 부처님은 수행자가 자기반성을 통해 도덕적 청정성을 지켜가도록 포살(布薩)과 자자(自恣)의 제도를 만들어 안거 중에 실시하도록 했다. 포살은 보름마다 계목(戒目)을 외우며 잘못이 없는가를 반성하는 행사이고, 자자는 안거가 끝나면 잘못이 없었는가를 대중에게 물어보는 제도다. 이 경전은 바로 고백참회 행사의 아름다운 감동을 전하고 있다.

이에 비해 요즘의 불교교단은 어느 정도로 청정성을 유지하고 있을까. 아무래도 부처님 당시만은 못한 것 같아 안타까운 마음이다.

타락한 수행자를 위한 훈계

 부처님이 사밧티의 기원정사에 계실 때의 일이다. 어느 날 저녁 부처님은 마하카사파를 불러 이렇게 당부했다.

"나는 이제 늙고 병들었다. 그러니 네가 대신해서 젊은 비구들을 가르치고 훈계하라."

"부처님, 요새 비구들은 훈계하고 가르치기가 매우 어렵습니다."

"어째서 그러한가?"

"요새 비구들은 장로가 오면 그가 지혜가 있고 큰 덕이 있는지를 살피지 않습니다. 그들은 오직 낯선 비구가 오면 재물과 의복, 음식과 침구, 약을 가지고 있는지를 살핀 뒤 일어나 인사를 합니다. 그래야 그들도 음식과 침구가 풍족해질 것이기 때문입니다." 카사파의 말을 들은 부처님은 매우 안타까워하면서 이렇게 말했다.

"만약 그것이 사실이라면 그런 비구는 승단의 멸망이며 근심이며 큰 재앙이다. 그들은 생사윤회를 거듭해서 늙고 병들고 근심하고 슬퍼하는 과보를 받을 것이다.

카사파야, 옛날에는 그렇지 않았다. 옛날에는 혼자 열심히 수행하는 비구, 검소한 누더기를 입고 걸식하는 비구, 욕심이 적어 만족할 줄 아는 비구, 바른 생각과 바른 선정과 바른 지혜를 터득한 비구가 오면 서로 반갑게 일어나 인사를 나누었다. 왜냐하면 그래야 훌륭한 수행자가 될 수 있기 때문이다."

여기까지 말씀한 부처님은 다시 카사파에게 당부했다.

"그러므로 카사파야, 너는 어떻게 하든지 검소하고 청정하며 욕심이 적으며, 바른 생각과 선정과 지혜를 닦는 사람을 찬탄하는 사람이 많아지도록 젊은 비구를 가르치고 훈계해야 한다. 그래야 승단의 근심과 재앙이 없어질 것이다."

잡아함 41권 1140경《불위근본경(佛爲根本經)》

이 경전을 보면 부처님 당시에도 가르침을 따르지 않고 타락한 수행자들이 적지 않았던 것 같다. 청정하고 검소하며 바른 지혜를 가진 사람을 존경하기 보다는 물질적 소유가 넉넉한 사람을 따르는 풍조가 만연해가고 있었던 것이다. 만년의 부처님은 이들을 가리켜 '승단을 멸망시킬 근심이요 재앙' 이라면서 안타까움을 표시하고 있다.

수행자가 물질적 소유에 탐착하다 보면 승단은 타락하고 멸망하게 된다. 오늘의 수행자들은 어떠한지 한번쯤 되돌아보아야 할 것이다.

모든 사람은 평등하다

 부처님이 사밧티의 기원정사에 계실 때의 일이다. 그 무렵 마하카트야나는 서방의 전도를 개척하기 위해 마투라 국에 가 있었다. 어느 날 마투라의 국왕은 나무가 빽빽한 숲(稠林)에 머물고 있는 존자를 찾아와 이런 질문을 했다.

"바라문들은 스스로 말하기를 '우리는 제일의 종성이요, 다른 사람은 하천하다. 우리는 희고 깨끗하며 다른 사람은 검고 더럽다. 바라문은 범신의 입에서 태어났고 다른 사람은 그렇지 않다'고 합니다. 이에 대해 존자의 생각은 어떠하신지요?"

"그것은 세상의 관습이요, 틀린 생각입니다. 그것은 업에 의한 것이지 처음부터 그렇게 결정돼 있다는 것은 잘못된 것입니다."

"어째서 그런지 설명해 주십시오."

"대왕께서는 만약 바라문이 도둑질을 하면 어떻게 하겠습니까? 잡아다가 벌을 줄 것입니다. 귀족이나 부자가 해도 마찬가지일 것입니다. 이렇게 벌은 업에 의해 받는 것이지 바라문은 받고 다른 종성은 받지 않는 것이 아닙니다. 그렇다면 사성은 평등한 것이지 차별이 있는 것이 아닙니다.

한 가지 예를 더 들겠습니다.

만약 바라문으로서 열 가지 악업을 지은 자가 있다면 그는 죽은 뒤에 어떻게 되겠습니까? 악도에 떨어질 것입니다. 귀족이나 부자나 다른 종성도 마찬가지입니다. 이렇게 사람은 다 평등합니다. 그러므로 모든 것은 업에 의한 것이니 사성계급은 옳은 것이 아닙니다."

잡아함 20권 548경 《마투라경(摩偸羅經)》

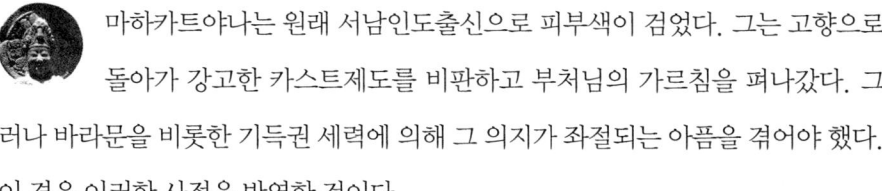마하카트야나는 원래 서남인도출신으로 피부색이 검었다. 그는 고향으로 돌아가 강고한 카스트제도를 비판하고 부처님의 가르침을 펴나갔다. 그러나 바라문을 비롯한 기득권 세력에 의해 그 의지가 좌절되는 아픔을 겪어야 했다. 이 경은 이러한 사정을 반영한 것이다.

마하카트야나는 부처님 제자 가운데 논의제일(論議第一)로 불릴 만큼 논리 정연한 이론가였다. 그가 마투라 왕을 대상으로 펼치는 사성평등의 논리는 반박의 여지가 없다. 그러나 이 논리는 아직도 인도사회에서 수용되지 않은 카스트제도를 상존시키고 있다.

어디 인도뿐인가. 세계는 지금도 인종과 종교, 성별과 권위에 의한 인간차별을 계속하고 있다. 세계에서 가장 자유롭고 인권의식이 발달돼 있다는 미국에도 내부를 들여다보면 인종적 차별이 여전하다. 유색인종이 출입하지 못하는 백인들만의 전용음식점이 버젓하게 남아있는 것이 미국이다. 2차 대전 때 나치독일이 보여준 유태인 학살은 인종차별의 비극적 전형이다. 아시아에서도 마찬가지다. 일본은 태평양전쟁 당시 피지배국의 여성들을 종군위안부로 데리고 나가 성적 노리개로 삼았다. 다른 민족의 인권은 아예 안중에도 없는 만행이었다.

인간에 대한 차별주의는 차별의 피해당사자였던 사람들에 의해서도 저질러지고 있다. 봉건제도 아래서 인간 이하의 대접을 받아왔던 조상들의 서러움을 잊어버린 듯 돈 많고 권세있는 사람들은 그렇지 못한 사람들을 억압하고 학대하고 있다. 그러나 그들이 어떤 조상의 후예들인가. 그들의 부모나 할아버지의 할아버지들도 한때는 남에게 괄시받으며 치를 떨었던 사람들이다. 그런 조상의 아픔을 벌써 잊어버리고 지금 자기 손안에 돈이나 권력이 있다고 남을 핍박하거나 천대하는 사람들이 너무나 많다. 또 얼마쯤 세월이 지난 뒤에 자기의 자식이나 후손들이 그 업보로 말미암아 천대를 받게 된다면 어떤 기분이겠는가.

인간에 대한 평등이란 다른 것이 아니다. 다른 사람의 처지를 나의 처지로 바꿔서 역지사지(易地思之)로 생각해보라는 것이다. 내가 남에게 밟히는 것을 싫어하듯이 남도 그러할 것이다. 그렇다면 어떤 경우라도 인종이나 성별, 종교로 인해 사람을 차별하는 일은 없어야 한다. 적어도 우리가 문명의 시대를 살아가는 인간이라면 이런 정신과 사상을 펴나가다가 박해받는 사람들이 더 이상 생겨나지 않도록 해야 할 것이다. 아직도 '인권운동'이란 말이 지구상에 남아있다는 것은 부끄러운 일이다.

남을 억압하고 차별하는 짓을 하면 반드시 죄가 되어 과보를 받게 된다. 인과의 법칙을 무섭게 생각해야 한다.

인격과 교양의 향기

부처님이 사밧티의 기원정사에 계실 때의 일이다. 어느 날 아난다가 찾아와 향기에 대해 부처님께 여쭈었다.

"부처님, 저는 혼자 숲에서 명상을 하다가 문득 이런 것을 생각했습니다.

'모든 향기는 바람을 거슬러 냄새를 풍기지 못한다. 뿌리에서 나는 향기나, 줄기에서 나는 향기나, 꽃에서 나는 향기는 다만 바람을 따라서 냄새를 풍길 뿐이다. 그렇다면 혹 바람을 따라서도 풍기고 바람을 거슬러서도 풍기고, 바람이 불거나 불지 않거나 바람에 상관없이 풍기는 향기는 없을까.'

부처님, 과연 그런 향기는 없을는지요?"

부처님은 이렇게 말했다.

"아난다야, 네 말대로 뿌리의 향기나 줄기의 향기나 꽃의 향기는 바람을 따라 향기를 풍기지만 바람을 거슬러서는 향기를 풍기지 못한다. 그러나 어떤 향기는 바람을 거슬러서도 풍긴다. 그것은 이런 향기다.

어느 마을에 착한 남자와 여자가 있다. 그들은 진실한 법을 성취하여 목숨이 다할 때까지 생명을 함부로 죽이지 않고, 남의 물건을 훔치지 않으며, 음행하지 않고, 거짓말하지 않으며, 술 마시고 실수하지 않았다. 이런 사람을 보면 누구든지 '어느 곳에 사는 아무개는 계율이 청정하고 진실한 법을 성취했다'고 말할 것이다. 이것은 그 사람에게서 나는 향기다. 이 향기는 바람을 따라서도 풍기고 거슬러서도 풍기며,

바람이 불거나 불지 않거나 관계없이 풍기는 것이다."

잡아함 38권 1073경 《아난경(阿難經)》

 불교를 바르게 믿고 수행하면 다섯 가지 향기가 생긴다고 한다. 이를 오분향이라 하는데 스님들은 매일 예불을 하면서 이 다섯 가지 향기나는 몸을 성취하여 온누리를 마침내 향기로 가득 채울 것을 다짐한다. 그래서 저녁예불을 '오분향례(五分香禮)'라고도 한다.

오분향은 다음의 다섯 가지다. 첫째는 계향(戒香)이다. 계향이란 윤리적으로 깨끗한 생활을 하는데서 생긴다. 둘째는 정향(定香)이다. 마음이 늘 안정되고 평화로운 상태에 있는 향기다. 셋째는 혜향(慧香)이다. 고요한 호수에 달빛이 비치듯 지혜의 빛이 빛나는 향기다. 넷째는 해탈향(解脫香)이다. 참다운 지혜로 해탈에 이르는 향이다. 다섯째는 해탈지견향(解脫知見香)이다. 해탈의 경지에 이르러서 다시 이웃에게도 그 경지를 가르쳐주는 향기다.

이런 향기를 온몸에 가득 지닌 사람을 불교에서는 성자라고 한다. 이런 사람은 옆에만 가도 훈훈해지고 편안해진다. 부처님이 그렇고 뛰어난 고승대덕이 그렇다. 이들이 지닌 향기는 꽃향기와는 달리 바람을 거슬러서 온 세상으로 퍼져나간다. 그리하여 온 세상을 향기롭게 만든다. 이것이 바로 '인격의 향기' 다.

인격의 향기에 비교되는 것이 악취를 풍기는 사람이다. 위선과 오만과 악덕의 악취도 바람을 거슬러 냄새를 풍긴다. 흔히 사람답지 못한 사람을 말할 때 '사람 냄새가 안 난다'는 말을 하는데 이들이 바로 여기에 해당된다. 세속 사회는 인격의 향기 대신 악취를 풍기는 사람이 너무 많다. 세속 사회를 가리켜 예토(穢土)라 하는 것은 그만큼 더러움이 많고 나쁜 냄새를 풍기는 사람이 많기 때문일 것이다. 종교 생활을 한다는 것은 이런 세속 사회에서 스스로 악취를 덜어내고 조금이라도 인격의 향기가 나도록 하자는 것이다.

　세속에 살면서 성자나 고승들처럼 다섯 가지 인격의 향기를 다 성취할 수는 없을지 모른다. 그렇더라도 그 중 한 가지 만이라도, 아니면 다섯 가지를 고루고루 조금씩이라도 성취해 나가려는 것이 불자들이다.

　종교생활이란 무엇인가. 인격에서 악취를 제거하고 향기를 풍기도록 하려는 노력이다. 비록 하루 아침에 향기로운 인격을 갖추기가 어렵다 하더라도 꾸준히 그렇게 되도록 노력하는 것이 종교생활이다. 이런 기준으로 본다면 종교생활을 오래도록 했으면서도 몸에서 향내가 나지 않는 사람은 한마디로 사이비라 해야 할 것이다.

자신을 속일 수는 없다

 부처님이 마가다 국 판차사라(五葦)라는 마을에 계실 때의 일이다.
어느 날 부처님은 아침 공양을 얻기 위해 탁발을 나갔다.

그러나 공교롭게도 그 날은 마침 젊은 남녀가 선물을 교환하는 축제의 날이었다. 모두 축제로 들떠 있던 탓에 아무도 음식을 공양하는 사람이 없었다. 부처님은 '깨끗이 씻은 빈 발우'를 들고 그냥 돌아올 수밖에 없었다.

빈손으로 돌아오는 부처님을 본 마라(惡魔)가 속삭였다.

"그대는 전혀 밥을 얻지 못했는가? 어떻게 하루 종일 굶을 수 있는가? 규칙을 어기고 다시 마을로 들어가라. 내가 음식을 얻도록 해주겠다."

그러나 부처님은 이를 거절했다.

"설령 음식을 얻지 못하였다고 해도 나는 즐겁게 살아간다. 저 광음천(光音天)과 같이 나는 법열의 기쁨을 양식으로 삼아 기쁘게 살아간다."

잡아함 39권 1095경《걸식경(乞食經)》

사람들은 남에게 특별한 피해를 주거나 도덕적으로 나쁜 일이 아니라면 적당히 규칙을 어기더라도 괜찮다고 생각한다. 그러나 하늘을 속이고 땅을 속인다 하더라도 자기 자신을 속일 수는 없다. 만약 그런 일을 하고도 마음에 께름직한 구석이 없다면 그는 양심이 마비되어 가는 사람일 것이다. 그러므로 종교생활을 하는 사람은 오히려 작은 잘못을 범하는 일이 없는가를 자주 살펴야 한다. 자칫 이를 방치하면 정신적 정결성이 마모돼 가는 원인이 된다. 부처님은 누구보다도 이 점을 깊이 인식했던 분이다. 이를 짐작케 하는 경전이 바로 이《걸식경(乞食經)》이다.

널리 알려져 있듯이 초기불교 시대 출가 수행자들은 탁발을 통해 생계문제를 해결했다. 부처님의 제자를 일컫는 '비구(比丘)'라는 말도 밥을 얻어 먹으며 수행하는 사람이란 뜻이다. 탁발은 단순히 배를 채우기 위한 걸식이 아니라 그 자체가 하나의 수행이다. 걸식을 통해 수행자는 자신을 낮추게 되고, 음식을 공양하는 사람은 보시의 공덕을 짓는다. 이는 세속적 의미의 구걸과는 다르다. 탁발은 엄격한 법식과 금제에 의해 이루어졌다.

예를 들어 차제걸식(次第乞食)은 탁발하는 집을 정해놓고 하지 말고 차례차례 하라는 규정이다. 이 때 부잣집만 들리고 가난한 집을 건너뛰면 안 된다. 또 칠가식(七家食)은 밥을 빌 때는 일곱 집을 넘으면 안 된다는 것이다. 한번 갔던 집을 다시 찾아가면 안 된다는 규칙도 있다. 오후불식(午後不食)이라는 규칙도 있다. 이는 하루에 한 번만 식사를 하되 오후가 되면 식사를 하지 말라는 규칙이다.

그런데 이 탁발이 뜻대로 되지 않는 때도 많았던 모양이다. 이 경은 바로 그런 경우 부처님이 어떻게 처신했는가를 주제로 다루고 있다. 경전의 서술에 따르면 부처님은 탁발에서 밥을 얻지 못하자 다시 마을로 들어가 탁발을 할까 하고 심리적 갈등을 했던 것 같다. 이 경에 등장하는 악마는 '식욕의 유혹'을 의미한다. 이 때 부처님은 아무리 사소한 일이라 하더라도 규칙으로 정해진 것이라면 남이 보지 않는다고 여겨서는 안 된다고 생각했다. 그래서 그 유혹을 뿌리쳤다. 왜냐 하면 그것은 타율적 규제의 문제가 아니라 양심의 문제였기 때문이다.

우리나라 속담에 '사흘을 굶으면 남의 집 담장을 뛰어넘지 않을 사람이 없다'는 말이 있다. 이 세상의 고통 중에 뭐니 해도 배고픈 고통처럼 비참하고 서러운 것은 없다. 그러나 아무리 배가 고프더라도 부정한 방법으로 먹이를 해결하려 한다면 그것은 이미 인간의 길을 포기한 것이다. 뇌물을 받거나 남의 돈을 떼먹는 일이 수 없이 벌어지는 세상에서 규칙 때문에 다시 밥 얻으러 나가기를 포기하는 부처님은 어쩌면 바보일지도 모른다. 하지만 우리는 지금 그 '바보'를 성인으로 받들고 있다.

'대장부'의 불교적 조건

 부처님이 사밧티의 기원정사에 계실 때의 일이다. 어느 날 한 제자가 여쭈었다.

"언젠가 부처님께서 진정한 대장부에 대해 말씀하신 적이 있습니다. 그러나 저는 아직 그 뜻을 잘 모르겠습니다. 부처님께서는 어떤 사람을 가리켜 대장부라 하고, 어떤 사람은 대장부가 아니라 하시는지요?"

이에 부처님은 이렇게 대답했다.

"내가 대장부가 아니라고 하는 사람은 이런 사람이다. 자신의 육신을 영원하다고 생각하여 거기에 집착함으로써 욕심을 버리지 못하고 번뇌를 버리지 못하는 사람이다. 왜냐하면 그는 그로 인해 해탈을 얻지 못하기 때문이다.

반대로 내가 대장부라고 하는 사람은 이런 사람이다. 자신의 육신을 영원하다고 생각하지 않으며 따라서 거기에 집착하지 않는 사람, 그리하여 욕심과 번뇌를 다 버리는 사람이다. 왜냐하면 그는 그로 인해 해탈을 얻기 때문이다."

잡아함 24권 614경《대장부경(大丈夫經)》

 경의 제목에서 알 수 있듯이 이 경의 주제는 불교에서 말하는 '대장부의 조건'은 어떤 것인가 하는 것이다.

대장부라는 말에는 당당함과 호연지기(浩然之氣)가 들어 있다. 백만대군이 와도 눈썹 하나 까닥하지 않는 진중함과, 일체의 적과 싸워서 이기는 무서운 힘과, 모두를 너그럽게 포용하는 아량이 있다. 우리는 이런 사람을 일러 장부 중의 장부라 생각한다. 역사적으로 보면 영웅들이 여기에 해당할 것이다. 《삼국지》에 나오는 관우, 말 발굽 아래 아시아와 유럽 대륙을 짓밟은 징기스칸, 알프스를 넘은 나폴레옹과 같은 사람은 영웅 중에 영웅이요, 대중부 중에 대장부라는데 이의가 없다.

그러나 부처님은 《법구경》에서 "싸움터에서 백만인을 이긴 사람보다 자기 자신을 이긴 사람이 가장 위대한 승리자(千千爲敵 一夫勝之 未若自勝 爲戰中上)"라고 가르친다. 진정한 승리자는 타인과의 경쟁에서 이기는 사람이 아니라 자신의 내면을 다스릴 줄 아는 사람이라는 것이다. 앞에서 인용한 《대장부경》도 같은 맥락의 가르침이다.

불교에서 말하는 진정한 대장부란 집착을 여의고 해탈을 성취한 사람이라는 것이다. 왜 그런가. 인생에 있어서 가장 중요한 것은 남의 평가에 있는 것이 아니라 자신에게 직면한 실존적인 문제를 해결하는 데 있기 때문이다.

부처님의 열 가지 다른 별명 가운데 '조어장부(調御丈夫)'라는 것이 있다. 자신의 마음을 조복 받은 훌륭한 장부라는 뜻이다.

우리는 시선을 언제나 밖으로만 향하고 있다. 남들이 나를 어떻게 보느냐에 전전긍긍한다. 유행의 심리가 그렇다. 모두가 머리에 물을 들이고 다니면 나도 그렇게 해야 한다고 생각한다. 모두가 세탁기나 냉장고를 쓰면 나도 그것을 사서 써야 한다고 생각한다. 냉장고나 세탁기를 쓰지 말아야 한다는 뜻이 아니다. 남이 하니까 나도 한다는 몰주체성이 문제라는 것이다. 자신의 필요보다는 유행에 뒤지지 않으려고 하는 것은 결국 남의 살림을 사는 것이지 내 살림을 사는 것이 아니다. 이는 대량 소비 사회의 광고에 정신 못 차리는 초라한 소시민에 지나지 않을 뿐이다.

부처님은 이런 우리들을 향해 그 시선을 안으로 돌려 자신의 문제를 들여다 보라고 말한다. 욕망과 집착을 제거하고 진정한 대장부가 되라고 가르친다. 남의 흉내나 내는 못난이 졸장부인 중생들로서는 참 고마운 격려가 아닐 수 없다.

진실로 내 것이 아니면 버리라

 부처님이 사밧티의 기원정사에 계실 때의 일이다. 어느 날 부처님은 제자들을 모아놓고 이렇게 말씀하셨다.

"비구들이여, 진실로 너희들의 소유가 아닌 것은 다 버려야 한다.

그래야만 긴 밤 동안 편안해지리라. 비구들이여, 너희들은 어떻게 생각하느냐? 이 제타 숲에 있는 모든 초목과 잎사귀와 가지를 어떤 사람이 가지고 간다고 하자. 그러면 너희들은 '그것은 내 것인데 왜 가지고 가는가.' 하고 따지겠는가?"

"아닙니다, 부처님이시여. 왜냐하면 그것은 '나(我)'도 아니고 '내 것(我所有)'도 아니기 때문입니다."

부처님과 제자들의 문답은 계속된다.

"그러면 다시 묻겠다. 너희가 가지고 있는 눈(眼)·귀(耳)·코(鼻)·혀(舌)·몸(身)·뜻(意)은 영원한 것인가, 아닌가?"

"영원한 것이 아닙니다."

"영원한 것이 아니라면 괴로운 것인가, 아닌가?"

"괴로운 것입니다."

"그렇다면 비구들이여, 괴롭고 영원하지 않은 것에 집착할 이유가 무엇인가? 그것은 아무리 집착해도 '나'도 아니고 '나의 것'도 아니니라. 이렇게 관찰하면 모든 세간의 일에 대해서도 집착할 것이 없고 집착할 것이 없으므로 열반을 깨닫게 된다.

그래서 이번 생이 다하면 다시는 윤회의 몸을 받지 않게 된다. 그러므로 비구들이여, 긴 밤 동안 안락하고자 하거든 내 것이 아닌 것은 모두 버리라."

잡아함 10권 274경《기사경(棄捨經)》

'진실로 내 것이 아니면 과감하게 버리라.' 이 냉정하고 과감한 요구는 부처님이 제자들을 가르칠 때 한결같이 강조했던 명제다. 이 경은 제목에 나타나 있듯이 포기하고 버릴 것을 가르치고 있다. 그러나 솔직히 말해 아무리 부처님의 말씀이지만 이 가르침은 선뜻 받아들이기가 어렵다. 손톱 하나도 버리기 어렵거늘 어떻게 재산과 권력과 명예와 사랑과 심지어는 우리가 '나 자신'이라고 믿는 것까지 버리라는 말인가.

이유는 또 있다. 그런 것을 다 버리고 나면 도대체 무슨 재미로 인생을 살라는 말씀인가. 세상살이란 뭐 특별한 것이 있는 것도 아니다. 직장생활 잘하고, 가급적 양심적으로 일해서 돈도 벌고 명예도 얻고, 사랑하는 사람 만나서 연애도 하고 결혼도 하고, 귀여운 자식새끼 낳아서 아이들 키우는 재미로 오손도손 살면 되는 것이다. 이런 재미마저도 다 버리라면 그게 죽으라는 말이지 살라는 말인가.

할 말은 또 있다. 부처님도 피가 도는 사람이라면 이런 것들을 빼고 또 무슨 특별한 인생이 있다는 말씀인가. 부처님은 도대체 어디서 태어난 분인가. 사람의 아들이 아니고 땅에서 솟구쳤는가, 하늘에서 떨어졌는가. 부처님도 어머니와 아버지의 사랑으로 태어나 사랑으로 길러진 분이 아닌가.

그러나 우리가 아무리 따지고 억지를 부리고, 심지어는 패악을 친다고 하더라도 부처님의 입장은 요지부동이다. 아무리 그것에 집착해 봐야 괴로움만 더할 뿐이라는 것이다. 이 경전을 읽으면서 떠오르는 화두는 이것이다.

지혜로운 사람과 어리석은 사람

 부처님이 라자가하의 죽림정사에 계실 때였다. 어느 날 부처님은 다음과 같은 비유를 들어 제자들을 가르쳤다.

"세상에는 네 종류의 좋은 말(馬)이 있다.

첫 번째로 좋은 말은 등에 안장을 올려놓으면 채찍의 그림자만 보아도 달리는 말이며, 두 번째로 좋은 말은 채찍으로 털끝을 조금 스치기만 해도 달리는 말이다. 세 번째로 좋은 말은 살갗에 채찍이 떨어져야 달리는 말이며, 네 번째로 좋은 말은 채찍으로 등을 얻어맞고 고삐를 잡아채야 달리는 말이다.

바른 법을 공부하는 사람에도 네 부류가 있다.

첫 번째로 지혜로운 사람은 누가 병들어 고통 받다가 죽었다는 말만 듣고도 생사를 두려워하여 바른 생각을 일으켜 열심히 공부한다. 이는 첫 번째 말과 같은 사람이다.

두 번째로 지혜로운 사람은 죽은 사람의 상여가 나가는 것만 보아도 생사를 두려워하여 바른 마음을 일으켜 열심히 공부한다. 이는 두 번째 말과 같은 사람이다.

세 번째로 지혜로운 사람은 친족이나 아는 사람이 병들어 신음하다 죽는 것을 옆에서 직접 보아야 두려운 마음을 일으켜 열심히 공부한다. 이는 세 번째 말과 같은 사람이다.

네 번째로 지혜로운 사람은 자신이 병들어 고통 받다가 죽을 때가 돼서야 생사를 두려워하는 마음을 내서 공부하기 시작한다. 이는 네 번째 말과 같은 사람이다."

잡아함 33권 922경 《편영경(鞭影經)》

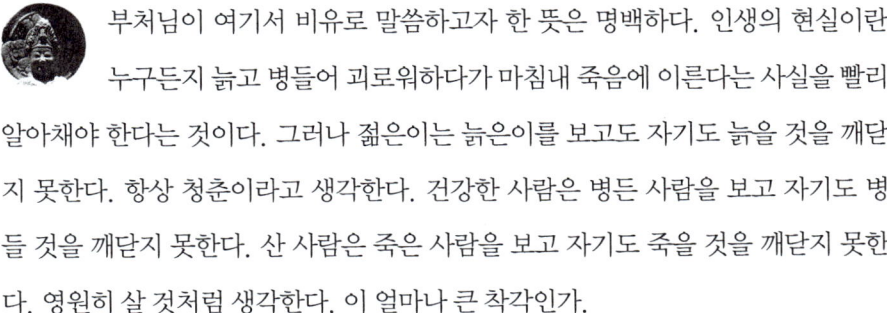부처님이 여기서 비유로 말씀하고자 한 뜻은 명백하다. 인생의 현실이란 누구든지 늙고 병들어 괴로워하다가 마침내 죽음에 이른다는 사실을 빨리 알아채야 한다는 것이다. 그러나 젊은이는 늙은이를 보고도 자기도 늙을 것을 깨닫지 못한다. 항상 청춘이라고 생각한다. 건강한 사람은 병든 사람을 보고 자기도 병들 것을 깨닫지 못한다. 산 사람은 죽은 사람을 보고 자기도 죽을 것을 깨닫지 못한다. 영원히 살 것처럼 생각한다. 이 얼마나 큰 착각인가.

부처님은 이러한 착각에서 깨어나 늙고 병들고 죽어가는 '현실을 직시하라'고 말한다. 왜 이처럼 비참한 현실을 직시하라고 강조하는가. 그래야 무엇인가 사는 방법이 달라지게 될 것이기 때문이다.

암에 걸린 사람이 최초로 자기가 죽을 병에 걸렸다는 사실을 알게 되면 누구도 그 사실을 인정하려고 하지 않는다고 한다. 혹시 오진일 수도 있다며 이 병원 저 병원을 찾아다니며 몇 차례의 확인을 하고 난 뒤에야 사실임을 인정한다. 자신이 암에 걸린 사실을 확인하게 되면 그 때부터는 엄청난 분노에 사로잡힌다고 한다. 왜 하필이면 내가 이 병에 걸려야 하는가에 대해 분노한다는 것이다. 그러다가 병이 점차 깊어지기 시작하면 공포에 사로잡힌다. 이제 내일 죽을지 모레 죽을지 모르는 상황이 되면 두려움에 잠을 이루지 못한다. 그러다가 죽음에 임박해지면 그 때는 비로소 체념을 한다는 것이다. 모든 것을 순리에 맡기고 될 수 있는 한 죽는 순간까지 편안하고 착한 모습을 가족에게 남기고자 한다는 것이다.

엄격히 따지면 사람은 언제 죽을지 몰라서 그렇지 누구나 시한부 인생을 사는 것이나 다름없다. 누구라도 영원히 사는 사람은 없다. 욕심으로야 영생을 꿈꾸지만 진시황의 불로초나 불사약이란 애시당초 존재하지 않는다. 이러한 현실을 냉정하게 자각하는 사람은 인생을 사는 방법이 달라질 수밖에 없다. 내일 나에게 죽음이 찾아오는데 오늘 욕심을 부리고 다투어 본들 그것이 무슨 소용이 있을 것인가.

　이렇게 말하면 갑자기 인생이 너무 허무해지는 것 같다. 차라리 언제 죽을지 몰라야 인생은 도전하고 개척할 맛이 나는 것이 아닌가. 그렇기는 하다. 그러나 그렇게 잊어버린다고 이 문제가 해결되는 것은 아니다. 그럼 도대체 어떻게 하라는 말인가. 부처님은 이때 뭐라고 근사하게 '한 말씀' 하실 것이다. 하지만 근사한 한 말씀이 없는 우리 중생은 '그저 죽을 때까지 착하게 살아야 하지 않을까'가 고작이다. 그래야 남아있는 가족이나 친구들에게 나쁜 인상을 남기지 않게 될 테니까 말이다.

존중하고 의지할 대상

부처님이 '최고의 완전하고 훌륭한 깨달음'을 얻은 지 얼마 되지 않았을 때의 일이다. 네란자라 강기슭 보리수 아래에 앉아 명상을 하던 부처님은 문득 이런 생각을 했다.

'이 세상에서 참으로 존경하고 의지할 만한 사람이 없다는 것은 괴롭고 힘든 일이다. 나는 나보다 훌륭한 사람을 의지하고 공경하며 살고 싶다. 그러나 이 세상에서 나보다 훌륭하게 계(戒)를 성취한 사람, 정(定)을 성취한 사람, 혜(慧)를 성취한 사람을 만날 수 없다. 그렇다면 나는 앞으로 누구를 존경하며 의지해서 살아야 하는가……'

이때 범천(梵天)이 나타나 이렇게 말했다.

"부처님, 과거의 정등각자도 법을 존중하며 의지하고 살았습니다. 또한 미래의 정등각자도 법을 존중하며 의지해 살아갈 것입니다. 그러하오니 현재의 정등각자인 부처님도 법을 의지하고 존중하며 살아야 할 것입니다. 이것이 자기의 이익을 버리고 중생들의 근심과 번뇌를 없애는 분들이 의지하고 존중하며 살아가는 방법입니다. 그러므로 부처님께서도 그렇게 사셔야 할 것입니다."

잡아함 44권 1188경 《존중경(尊重經)》

보리수 아래서 정각을 이룬 부처님의 심리상태는 어떤 것이었을까. 이에 대해 이 경전은 부처님은 또 다른 탄식을 하고 있는 것으로 묘사하고 있다. 즉 이제는 누구에게도 물어볼 수 없고 의지할 수도 없고 존경할 수도 없는 처지가 되었다는 것이다. 부처님의 이같은 탄식은 어떻게 보면 허탈일수도 있고 어떤 학자의 말대로 '정각자의 고독'이라고 할 수도 있다. 그것은 중생의 입장에서 충분히 이해가 가는 부분이다. 누군가 의지하고 가르침을 받을 수 없을 때 인간은 얼마나 고독하고 쓸쓸할 것인가.

이때 경전 편찬자들은 부처님의 심리상태의 변화과정을 묘사하기 위한 수단으로 범천을 등장시킨다. 이제 자신이 의지하고 존중할 대상은 진리밖에 없다는 것을 깨닫게 하는 것이다. 갈등상태를 나타낼 때 악마를 등장시키는 것과 같은 방법이다. 하여튼 이때 부처님이 한 가지 확실하게 깨달은 것은 앞으로 자신이 존중하고 의지할 대상은 진리(法)밖에 없다는 것이다. 어찌 부처님이겠는가. 부처님을 따르는 불자로 궁극적으로 의지하고 존중할 만한 것은 역시 진리밖에 없다. 이것이 진리를 배우고 따르는 사람들의 태도이다.

경우는 다르지만 세상 사람들도 여기서 한 가지 배워야 할 것이 있다. 어떤 일을 할 때 의지하고 존중할 것은 역시 법(法), 즉 원칙이라는 것이다. 업무를 처리할 때 상사의 눈치나 살피고 청탁에 의지하다 보면 부정과 비리가 싹튼다. 한때 높은 자리에 있다가 줄줄이 쇠고랑차고 감옥으로 끌려가는 사람들을 보면 존중하고 의지할 대상을 원칙이나 조례에서 구하지 않고 사람의 청탁에 의지했기 때문이다.

이런 점에서 보면 선진국 관료들은 매우 본 받을 만하다.

그들은 직무 수행에 있어서 원칙과 부여된 권한에 대체로 철저한 편이다. 장관이나 국회의원이 시켜도 안 되는 것은 안 되는 것이다. 대출 심사에서도 결격사유가 드러나면 어떤 압력을 행사해도 요지부동이다. 그러나 우리는 원칙보다 권력과 청탁에 약하다.

어떻게 보면 이런 태도는 비인간적이고 냉정하다는 느낌마저 있다. 하지만 사람이나 권위 또는 현세적 이익을 따르고 존중하다보면 실망하기도 쉽고, 함께 공멸하는 수가 생길수도 있다. 인간을 속이지 않고 배반하지 않는 것은 오직 진리뿐이다. 이 경은 이 냉정한 진실을 가르쳐 주고 있다.

나무는 기운 쪽으로 넘어진다

 부처님이 고향인 카필라바스투의 니그로다 동산에 계실 때의 일이다. 어느 날 마하나마가 찾아와 부처님께 여쭈었다.

"부처님, 이 카필라바스투는 안온하고 풍족하여 많은 사람이 살고 있습니다. 그러나 미친 사람과 그릇된 생각을 가진 사람도 적지 않습니다. 이들과 함께 살아가다가 보면 삼보를 잊어버리지 않을까 염려됩니다. 또 이러다가 내가 죽게 되면 악도에 태어나지는 않을까 두렵기도 합니다."

부처님은 비유를 들어 마하나마에게 말했다.

"저기 언덕에 큰 나무가 한 그루 있다고 하자. 그 나무는 평소에 한쪽으로 기울어져 있었다. 누가 그 나무의 밑동을 베면 나무는 어디로 넘어지겠는가?"

"그야 기운 쪽으로 넘어지겠지요."

"마하나마야, 너도 그와 같을 것이다.

결코 나쁜 곳에 나지 않을 것이요, 끝끝내 나쁜 일이 없을 것이다. 왜냐하면 너는 오랫동안 삼보에 귀의해 몸과 마음을 닦아 익혔기 때문이다.

네가 목숨을 마친 뒤 비록 몸은 불에 사라지거나 땅에 묻히거나 바람에 내버려지더라도 마음은 오랫동안 바른 믿음의 햇살을 쪼이고 있었다.

또한 계율을 지키고 보시를 행하고 많은 법문을 듣고 지혜의 햇살을 쪼이었으므로 미래에도 반드시 좋은 곳에 나게 될 것이다."

잡아함 33권 930경 《자공경(自恐經)》

사람은 누구나 자신의 미래에 대해 기대와 불안을 함께 가지고 산다. 아무리 잘 나가는 사람이라도 막연한 불안은 있게 마련이고, 아무리 현실이 절망적이라도 한가닥 희망 섞인 기대를 하지 않는 사람은 없다. 이 경전에 등장하는 마하나마도 미래에 대한 불안과 걱정이 있었던 모양이다. 이에 대해 부처님은 '기울어진 나무'를 비유로 들어 그를 안심시키고 있다. 즉 평소에 삼보를 공경하고 많은 선업을 지었으므로 반드시 좋은 곳에 태어난다는 것이다.

그러나 그가 평소에 선업을 지었으니 망정이지 악업을 지었다면 어떤 결론이 나올까. 보나마나 악도에 떨어질 것이다. 이것이 기울어진 나무의 운명이다. 미래는 지금 어떻게 하느냐에 의해 결정되기 때문이다.

우리는 미래를 너무 걱정할 필요가 없다. 지금부터 내가 원하는 방향으로 기울어지는 행위만 하면 된다. 그것이 희망의 방향이든, 절망의 방향이든 간에.

제4부

성자가
걸어가는 길

늙음과 죽음이 무너져 내릴 때

 부처님이 사밧티의 기원정사에 계실 때의 일이다. 어느 날 오랜만에 파세나디 왕이 부처님을 찾아왔다.

"오랜만입니다. 그 동안 어떻게 지냈습니까?"

"그 동안 국사를 처리하느라고 바빴습니다. 넓은 국토를 다스리자면 나라의 구석구석을 관찰하고 잘잘못을 가리고 대책을 세우는 등 여러 가지 할 일이 많습니다."

"그렇다면 대왕에게 한 가지 물어볼 것이 있습니다. 어느 날 대왕의 신하가 찾아와 '대왕이여, 저는 지금 동쪽 변방에서 왔는데 그곳에는 태산과 같은 큰 바위가 무너져 모든 생명을 유린하고 있습니다. 어서 대책을 마련해 주소서.' 라고 아뢰었다고 합시다. 그런데 또 한 신하가 서쪽에서 달려와 같은 상황을 아뢰고, 남쪽과 북쪽에서도 같은 보고가 들어왔다고 합시다. 만약 이와 같은 일을 당한다면 대왕은 어떻게 하겠습니까?"

"부처님, 제가 아무리 왕이라 하더라도 그와 같은 일을 당해서 무슨 할 일이 있겠습니까? 다만 선업을 쌓고 공덕을 지으며 부처님의 법을 따를 뿐이겠지요."

"그러면 한 가지 더 묻겠습니다. 지금 늙음과 죽음이 바위산이 무너져 내리듯 사방에서 대왕에게 쳐들어오고 있습니다. 무슨 대책이 있습니까?"

"부처님, 비록 제가 왕이기는 하나 늙음과 죽음이 쳐들어오는데 무슨 도리가 있겠습니까? 제게는 강력한 군대가 있지만 큰 바위산이 무너져 내리듯 밀려오는 늙음과 죽음을 어떻게 막아내겠습니까? 제게는 주문을 잘 외우는 신하가 있습니다만 그 주문으로 큰 바위산이 무너져 내리듯 밀려오는 늙음과 죽음을 물리칠 수는 없습니다. 그러므로 이때 제가 할 일은 오직 부처님의 가르침에 따라 행하고 선업을 쌓아 공덕을 짓는 것뿐입니다."

부처님은 대왕의 답변을 듣고 다시 말했다.

"실로 그렇습니다. 지금 대왕에게는 사방에서 돌산이 무너져 내리듯 늙음과 죽음이 닥쳐오고 있습니다. 대왕께서 지금 할 일은 오직 법에 따라 행하고 선업을 지어 공덕을 쌓는 것뿐입니다."

잡아함 42권 1147경 《석산경(石山經)》

 부처님과 파세나디 왕의 대화 주제는 '지구 종말의 날에 무엇을 할 것인가?'라는 것이다. 사방에서 바위산이 무너지고 모든 생명을 다 유린하는 상황이 됐을 때 그래도 왕으로서 권위와 체통을 지키고 나라의 구석구석을 돌며 이런저런 일을 참견할 수 있겠느냐는 것이다. 이 질문에 대한 왕의 대답은 매우 솔직하다. 그런 상황이라면 내가 할 수 있는 것은 아무 것도 없다. 그저 착하게 선업이나 쌓고 부처님 가르침대로 마음을 다스리기에 최선을 다할 뿐이라는 것이다.

사실 우리는 매일같이 종말의 순간을 맞이하고 있다. 방정맞은 생각이지만 오늘 출근하다가 어떤 변을 당할지, 내일 어떤 일이 있을지 아무도 모른다. 늙음과 죽음이란 거대한 석산이 무너져 내리듯 우리에게 시시각각 닥치고 있다. 그 때 무엇을 하겠는가?

스피노자는 이런 멋진 말을 했다.

"내일 지구의 종말이 오더라도 나는 오늘 한 그루의 사과나무를 심겠다."

또 중국의 운문선사는 이런 말을 했다.

"날마다 좋은 날이로다.(日日是好日)"

스피노자의 말은 절망의 상황에서도 희망을 포기하지 않으려는 희망의 철학이 들어 있다. 운문선사의 말에는 어떤 경우에도 당황하지 않는 선승다운 여유가 있다. 이에 비해 파세나디 왕의 대답은 어딘가 모르게 절망적이고 체념적인 것 같다. 부처님은 그런 왕에게 '당신의 말이 맞다' 고 말한다. 왜 그랬을까. 파세나디 왕에게는 불자다운 진실함이 있기 때문이다.

물론 이 경의 주제는 지구 종말을 놓고 재치문답을 하자는 것이 아니다. 각자에게 닥치는 엄숙한 현실을 주의 깊게 살피라는 뜻이다. 늙음과 죽음이 바위산이 무너지듯 닥칠 때 우리는 어떻게 해야 하는가. 이것은 하나의 가정이 아니다. 냉엄한 현실이다. 그러므로 우리는 평소부터 이 일에 대비해 두는 것이 좋다. 마지막까지 선업을 쌓고 부처님 가르침대로 살기를 주저하지 말아야 한다. 부처님이 이끌어내고자 했던 대답도 바로 이것이었을 것이다.

성자와 범부의 차이

 부처님이 라자가하의 죽림정사에 계실 때의 일이다. 어느 날 부처님은 다음과 같은 문제를 제자들에게 물었다.

"어리석고 무식한 중생은 감각기관으로 어떤 대상을 접촉하면 괴롭다는 느낌, 즐겁다는 느낌, 괴롭지도 않고 즐겁지도 않다는 느낌을 갖는다. 지혜롭고 많이 아는 거룩한 성자도 감각기관으로 어떤 대상을 접촉하면 그와 같은 느낌을 갖는다. 그렇다면 어리석은 중생과 지혜로운 성자와의 차이는 무엇이겠는가?"

제자들은 대답 대신 이렇게 사뢰었다.

"부처님께서는 법의 근본이시며, 법의 눈이시며, 법의 의지처이십니다. 오직 원하옵나니 저희들을 위해 가르쳐 주십시오."

"어리석고 무식한 중생은 감각기관으로 어떤 대상을 접촉하면 괴롭고, 즐겁고, 괴롭지도 않고 즐겁지도 않다는 느낌을 갖는다. 그런 뒤 이들은 곧 근심하고 슬퍼하고 눈물을 흘리며 울고 원망하고 울부짖느니라. 이는 즐겁거나 괴롭거나 즐겁지도 괴롭지도 않다는 느낌에 집착하고 얽매이기 때문이니, 비유하면 어떤 사람이 첫 번째 화살을 맞은 뒤에 다시 두 번째 화살을 맞는 것과 같으니라.

그러나 지혜롭고 거룩한 성자는 감각기관으로 어떤 대상을 접촉하더라도 근심과 슬픔과 원망과 울부짖음과 같은 증세를 일으키지 않는다. 그때는 몸의 느낌만 생길 뿐 생각의 느낌은 생기지 않는다. 이는 즐겁거나 괴롭거나 즐겁지도 괴롭지도 않거나 하는 느낌에 집착하지 않고 얽매이지 않기 때문이니, 비유하면 어떤 사람이 첫 번째 화살을 맞았으나 두 번째 화살은 맞지 않는 것과 같으니라."

잡아함 17권 470경《전경(箭經)》

성자와 범부의 차이는 무엇인가. 부처님과 중생의 차이는 무엇인가. 겉으로 보기에는 아무런 차이가 없어 보인다. 부처님이나 아라한이나 고승대덕도 배고프면 밥을 먹고, 졸리면 잠을 자야 한다. 부처님도 만년에 대장장이 춘다가 올린 음식을 드시고 식중독에 걸려 고생하시다가 열반에 들었다. 언젠가는 등창이 걸려 고생한 적도 있다. 제자들 가운데는 요즘 의학상식으로 보면 난치병에 걸려 고생하다가 죽은 사람도 적지 않다. 특히 열악한 자연환경과 조악한 식사는 영양실조를 부채질했을 가능성이 높다.

요즘도 마찬가지다. 스님들도 가끔은 아프고, 가끔은 한가하게 휴식을 즐기기도 하는 모습을 볼 수 있다. 그렇다면 도대체 범부중생과 무엇이 다르다는 말인가. 수도를 했다면서 어떤 차이가 있다는 것인가. 바로 이 같은 의문에 확실한 대답을 주는 것이 이 경전이다.

이 경의 내용을 간단하게 부연하면 이렇다. 아무리 성자라 하더라도 밥을 먹지 않았다거나 매를 맞았다면 배가 고프거나 아픈 것은 범부와 동일하다. 이를 외부적 자극이라 한다면 형태는 대략 세 가지로 구분할 수 있다. 괴로운 느낌(苦受), 즐거운 느낌(樂受), 괴롭지도 즐겁지도 않은 느낌(不苦不樂受)이 그것이다. 그러나 성자는 이러한 자극이나 느낌으로 인해 탐욕을 일으키거나 분노를 일으키거나 슬픔과 원망을 일으키는 일이 없다는 것이다. 그러나 범부는 이로 인해 슬픔과 원망과 탐욕이 일어나고 나아가서는 그러한 감정에 다른 행동을 하게 된다. 비유하면 첫 번째 화살은 누구나 맞는 것이지만 성자는 두 번째 화살을 맞지 않는다. 이에 비해 범부는 두 번째, 세 번째 화살을 계속 맞는다. 이것이 성자와 범부의 차이다.

정리하면 이렇다. 만약 성자가 폭행을 당했다면 성자도 피를 흘리고 고통을 느낀다. 그러나 성자는 범부와는 달리 이로 인해 분노나 원망의 마음을 일으키지 않는다. 어떻게 이런 일이 가능한가. 성자는 수행을 통해서 마음의 평화를 얻었기 때문이다. 이 평화로운 마음상태가 곧 열반이다. 분노와 원망과 같은 마음의 동요가 없는 사람은 이로 인해 나쁜 행위를 하지 않게 된다. 따라서 다시는 그 행위의 결과인 윤회를 하지 않고 해탈을 얻게 된다. 불교의 수행은 바로 이러한 상태가 되기 위해 하는 것이다. 이것이 성자들의 몸가짐이다. 설사 성자가 못 되더라도 두 번째 화살을 맞고 몸부림치는 것은 교양인의 몸가짐이 아니다. 교양인이 되기 위해서라도 성자의 마음새를 닮아 볼 일이다.

깨달음에는 남녀가 없다

부처님이 사밧티의 기원정사에 계실 때의 일이다. 그 무렵 소마 비구니는 기원정사에서 가까운 곳에 있는 비구니 처소에서 수행을 하고 있었다. 어느 날 명상에 잠겨 있는 그녀에게 젊은이로 변신한 마왕이 찾아와 말을 걸었다.

"그대는 수행을 하여 무엇을 얻고자 하는가?"

"번뇌를 멀리 떠나 위없는 성스러운 경지에 오르고자 한다."

"성인의 경지는 도달하기가 매우 어려운 곳이다. 여자의 몸으로는 능히 그곳으로 가기가 어려울 것이다."

이에 소마 비구니는 게송으로 대답했다.

마음이 삼매에 들어가는데
여자의 몸이 무슨 관계가 있겠는가.
누구라도 지혜를 얻게 되면
위없는 법을 얻을 수 있느니라.

만약 남녀라는 분별심을
한꺼번에 버리지 못하면
그것은 곧 악마의 생각이니

너는 마땅히 이것을 알아야 한다.

일체의 괴로움을 여의고
일체의 두려움을 버리고
모든 애착이 사라짐을 증득하면
모든 번뇌가 다하여 열반을 이루느니라.

마왕은 더 이상의 유혹이 소용없음을 알고 물러갔다.

잡아함 45권 1199경 《소마경(蘇摩經)》

 불교교단에서 최초의 여성 출가자는 부처님의 이모인 마하파자파티와 아내였던 야소다라 등 석가족 출신의 여성들이었다. 처음에 이들이 출가하겠다고 하자 부처님은 이를 반대했다. 여성들이 감당하기에 출가 생활은 너무나 힘들었기 때문이었다.

그러나 이들의 출가 의지는 매우 확고했다. 이를 보다 못한 아난다가 부처님께 '여성은 성불할 수 없느냐?'고 물었다. 물론 부처님은 '그렇지 않다'고 대답했다. '그렇다면 출가를 허락하지 않는 이유가 무엇이냐'고 따졌다. 부처님은 할 수 없이 여성의 출가를 허락했다. 이렇게 하여 불교는 세계종교사상 유례가 없는, 남성과 동등한 자격을 갖는 여성 출가자를 갖게 되었다.

하지만 여성은 남성보다 애착이 많고, 생리적 구조도 차이가 있으므로 이것을 뛰어 넘기가 결코 쉽지 않았다. 마왕이 자주 비구니 앞에 나타나 유혹의 말을 하는 것은 이런 사정을 반영한 것으로 보인다. 이 경에서도 마왕이 등장해 여자의 몸으로 깨달음을 얻고 열반에 이를 수 있을 것인가를 갈등하는 소마 비구니의 심리상태를 묘사하고 있다.

소마 비구니의 결론은 물론 여자도 지혜를 얻고 위없는 경지를 증득할 수 있다는 것이다. 진리 앞에서는 남녀의 차별이 있을 수 없기 때문이다. 불교의 이러한 평등사상은 현대적 안목으로 보면 매우 당연하게 여겨지는 것이지만 신분차별이 엄격했던 고대사회에서는 매우 획기적인 것이었다.

인도는 요즘도 엄격한 카스트제도가 남아있는 신분사회다. 이를 혁파할 사상은 불교에서밖에 따로 구할 데가 없다. 그래서 현대인도의 개혁운동가들은 '불교 사상만이 인도사회의 고질적인 신분차별주의를 해결할 수 있다'고 말한다. 법무장관을 지낸 암베드카르, 전설적인 여자 산적두목 폴란데비 등이 불교로 개종한 것도 다 이런 까닭이 있다.

불교를 공부하는 이유

 부처님이 코삼비의 코시타 동산에 계실 때의 일이다. 하루는 부처님을 시봉하는 아난다에게 한 외도가 찾아와 이런 것을 물었다.

"당신들은 무엇 때문에 집을 나와 부처님 밑에서 수행을 하는지요?"

외도의 질문은 불교수행의 이유와 목적을 묻는 것이었다. 이에 대해 아난다는 이렇게 대답했다.

"탐욕과 성냄과 어리석음을 끊기 위해서지요."

"탐진치(貪瞋癡) 삼독(三毒)에 무슨 허물이 있기에 끊어야 한다고 말하는지요?"

"탐욕에 집착하면 마음이 캄캄해져 자기와 남을 해치게 됩니다. 그러면 현세에서도 죄를 받고 후세에서도 죄를 받기 때문이지요. 분노와 어리석음에 집착해도 또한 그와 같지요. 탐진치 삼독에 집착하게 되면 그 순간 사람은 장님이 됩니다. 지혜가 없고 판단이 흐려집니다. 그것은 옳은 것이 아니요, 밝은 것도 아니며, 열반에 이르는 것을 방해할 뿐입니다. 그래서 삼독을 끊어야 한다고 말하는 것입니다."

"그렇다면 삼독을 끊으면 어떤 이익과 공덕이 있는지요?"

"삼독을 끊으면 자기도 해치지 않고 남도 해치지 않으며, 현세에서도 죄를 받지 않고 후세에서도 죄를 받지 않게 됩니다. 마음이 언제나 기쁘고 즐거우면 번뇌를 떠나 현세에서 깨달음을 얻게 됩니다." "그러면 어떻게 해야 삼독을 끊을 수 있는지요?"

"부처님이 가르친 성스런 여덟 가지 바른 수행(八正道)을 실천하면 됩니다"

아난다의 자상한 설명을 들은 그는 기쁜 얼굴로 돌아갔다.

잡아함 35권 973경 《전타경(旃陀經)》

 이 경에서 아난다는 우리가 왜 불교를 공부해야 하는지를 간단하고 명료하게 설명하고 있다. 즉 불교수행의 목적은 오로지 탐진치 삼독을 극복하는데 있으며 그 방법으로는 팔정도를 수행해야 한다는 것이다.

불교에서 탐진치를 세 가지의 독소(三毒)라고 하는 것은 이유가 있다. 코브라와 같은 독사가 많은 인도에서는 이들 독뱀에 한번 물리면 치명적이다. 실제로 부처님 제자 가운데는 독뱀에 물려 죽은 사람들도 없지 않았다. 탐진치를 세 가지 독이라고 하는 것은 그것이 마치 독뱀의 독과 같아서 한번 물리게 되면 치명적인 손상을 입는다는 뜻이다. 탐욕은 마치 풍선처럼 끝이 없어서 마침내 터질 때가지 계속된다. 분노 역시 한번 불붙기 시작하면 어떤 끔찍한 결과를 보고서야 멈춘다. 어리석음 또한 마찬가지다. 과속은 금물인 줄 알지만 저 죽을 줄 모르고 달리다가 사고를 내고야 멈춘다. 그러나 이 때는 이미 모든 것이 끝난 다음이어서 후회해도 소용이 없다.

세상살이란 탐진치를 아주 없애버리면 살기 힘들다고 말하는 사람이 있다. 나만 착하고 부드러우면 손해를 본다는 것이다. 그러나 삼독에 가려 장님이 되다 보면 끝내는 온갖 잘못을 저지르게 된다. 이는 결과적으로 자기와 남을 해치고 현세와 내세에서 죄를 받게 할 뿐이다. 불교를 공부하는 것은 이러한 어리석음에서부터 벗어나기 위해서다. 불교공부의 시작과 끝은 바로 여기에 있다. 이것이 참다운 불자의 길이다. 더 이상 장황한 설명은 군소리다. 그런데 가끔 주변을 살펴보면 말만 앞세우고 행동이 따르지 못하는 사람이 참 많다. 안타까운 일이다.

이 경전과 똑같은 내용의 문답은 잡아함 28권 《단탐경(斷貪經)》에도 나온다.

중생이 중생일 수밖에 없는 까닭

 부처님이 마구라 산에 계실 때의 일이다. 어느 날 시자인 라다 비구가 평소에 궁금해 하던 문제 한 가지를 여쭈었다.

"부처님. 이른바 중생이란 어떤 것을 말하는 것입니까."

이 당돌한 질문은 요컨대 중생을 왜 중생이라 하는가, 중생이 중생인 이유는 무엇인가 하는 것이었다. 이에 대한 부처님의 답변은 다음과 같았다.

"라다여. 나는 물질(色)에 집착하고 얽매이는 사람, 또한 어떤 대상을 느끼고(受) 생각하고(想) 행위하고(行) 의식(識)하는데 집착하고 얽매이는 사람을 중생이라 한다. 라다여. 나는 평소 너희들에게 오온에 의해 생기는 경계를 무너뜨리고 없애버려야 한다고 가르쳐 왔다. 그래서 애욕을 끊고 애욕을 끊으면 괴로움이 다할 것이며, 괴로움이 다하면 '괴로움의 끝을 본 사람(해탈한 사람)'이라고 말해 왔다. 그것은 비유하면 이렇다.

어떤 어린아이들이 흙으로 성을 쌓거나 집을 지어놓고 거기에 집착하면 사랑이 끝이 없고 욕망이 끝이 없으며 생각이 끝이 없으며 안타까움이 끝이 없게 된다. 그리하여 아이들은 '이 성과 집은 내 것'이라고 말한다. 그러나 어느 순간 그것이 한갓 흙무더기인 줄 알게 되면 그것을 발로 차고 허물어 버리면서도 안타까워하거나 슬퍼하지 않는다.

"라다여. 이와 같이 중생도 물질에 대한 집착을 흩어버리고 무너뜨리고 없애버리면 사랑이 다할 것이고 사랑이 다하면 괴로움도 다하고 괴로움이 다하면 괴로움의 끝을 보게 될 것이다. 그러면 그는 중생이란 허물도 벗게 되는 것이다."

잡아함 제6권 122경 《중생경(衆生經)》

모든 존재하는 것들의 현상은	(一切有爲法)
꿈, 환상, 물거품, 그림자와 같고	(如夢幻泡影)
또한 아침이슬, 번갯불과 같으니	(如露亦如電)
마땅히 이와 같이 관찰해야 한다.	(應作如是觀)

위의 게송은 《금강경(金剛經)》이라는 대승경전에 나오는 유명한 게송이다. 생각해 보면 우리가 바라보고 인식하는 모든 대상과 우주까지도 꿈과 같고, 환상, 물거품, 그림자, 아침 이슬, 번갯불과 같지 않은 것이 없다. 생명이 있는 것은 모두 태어나서 늙고 병들고 죽어간다. 이를 생로병사(生老病死)의 과정이라 한다. 생명이 없는 무정물도 가만히 살펴보면 생겨나서 잠시 있다가 변해서 소멸한다. 이를 생주이멸(生住移滅)의 과정이라 한다. 우주도 이루어지면 잠시 머물다가 곧 무너지기 시작해 끝내는 아무것도 없이 소멸한다. 이를 성주괴공(成住壞空)의 과정이라 한다.

이렇게 보면 존재하는 모든 것은 모두 잠시 있는 것이다. 아침 이슬이 아무리 영롱해도 햇살이 나면 금방 떨어지는 것과 같다. 꿈이 아무리 아름다워도 깨고 나면 그만이듯이 모든 것은 허망하기 그지없다. 이것이 가감 없는 냉정한 인생의 현실이다. 그리고 우리는 이 꿈 같은 현실에서 모래성이나 다름없는 어떤 대상에 집착하여 살아가고 있다. 집착하므로 사랑에 빠지고 그리하여 마침내 괴로움을 만들어가며 살아간다.

부처님의 설명은 명쾌하다. 중생이 중생인 이유는 바로 이 거짓투성이의 현실을 바로 보지 못하고 집착을 하기 때문이라는 것이다. 그러므로 부처님은 앞의 게송 끝 구절처럼 '현실을 바로 보라'고 강조한다. 그리고 쓸데없는 집착을 없애버리라고 가르친다. 그렇게 하면 중생이라는 부끄러운 이름을 벗어던질 수 있다는 것이다.

지금 어떤 괴로움에 빠진 사람이 있다면 당장 부처님 말씀처럼 해보면 이 말이 진짜인지 거짓말인지 알 수 있을 것이다.

목욕을 한들 죄가 씻어지랴

부처님이 코살라 국의 순타리카 강가에 있는 조촐한 명상의 숲에 계실 때의 일이다. 어느 날 이 강가에 사는 한 바라문이 부처님을 찾아왔다. 이 무렵 부처님은 깨달음을 얻은 지 오래 되지 않은 터여서 외도들은 부처님이 아직 누구인지 제대로 모르고 있었다. 그 바라문은 젊은 수행자의 모습을 한 부처님에게 자기와 함께 순타리카 강에 들어가 목욕을 하자고 권했다. 부처님은 집짓 모른 척하면서 왜 강물에서 목욕을 해야 하는지, 그리고 그 성스러운 강에서 목욕을 하면 무슨 좋은 일이 있는지를 물었다.

"사문이여, 순타리카 강은 구원의 강이요, 깨끗한 강이며, 상서로운 강입니다. 만약 누구나 여기서 목욕을 하면 모든 죄업이 다 사라지게 될 것입니다."

그러자 부처님은 그에게 이렇게 말해 주었다.

"순타리카 강이나 바후카 강이나 강가 강이나 사라사티 강이나 어떤 강물도 사람의 죄업을 깨끗하게 할 수는 없다. 만약 그 강물에 목욕을 해서 죄업이 사라진다면 그 강물 속에 사는 물고기는 죄업이 하나도 없다고 해야 할 것이다. 그러나 어찌 사람이 물고기보다 못하다고 할 수 있을 것인가.

죄업을 깨끗이 하고 싶으면 오로지 청정한 범행(梵行)을 닦는 것이 옳다. 즉 생명을 함부로 해치지 말 것이며, 남의 물건을 훔치지 말 것이며, 남의 아내를 탐하지 말 것이며, 남을 속이지 말아야 한다.

이러한 사람은 우물물에 목욕을 해도 깨끗할 터이므로 굳이 갠지스 강에 들어가 목욕할 이유가 없다. 그러나 범행을 닦지 않는 사람은 아무리 자주 갠지스 강에 들어가서 목욕을 한다고 하더라도 그 죄업을 깨끗하게 할 수는 없다."

잡아함 44권 1158경 《손타리경(孫陀利經)》

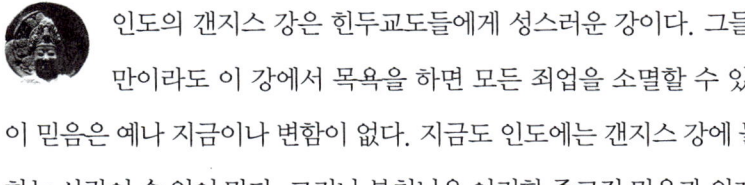인도의 갠지스 강은 힌두교도들에게 성스러운 강이다. 그들은 평생 한번만이라도 이 강에서 목욕을 하면 모든 죄업을 소멸할 수 있다고 믿는다. 이 믿음은 예나 지금이나 변함이 없다. 지금도 인도에는 갠지스 강에 들어가 목욕을 하는 사람이 수 없이 많다. 그러나 부처님은 이러한 종교적 믿음과 의례에 대해 매우 비판적이었다. 인간의 죄업을 강물에서 씻으려 하는 것은 합리적 이성을 바탕으로 하는 종교에서는 용납할 수 없는 행위라는 것이다.

물론 모든 종교의식이 무의미하다고는 할 수 없다. 종교의식이란, 그 경건성으로 인해 인간의 정신을 정화하는 효과가 있다. 특히 불교의 수행자들이 조석(朝夕)으로 행하는 예불이나 보름마다 행하는 포살 등은 참여 자체만으로도 마음이 경건해지고 정신이 정화되는 기분이다. 그러나 이런 의식에 참여해도 마음은 콩 밭에 가 있고 입으로만 염불을 한다면 무의미하기 짝이 없다. 또 한 가지는 인간의 길흉화복을 종교의식으로 해결하려는 발상이다. 악업을 지으면서도 만복을 받을 수 있다는 생각은 어리석음의 극치이다. 부처님이 이 경에서 강조하고자 하는 것은 종교의식은 형식이 아니라 내용이라는 점이다. 아무리 화려하고 중요한 의식이라도 내용이 따르지 않는 것은 진정한 종교행위가 될 수 없다는 것이다. 이는 모든 종교의식에 적용된다.

종교적 실천이 따르지 않은 의식은 한낱 형식에 불과하다는 것이 부처님의 지적이다. 따끔한 경책으로 받아들여야 할 것이다.

이성에 대한 욕망을 억제하는 법

 부처님이 코삼비의 코시타 동산에 계실 때의 일이다. 하루는 밧지 국의 우데나(優陀延那) 왕이 핀돌라 존자를 찾아와 이런 것을 물었다.

"제가 뵙기에는 존자님은 아직 젊고 출가한 지도 얼마 되지 않은 것 같은데 얼굴이 해맑고 마음도 편안해 보입니다. 젊은 사람은 이성에 대한 욕망이 불꽃 같은데 어떻게 들짐승과 같은 마음을 순일하게 할 수 있습니까?"

"부처님께서는 항상 이렇게 가르치십니다. '너희들은 늙은 여인을 보거든 어머니라고 생각하고, 중년의 여인을 보거든 누이나 동생으로 생각하고, 어린 처녀를 보거든 딸이라고 생각해라.' 이렇게 하면 들짐승 같은 마음을 조복 받아 순일하게 할 수 있습니다."

"그것도 좋은 방법이지만 그래도 이성을 보면 사모하는 마음이 일어나 탐욕이 불붙을 수 있습니다. 더 좋은 방법은 없습니까?"

"다시 부처님은 이렇게 가르치십니다. '이 몸이란 머리끝에서 발끝까지 뼈를 줄기로 해서 살을 바르고 엷은 가죽으로 덮었다. 그 속에는 똥, 오줌, 가래, 고름과 같은 갖가지 더러운 것이 가득 차 있다고 생각하라.' 이렇게 하면 들짐승 같은 욕망이 사라지고 마음이 편안해집니다."

"그러나 존자님, 사람의 마음은 간사해서 그래도 이성을 보면 아름답고 깨끗하다는 마음이 일어납니다. 더 좋은 방법은 없는지요?"

"그때 부처님은 이렇게 하라고 가르치십니다. '모든 감각기관의 문을 굳게 지키고 그 마음을 잘 붙잡아 매어야 한다. 예를 들어 눈이 어떤 대상을 보았다면 거기에 집착하지 말라. 대상에 집착하면 탐욕이 생기게 되니라. 그러므로 항상 눈의 빛깔, 귀의 소리, 코의 향기, 혀의 맛, 몸의 촉감, 생각의 분별을 단속해야 욕망의 유혹에서 벗어날 수 있느니라.' 이 가르침대로 하면 들짐승 같은 마음이 사라지고 얼굴이 편안해집니다."

설명을 들은 왕은 매우 기뻐하면서 돌아갔다.

잡아함 43권 1165경《빈두라경(賓頭羅經)》

이성에 대한 욕망은 인간의 본능이다. 이 본능적 욕구는 무조건 억제한다고 없어지는 것이 아니다. 마치 강물이 범람하면 넘치듯이 욕망도 억제만 하면 언젠가는 넘치고 만다. 사정이 이런데도 수행자들은 이를 절제하면서 혼자서 살고 있다. 속인의 입장에서는 수행자들이 어떻게 이성에 대한 욕망을 억제하면서 사는지 궁금하지 않을 수 없다. 차마 이런 것을 물어보기가 민망해서 그렇지 요즘 사람들도 이 점이 궁금하기는 마찬가지일 것이다. 우데나 왕은 좀 짓궂지만 솔직하게 이 점을 물어보았다.

이에 대한 핀돌라 존자의 대답도 매우 솔직하다. 수행자에게도 이성에 대한 욕망은 있지만 적절한 방법으로 극복하고 있다는 것이다. 그 방법이란 세 가지다.

첫 번째 단계는 도덕적 훈련을 한다는 것이다. 즉 이성을 볼 때 어린 여성은 누이동생이라 생각하고 나이든 여성은 누님이나 어머니로 생각한다는 것이다. 아무리 욕망의 불꽃이 거세다 한들 자식이나 누이동생을 범할 수는 없는 일이다. 이렇게 하면 최소한의 도덕적 한계선을 무너뜨리지 않을 수 있다.

두 번째 단계는 욕망의 허망함에 대해 깨닫는 명상을 하라는 것이다. 아무리 예쁜 미녀도 사실은 똥주머니에 불과하다. 미녀도 죽으면 백골이다. 똥주머니나 백골을 안고 논다는 생각을 한다면 욕망은 반감될 것이란 얘기다.

세 번째 단계는 감각기관의 문을 단속할 줄 아는 것이다. 이는 매우 전문적인 훈련을 받은 사람이나 가능한 단계다. 이 단계에 이르면 모든 욕망의 대상으로부터 자유롭게 된다. 불교의 성자들이 도달한 단계다.

세속에 사는 사람으로서는 두 번째나 세 번째 단계까지 훈련을 요구하는 것은 무리일지 모른다. 또 굳이 그럴 필요도 없다. 단지 첫 번째 단계, 즉 모든 여자를 누이동생이나 딸같이 보는 도덕적 훈련만 제대로 하면 된다. 그러면 딸보다도 어린 처녀를 '영계'라고 밝히는 짐승 같은 짓은 하지 않을 수 있게 될 것이다. 이 정도의 수준도 되지 못한다면 차라리 숲으로 들어가 원숭이나 고릴라와 함께 어울려 사는 것이 나을 것이다.

불교의 명상법

 부처님이 사밧티의 기원정사에 계실 때였다. 어느 날 부처님은 제자들에게 다음과 같이 설법했다.

"호흡을 관찰하는 수행(數息觀)을 닦아 익혀라. 만약 수행자가 수식관을 닦아 익히면 몸과 마음이 쉬게 되고 거친 생각과 미세한 생각이 순일해지며, 순수하고 분명한 생각을 닦아 만족하게 된다. 이러한 수행은 어떻게 하는 것이 좋은가.

먼저 여러 감각기관을 잘 단속하고 고요한 방이나 나무 밑에 몸을 단정히 하고 앉는다. 생각은 눈앞에 매어 두고 탐욕과 성냄과 수면과 들뜬 생각과 의심을 모두 단절해 버린다. 그런 뒤 숨을 들이쉬거나 내쉴 때는 오직 숨을 쉰다는 것에만 생각을 집중한다. 들숨 때는 숨이 들어오고 있구나, 날숨 때는 숨이 나가고 있구나 하고 관찰한다.

만약 몸을 움직이게 되면 움직이는 몸의 상태를 관찰해서 몸의 움직임을 잠시라도 놓치지 않는다. 이를 들숨 날숨 때처럼 알아챈다.

만약 대상과 경계가 기쁨(喜)이거나 즐거움(樂)이면 이것에 집중하여 관찰하여 알고, 마음의 기쁨(心悅)과 마음의 고요함(心定)이 생기면 들숨과 날숨 때 이것에 집중하여 관찰하여 알아챈다. 또 덧없음(無常)과 끊음(斷)과 욕심 없음(無慾)의 경계에 이르러서도 들숨과 날숨을 관찰하여 여기에 집중한다.

이렇게 닦으면 몸과 마음이 쉬게 되고, 거친 생각과 미세한 생각이 순일해지며,

순수하고 분명한 생각을 닦아 만족스러워진다."

잡아함 29권 802경 《안나반나념경(安那般那念經)》

불교의 명상법은 크게 두 가지 방법이 있다. 하나는 집중명상법으로 이를 사마타(samatha)라고 한다. 사마타를 중국에서는 '멈춤(止)'이라고 번역하고 있는데 이는 일체의 다른 생각을 멈추고 의식을 한곳에 집중하는 것을 말한다. 흔히 독서삼매라고 할 때의 정신집중 경지가 여기에 해당한다. 그러나 이 명상법은 책을 치우거나 대상을 움직이면 집중이 되지 않는 약점이 있다.

이 집중명상법보다 한 단계 높은 명상법이 지혜명상법이다. 이를 위파사나(vipassana)라고 한다. 위파사나를 중국에서는 관찰(觀)이라 번역하는데 이는 다양한 내적 명상의 대상을 집중적으로 관찰하는 것에서 붙여진 이름이다. 예를 들어 호흡을 할 때는 들숨과 날숨을 관찰하고 걸을 때는 걸음걸이를 관찰하는 것이다. 사마타 명상법과 위파사나 명상법의 차이는 명상의 주제가 외부에 있느냐 내부에 있느냐에 있다. 사마타는 그 대상을 바깥에 두는 반면 위파사나는 관찰의 대상을 내부에 둔다. 명상의 주제를 바깥에 두는 것은 초보적 단계이고, 심화적 단계에 이르면 내부적 주제로 옮겨가게 된다.

이 경은 이러한 명상법 가운데 위파사나 명상법을 어떻게 실천하느냐를 상세하게 설명하고 있다. 이 경에서 명상의 주제로 삼고 있는 것은 호흡이다. 경명인 안나반나(安那般那, Anapana)란 바로 호흡(들숨과 날숨)을 뜻하는 말이다. 이 호흡명상법은 마음을 한곳에 집중하여 마시는 숨과 내쉬는 숨을 관찰하는 것으로 중국에서는 호흡을 헤아린다 하여 수식관(數息觀)이라 번역하고 있다.

이러한 명상법을 실천하게 되면 구체적으로 어떤 이익이 있는가. 첫째는 욕망을 일으키지 않게 된다. 인간의 모든 불행이란 욕망을 억제하고 조절하지 못하는 데서 생긴다. 탐욕이나 분노는 인간이 욕망을 극복하지 못해서 생기는 현상이다. 이를 극복할 때 인간은 진정한 내적 평화와 행복을 성취할 수 있다. 이 상태가 바로 불교의 궁극적 목표인 열반의 성취다.

안나반나 명상법은 위파사나 명상법 가운데 가장 대표적인 명상법이다. 그래서 위파사나 하면 곧 안나반나를 연상한다. 그러나 위파사나는 인간 자신의 모든 행동을 명상의 주제로 삼는 다는 점에서 안나반나보다는 넓은 개념이라 해야 할 것이다. 다만 인간의 다른 행동 즉 걷거나 식사를 하거나 심지어는 대소변을 볼 때까지도 그 움직이는 몸을 관찰하되 들숨과 날숨을 고르게 하고 의식을 집중한다는 방법의 측면에서는 안나반나는 항상 기본이 된다.

이 같은 수행법은 부처님 당시부터 있어온 것이었으나 현재는 주로 남방불교에서만 실천하고 있다. 이 명상법은 중국에 전해지면서 새로운 형태로 발전했다. 즉 불교 고유의 명상법 위에 화두라는 것을 첨가해서 그것을 의심해 들어가는 '화두참선법'이라는 새로운 명상법이 창안된 것이다. 현재 우리나라나 일본 등에서 실천하는 명상법은 화두참선법이다.

잡아함에 있는 《일사능가라경》이나 《금비라경》은 이 경과 같은 가르침이 들어 있다.

10가지 나쁜 업을 짓는 과보

 부처님이 사밧티의 기원정사에 계실 때의 일이다. 어느 날 부처님은 제자들을 불러모아 놓고 다음과 같이 설법했다.

"만일 살생하기를 좋아하면 죽어서 지옥에 떨어질 것이요, 혹 인간으로 태어나더라도 목숨이 짧아질 것이다. 주지 않는 물건을 훔치기를 좋아하면 죽어서 지옥에 떨어질 것이요, 혹 인간으로 태어나더라도 재물이 곤궁할 것이다. 음행하기를 좋아하면 죽어서 지옥에 떨어질 것이요, 혹 인간으로 태어나더라도 배우자가 남의 꼬임에 빠질 것이다.

거짓말을 많이 하면 죽어서 지옥에 떨어질 것이요, 혹 인간으로 태어나더라도 남의 놀림을 받을 것이다. 이간질하는 말을 많이 하면 죽어서 지옥에 떨어질 것이요, 혹 인간으로 태어나더라도 친구가 배반하고 떠날 것이다. 욕설을 많이 하면 죽어서 지옥에 떨어질 것이요, 혹 인간으로 태어나더라도 나쁜 음성을 갖게 될 것이다. 꾸며대는 말을 많이 하면 죽어서 지옥에 떨어질 것이요, 혹 인간으로 태어나더라도 신용을 얻지 못할 것이다.

욕심을 많이 부리면 죽어서 지옥에 떨어질 것이요, 혹 인간으로 태어나더라도 욕심쟁이가 될 것이다. 성내기를 즐겨 하면 죽어서 지옥에 떨어질 것이다.

혹 인간으로 태어나더라도 화내는 일이 많을 것이다. 삿된 소견을 많이 가지면 죽어서 지옥에 떨어질 것이요, 혹 인간으로 태어나더라도 어리석은 사람이 될 것이다."

이어서 부처님은 앞에서 예로 든 열 가지 악업을 짓지 않고 선업을 지으면 '죽어서 천상에 태어날 것이다. 인간으로 태어나면 수명이 길고, 재물이 많으며, 배우자가 정숙하고, 남의 놀림을 받지 않으며, 친구가 의리를 굳게 지키며, 좋은 음성을 갖게 되고, 신용을 얻을 것이며, 탐욕이 적어지고, 화내는 일이 없을 것이며, 지혜로운 사람이 될 것'이라고 말씀하셨다.

잡아함 37권 1048경《원주경(圓珠經)》

불교에서 선악의 표준의 몸(身)과 입(口)과 생각(意)으로 하는 삼업(三業)이 선한 것이냐 악한 것이냐에 따라 결정된다. 선한 행위를 하는 것을 십선업(十善業)을 짓는다 하고 나쁜 행위를 하는 것을 십악업(十惡業)을 짓는다고 한다. 십악업은 몸으로 짓는 업이 세 가지, 입으로 짓는 업이 네 가지, 생각으로 짓는 업이 세 가지다. 이를 도표화해서 보면 다음과 같다.

이 경전에서 부처님은 10가지 악업을 지을 때와 선업을 지을 때 어떤 과보가 있을 것인지를 낱낱의 예를 들어 구체적으로 가르치고 있다. 이 설법의 핵심은 우리의 어떤 행위도 반드시 과보가 따른다는 것이다. 일거수 일투족이라도 그 결과를 미리 생각해서 조심하고 삼가 할 일이다. 자칫하면 나쁜 과보를 받게 될 것인지도 모른다.

수행이란 금을 제련하는 과정

 부처님이 라자가하의 야장(冶匠)들이 모여 사는 마을에 계실 때의 일이다. 어느 날 부처님은 제자들에게 다음과 같이 설법했다.

"야장들이 금을 제련하는 것을 보면 이렇게 한다. 먼저 흙과 모래를 통에 넣고 물에 일면 큰 불순물과 흙이 떨어져 나간다. 다시 물을 부어 흔들면 굵은 모래도 떨어져 나가고 금이 붙은 돌이 드러난다.

그래도 금이 붙은 돌에 불순물이 붙어 있으면 다시 물로 일어 금덩이만 남긴다. 다음에는 용광로에 넣어 금을 녹여낸다. 그리고 다시 한번 풀무질을 하여 금을 녹이면 그제야 가볍고 부드러운 생금이 만들어진다. 이렇게 만들어진 생금은 광택이 나고 굽히거나 펴도 끊어지지 않는다. 사람들은 이것으로 비녀와 귀걸이와 팔찌 같은 장식품을 만든다.

이와 마찬가지로 깨끗한 마음으로 나가려는 수행자는 번뇌의 결박과 그릇된 소견을 먼저 끊어야 한다. 다음으로는 굵은 때나 다름없는 탐진치 삼독을 버려야 한다. 이어서 문벌과 고향과 훌륭한 종성이라는 교만한 생각마저 내버려야 한다. 그런 다음에는 마음을 풀무질해서 깨끗하게 만들어야 한다. 마지막으로는 바른 삼매를 얻고 바른 행을 가져야 한다. 이렇게 하면 완전히 제련된 생금과 같이 광채가 나게 된다.

수행의 과정은 저 야장들이 금을 제련하는 것과 같다. 수행자가 여러 가지 단계를 거쳐 바른 삼매를 얻게 되면 야장들이 생금으로 무엇이든 만들듯이 모든 경계에서 자유롭게 되느니라."

잡아함 47권 1246경 《주금자경(鑄金者經)》

부처님은 이 경에서 야장이들의 작업과정을 수행의 과정에 비유해 설명하고 있다. 이에 따르면 수행이란 어느 순간 갑자기 완성되는 것이 아니다. 야장이들이 금을 제련하려면 우선 불순물을 걸러내고 풀무질을 해서 생금을 만들어 내듯이 수행도 번거로운 불순물인 번뇌와 삼독을 제거한 뒤 교만심마저 제거해야 다음 단계로 나갈 수 있다.

이 경을 읽으면서 한 가지 떠오르는 일은 돈오돈수와 돈오점수의 논쟁이다. 돈오돈수(頓悟頓修)란 어느 순간 문득 깨닫게 되면 그것으로 수행이 완결되는 것이란 주장이고, 돈오점수(頓悟漸修)란 깨달음을 얻은 뒤에도 점차적인 수행을 해야 한다는 뜻이다. 두 주장을 정당화하기 위한 비유법도 매우 재미있다. 돈오돈수를 주장하는 측은 어두운 방에 촛불을 켰을 때를 예로 든다. 촛불을 밝히면 어둠이란 한 순간에 없어지는 것이지 서서히 없어지는 것이 아니듯이 깨달음을 성취하면 무명이 사라졌으므로 더 이상 닦을 것이 없다는 주장이다.

이에 비해 돈오점수를 주장하는 측은 아무리 촛불이 어둠을 몰아냈다고 하더라도 방안에 있는 먼지까지 사라진 것은 아니라는 주장이다. 먼지를 없애는 것은 촛불이 아니라 걸레다. 수행은 걸레로 먼지를 닦아내는 일이므로 깨달은 뒤에도 계속 수행을 해야 한다는 것이다.

그러나 이 논쟁은 발상의 출발점에서 한 가지 차이점이 발견된다. 즉 돈오돈수는 인식론에 근거를 둔 주장인 반면, 돈오점수는 존재론에 근거를 둔 주장이라는 사실이다. 무명이란 다르게 표현하면 무지란 말이다. 무지(無知)는 지적 깨달음이 이루어지면, 다시 말해 인식이 바뀌면 바로 없어진다. 이에 비해 인간의 습관이랄까 업력은 깨달음을 성취했다고 한순간에 사라지지 않는다. 존재론적 변화가 인식론적 변화로 이루어지지는 않는다는 뜻이다. 따라서 두 주장은 자기의 입장에서는 다 옳지만 반대의 입장에서는 서로 다 틀린 것이다.

예로부터 이 문제가 계속 의견을 좁히지 못한 것은 이 차이를 인정하지 않았기 때문이 아니냐 하는 생각이다.

각설하고, 여기서 부처님이 비유하고 있는 것은 수행에는 과정이 필요하다는 것이다. 결코 하루 아침에 모든 것이 이루어지지 않는다는 말씀이다. 이는 수행의 과정에만 적용되는 사례는 아닐 것이다. 모든 일이 순서와 단계를 거쳐 꾸준하게 진행돼야 마침내 이루고자 하는 일을 성취할 수 있다. 바늘 허리에 실을 매서 쓸 수는 없다. 무엇이든 해보기도 전에 어려울 것이라고 실망하지 말고 천리길도 한걸음부터 걸어갈 일이다.

극단을 피하는 중도의 길

 부처님이 라자가하의 죽림정사에 계실 때의 일이다. 소나라는 비구가 있었는데 그는 아무리 수행을 해도 별다른 진척이 없었다. 그는 실망 끝에 이런 생각을 했다.

'나는 부처님의 제자가 되어 나름대로 제법 열심히 수행을 했다. 그러나 아직까지도 번뇌를 다 소멸하지 못했다. 그렇다면 차라리 세속으로 되돌아가 널리 보시를 행하면서 복이나 짓는 것이 나을지도 모른다.'

소나 비구의 고민을 알아차린 부처님은 조용히 그를 불러 물었다.

"소나여, 그대는 집에 있을 때 거문고를 잘 탔다는데 사실인가?"

"그렇습니다. 저는 집에 있을 때 악기를 잘 다루었습니다."

"어떠한가? 거문고를 탈 때 줄을 너무 느슨하게 하거나 반대로 팽팽하게 하면 미묘한 소리가 나겠는가?"

"아닙니다. 거문고 줄은 너무 조이거나 늦추면 미묘한 소리가 나지 않습니다."

이에 부처님은 소나 비구에게 이렇게 타일렀다.

"수행도 그와 같다. 너무 급하면 오히려 피곤해지고 반대로 너무 느슨하면 게을러진다. 그러므로 수행자는 이 두 가지 이치를 잘 알아서 너무 급하지도 않고 느슨하지도 않게 수행해야 한다."

소나 비구는 크게 깨달은 바 있어 부처님의 가르침대로 수행했다.

그리하여 번뇌가 다하고 마음의 해탈을 얻어 아라한이 되었다.

잡아함 9권 254경 《이십억이경(二十億耳經)》

 불교 수행의 큰 특징 가운데 하나는 양극단을 피하는 '중도(中道)'의 실천에 있다. 부처님은 출가 후 6년간 고행수도를 했으나 깨달음을 얻지 못했다. 이 때 부처님이 행한 고행은 하루에 쌀을 한 톨씩 먹는다든가, 몇 날 며칠을 잠을 자지 않는다든가 하는 극단적인 방법이었다. 이로 인해 얻은 것은 깨달음이 아니라 건강의 쇠약에서 오는 정신의 혼미였다. 굶주림의 결과는 음식에 대한 무한 욕망을 부채질할 뿐이었다.

고행은 무익함을 깨달은 부처님은 강물에 들어가 목욕을 하고 수자타라는 처녀가 끓여주는 유미죽을 먹고 원기를 회복했다. 이를 본 동료 수행자(나중에 부처님의 첫 제자가 된 다섯 비구)들은 부처님이 타락했다며 모두 떠나갔다. 홀로 남은 부처님은 보리수 아래로 옮겨 앉아 명상을 거듭한 끝에 깨달음을 성취했다. 후세의 사람들은 부처님의 이 같은 가르침을 '중도(中道)'라고 이름 붙였다. 양극단 어느 쪽에도 치우치지 않는 적절한 방법이란 뜻에서다. 이 같은 중도 수행의 요체를 가장 요약적으로 강조하고 있는 경전이다.

중도는 실천적인 의미에서 뿐만 아니라 사상적으로도 중요한 이론으로 발전했다. 예컨대 대승불교는 두 개의 대립적 개념을 극복한 '반야(般若)의 지혜'를 강조하는데 이는 바로 중도이론에 근거한 것이다.

중도의 실천은 비단 수행의 방법으로서만이 아니라 인생살이의 방법으로서도 중요하다. 극단적인 쾌락은 자신을 파멸로 이끈다. 환각적 쾌락을 위해 마약을 상습적으로 복용한 사람의 말로는 비참하기 짝이 없다. 술이나 여자, 도박에 빠져 헤어나지 못하는 사람의 패가망신담은 주변에서 흔히 보는 일이다. 반대로 지나친 도덕적 엄숙주의도 사람을 피곤하게 한다. 원리원칙과 꼬장꼬장함은 미덕일 수도 있지만 융통성이 없으면 사람냄새가 나지 않는다. '물이 너무 맑으면 고기가 없고 사람이 너무 맑으면 이웃이 없다.(水之淸淨無魚 人之淸淨無隣)'는 말은 이 경우 매우 적절한 충고다. 극단적 쾌락주의나 그 반대인 도덕적 엄숙주의는 모두 피해야 한다. 이것이 사람이 걸어가야 할 중도의 길이다.

정신과 육체 의식의 삼각관계

부처님이 라자가하 죽림정사에 계실 때의 일이다. 그 무렵 사리풋타와 마하코티카는 그리드라쿠타 산에서 함께 수행하고 있었다. 어느 날 해질 무렵 사리풋타는 한 가지 궁금한 것이 있어서 마하코티카에게 의견을 물었다.

"존자께서는 늙음과 죽음을 누가 만들었다고 생각합니까. 자기가 만든 것입니까 남이 만든 것입니까. 아니면 아무 원인도 없이 만들어진 것입니까?"

"내가 생각하기에는 늙음과 죽음은 누가 만든 것이 아닙니다. 또 원인 없이 만들어진 것도 아닙니다. 다만 태어남을 인연하기 때문에 늙음과 죽음이 있는 것입니다."

"그렇다면 늙음과 죽음이 일어나는 정신과 육체는 누가 만든 것입니까. 자기가 만든 것입니까 남이 만든 것입니까. 아니면 아무 원인 없이 만들어진 것입니까?"

"정신(名)과 육체(色)도 누가 만든 것이 아닙니다. 다만 그것은 의식(識)을 인연하여 생긴 것입니다."

"그러면 의식은 누가 만든 것입니까. 내가 만든 것입니까 남이 만든 것입니까. 아니면 아무 원인 없이 만들어진 것입니까?"

"그것은 정신과 육체를 인연하여 생기는 것입니다."

"마하코티카 님. 조금 전에 정신과 육체는 의식을 인연하여 생긴다고 했습니다. 그런데 다시 이번에는 의식이 정신과 육체를 인연하여 생긴다니 이는 무슨 뜻입니까?"

"비유로 말씀드리지요. 여기 세 개의 갈대가 있다고 합시다. 이 갈대가 땅에 서려고 하면 서로서로 의지해야 합니다. 만일 하나가 없어도 둘은 서지 못하고, 둘이 없어서도 하나는 서지 못합니다. 의식이 정신과 육체를 의지하는 것이나, 정신과 육체가 의식을 의지하는 것도 이와 같습니다."

"좋습니다. 참으로 훌륭한 설명입니다. 이제는 더 이상 의심하거나 번뇌를 일으키지 않아도 될 것 같습니다."

잡아함 12권 288경 《노경(蘆經)》

사람들은 곧잘 인간의 궁극적 실재는 무엇일까에 대해 입에 침을 튀겨가며 논쟁을 한다. 유물론자는 '육체가 없으면 정신도 없다. 그것은 마치 항아리가 없으면 물도 있을 곳이 없다'면서 인간의 궁극적 실재는 결국 육체를 구성하는 물질이라고 주장한다. 이에 반해 유심론자는 육체란 인간의 영혼을 담는 그릇에 불과하고 육체는 소멸돼도 영혼은 불멸한다고 말한다. 대개의 종교는 이 영혼불멸론 또는 유심론에 뿌리를 두고 있다. 영혼은 불멸하고 영생하기 때문에 착하게 살아야 한다는 것이다. 인도의 윤회론도 사실은 이 영혼불멸론에 근거를 둔 생각이다.

그러면 불교는 이 같은 주장들에 대해 어떻게 생각하고 있는가. 일반적으로는 불교도 영혼불멸론에 뿌리를 두고 있다고 생각하는 사람이 많다. 또 불교를 조금 공부한 사람은 무아를 주장한다는 점에서 유물론에 가깝다고 이해하는 사람도 없지 않다. 그러니 이는 둘다 오해다.

이 경전의 대화에서 보듯이 불교의 입장은 육체와 정신과 의식이 한다발로 인연하여 모인 것이 인간이라고 본다. 따라서 근원적 자아라는 발상 자체가 잘못됐다는 것이다. 시리풋타가 '갈대의 비유'를 들어 설명하고 있는 것은 육체와 정신과 의식이 모이면 존재가 구성되고 흩어지면 존재도 흩어진다는 것이다. 이 비유가 설명하고자 하는 것은 고정불변하는 실체적 자아란 없다는 것이다.

그러면 윤회니 해탈이니 하는 것은 도대체 무슨 말인가. 실체가 없는 것이 무아(無我)라면 윤회하는 것은 무엇이고 해탈하는 것은 누구인가. 그것은 바로 업(業;karma)이라는 것이다. 인간의 육체와 정신은 업에 의해 결합되면 거기서 의식이 생겨나게 되는데 이 의식이 갖가지 업을 계속 만들어간다. 육체와 정신과 의식이 흩어진 뒤에도 이 업은 계속 남아 윤회를 하게 된다. 이것이 계속적으로 반복되는 것을 윤회라 한다.

해탈은 이 윤회의 사슬에서 벗어나 다시는 재생(再生)하지 않는 것을 말한다. 윤회가 계속되는 한 생노병사의 고통이 반복되지만 여기서 벗어나면 이 고통은 더 이상 반복되지 않는다. 불교는 바로 이 윤회고에서 벗어나는 것을 종교의 최후 목표로 삼고 있다. 이것이 열반의 성취다.

육신과 자아를 관찰하는 법

 부처님이 바라나시의 녹야원에 있을 때의 일이다. 어느 날 부처님은 다섯 비구에게 설법하다가 이런 질문을 했다.

"비구들아. 내가 물어 볼 테니 아는 대로 대답해 보아라. 육체(色)란 영원히 변하지 않는 것이냐, 시시각각 변해서 무상한 한 것이냐?"

"무상한 것입니다."

"무상한 것이라면 즐거운 것이냐 괴로운 것이냐?"

"괴로운 것입니다."

"육체가 무상하고 괴로운 것이라면 '그것은 나의 것(我所)이며, 나(我)이며, 나의 본체(我體)이다.'라고 생각하는 것이 옳은가 그른가?"

"옳지 않습니다. 그것은 나가 아닙니다(無我)."

"그러면 정신의 세계인 느낌(受)과 생각(想)과 의지(行)와 의식(識)은 어떠한가?"

"그것 역시 영원한 것이 아니며, 즐거운 것이 아니며, 나의 것도 나의 본체도 아닙니다."

"참으로 그러하다. 그렇게 관찰하는 것이 옳다. 그러므로 나의 성스러운 제자들은 모든 존재(五蘊=色.受.想.行.識)를 싫어하게 된다(厭離). 모든 존재를 싫어하면 탐착하지 않게 되고(離貪), 탐착하지 않으면 마침내 해탈(解脫)을 얻게 된다. 해탈을 얻게 되면 '이제 미혹한 삶은 끝났다. 더 이상 미혹의 삶(輪廻)을 되풀이하는 일이 없을 것이다.' 라고 스스로 알게 되는 것이다."

잡아함 1권 34경 《오비구경(五比丘經)》

아함부의 경전을 읽다 보면 부처님은 제자들에게 기회 있을 때마다 끊임없이 모든 존재는 무상한 것이며 괴로운 것이며 따라서 실체적 자아는 없다는 것을 강조하고 있음을 발견하게 된다. 이러한 특성은 후대의 불교학자들에 의해 삼법인(三法印)이라는 말로 요약 정리되었다. 도장을 찍듯이 세 가지 진리의 표지를 내세우고 있다는 것이다. 만약 어떤 경전이라도 이 세 가지 원칙을 사상적 기저로 하고 있지 않으면 이는 불교교리라고 말 할 수 없다고까지 말한다. 삼법인을 다시 한 번 정리하면 이렇다.

모든 것은 무상하다.   (諸行無常)
그것은 괴로운 것이다.   (一切皆苦)
따라서 자아는 인정되지 않는다. (諸法無我)

그러면 부처님이 이렇게 제자들에게 무상 → 고 → 무아의 체계로 설법하는 이유는 무엇인가. 부처님은 제자들을 어디로 인도하기 위해 이런 설법을 하고 있는 것인가. 이러한 의문에 대답하고 있는 경전이 바로 이 《오비구경》이다.

이 경은 부처님이 깨달음을 성취한 뒤 녹야원에서 콘단냐를 비롯한 다섯 사람을 찾아가 이들을 설득할 때의 내용을 기록한 것이다.

여기서 부처님이 설명한 인생 현실은 모든 존재는 무상하며, 괴로운 것이며, 그래서 본질적 실체 따위는 없다는 것이다. 부처님이 이러한 설명은 다만 철학적 탐구를 위한 것이 아니었다. 그것을 바로 알게 함으로써 염리 → 이탐 → 해탈을 이루기 위해서 였다.

    이를 다시 정리하면 무상 → 고 → 무아는 이론적 사상체계이고, 염리 → 이탐 → 해탈은 행위적 실천체계라 할 수 있다. 즉 사상의 체계는 실천의 체계로 연결되고 있으며, 이 체계대로 관찰하고 실천하게 되면 해탈과 열반에 이르게 된다는 것이다.

    이 경전은 처음 읽으면 약간 어려운 것 같지만 찬찬히 세 번만 더 읽어보면 그 뜻을 쉽게 파악할 수 있다. 경전을 읽을 때는 가급적 소리 내어 읽는 것이 뜻을 바르게 이해하는데 도움이 된다.

부처님의 산상수훈

부처님이 깨달음을 성취한지 얼마 되지 않았을 때의 일이다. 그 무렵 부처님은 우루벨라 지방에 머물면서 불을 섬기던 카사파 삼형제와 추종자 1000명을 교화했다. 어느 날 부처님은 이들을 이끌고 가야시사 산(象頭山)에 올랐다. 마침 해질 무렵이어서 온천지가 저녁노을로 불타는 듯했다. 부처님은 이를 보고 제자들을 향해 이렇게 설법했다.

"비구들이여, 사람도 저와 같이 불타고 있다. 사람의 무엇이 불에 타고 있는가. 눈(眼)이 타고 눈의 인식 대상인 물질(色)이 타고 있다. 귀(耳)가 타고 귀의 인식 대상인 소리(聲)가 타고 있다.

코(鼻)가 타고 코의 인식 대상인 냄새(香)가 타고 있다. 혀(舌)가 타고 혀의 인식 대상인 맛(味)이 타고 있다. 몸(身)이 타고 몸의 인식 대상인 감촉(觸)이 타고 있다. 의식(意)이 타고 의식의 인식 대상인 생각(法)이 타고 있다.

비구들이여 이것들은 무엇 때문에 이렇게 불타고 있는 것인가. 그것은 탐욕과 성냄과 어리석음(貪瞋痴) 때문에 불타는 것이다. 그로 인해 태어남과 늙음과 병듦과 죽음(生老病死)이 불타는 것이다. 또한 근심과 슬픔과 번뇌와 괴로움(愁悲惱苦)이 불타는 것이다.

그러므로 비구들이여, 너희들은 이 모든 불타는 것과 그 원인에 대해 싫어하는 생각을 가져야 한다. 일체에 대해 싫어하는 생각을 가질 때 탐진치의 불꽃이 꺼지고 생로병사와 수비뇌고에서 벗어나 해탈을 얻게 된다."

잡아함 8권 197권 《시현경(示現經)》

이 경은 예수의 '산상수훈'에 비교되는 부처님의 '산상의 설법'을 기록한 경전으로 유명하다. 내용은 예수의 산상수훈보다 좀 어렵다. 하지만 그 배경을 이해하면 '모든 것이 불타고 있다'는 설법이 조금은 쉽게 이해될 지 모르겠다.

이 설법은 우선 시기적으로 부처님이 깨달음을 성취한 뒤 얼마 되지 않았을 때 이루어졌다. 설법대상은 얼마 전까지 불을 섬기는 사화외도(事火外道)였던 1000명의 제자들이었다. 이들은 카사파 삼형제(10대 제자인 마하카사파가 아니다)에 의해 지도되고 있었는데 부처님에게 교화돼 집단 개종을 한 상태였다. 그 뒤 사리풋타와 목갈라나가 이끄는 수행자 250명도 집단 개종을 해옴으로써 불교는 일약 커다란 신흥종교로 부상했다. 이들의 개종 소식은 당시 인도사회에 큰 충격과 반향을 불러 일으켰다. 불교의 경전은 대개 '부처님이 어느 때 어느 곳에서 1250명의 제자와 같이 있었다'로 시작되고 있는데 이는 바로 이 무렵 집단 개종한 제자들을 총칭하는 말이다.

어쨌든 부처님은 이날 설법을 듣는 제자들이 불을 섬기던 외도였다는 점을 착안하고 저녁 노을이 붉게 물든 황혼을 바라보며 불꽃의 비유로 설법을 했는데 그 내용을 부연해 설명하면 이렇다. 우리의 감각기관인 눈, 귀, 코, 혀, 몸, 의식(眼耳鼻舌身意)의 여섯 가지 감각기관(六根)이 색깔, 소리, 향기, 맛, 느낌, 생각(色聲香味觸法)의 여섯 가지 인식대상(六境)을 만나게 되면 왕성한 탐진치의 불꽃을 불러일으키게 된다. 예를 들면 눈으로 아름다운 미인을 보았다면 소유하고 싶은 욕심의 불꽃을 일으키고, 욕심이 채워지지 않으면 분노의 불꽃이 일어나고, 탐욕과 분노에 의해 어리석은 일도 마다하지 않고 어리석음의 불꽃을 불러일으키는 것이다. 눈만이 아니라 귀는 소리, 코는 향기에 대해 각각 같은 불꽃을 일으킨다. 부처님은 이를 타오르는 불꽃에 비유하고 있다. 이 불꽃이 타오르는 한 인간은 생로병사와 수비뇌고를 면할 수 없다. 그러므로 마치 불이 타는 듯한 인생의 현실을 직시하고 그것을 극복하려는 마음을 가져야 해탈을 얻을 수 있다는 설명이다.

이 불꽃의 비유는 대승불교의《법화경》같은 경전에서 '세상은 온통 불타는 집(三界火宅)'으로 표현된다. 불꽃은 감각기관이 인식대상을 접촉할 때만 일어나는 것이 아니라 사실은 세상 전체가 불꽃에 휩싸여 있다는 비유다. 불교는 이 불난 집에서 사는 중생을 건져내기 위한 가르침이다.

12개의 고리로 맺어진 인생의 비밀

 부처님이 사밧티의 기원정사에 있을 때의 일이다. 어느 날 부처님은 당신께서 아직 깨달음을 얻기 전에 이런 생각을 했다고 회상했다.

'정말로 이 세상은 고통 가운데 있다. 모든 사람은 태어나서 늙고 병들어 죽는다. 그리고 다시 태어나 마찬가지의 과정을 겪는다. 이 고통으로부터 벗어날 방법은 무엇인가.'

부처님은 이 문제의 해결을 위해 먼저 그 원인부터 탐구해 들어갔다. 그리하여 부처님이 올바른 사유와 지혜로써 도달한 결론은 다음과 같은 것이었다.

"노병사의 고통은 태어남(生)이 있기 때문이다. 태어남은 어떤 존재(有)가 있어서다. 그 존재는 집착이 모인 덩어리(取)다. 집착의 모임은 애욕(愛) 때문에 생긴다. 애욕은 받아들임(受)에 의해 일어난다. 받아들임은 접촉(觸)에 의한 것이다. 접촉은 여섯 가지 감각기관(六入)에 의해서다. 감각기관은 육체와 정신(名色)이 있기 때문이다. 명색은 의식(識)에 의해 생긴다. 의식은 행위(行)에 의해 일어난다. 그 행위는 어리석음(無明) 때문에 생긴 것이다."

이러한 원인을 알게 된 부처님은 고통에서 벗어나는 방법을 깨닫게 되었다. 즉 '무명이 소멸하면 행이 소멸하고, 행이 소멸하면 식, 명색, 육입, 촉, 수, 애, 취, 유가 소멸한다. 그리고 유가 소멸하면 생이 없어지고 생이 없으면 노병사가 없어지고 노병사가 없으면 수비뇌고(愁悲惱苦)가 사라진다'는 것이다. 부처님은 이것을 깨닫고 부처님이 되었다.

잡아함 12권 285경 《불박경(佛縛經)》

인생을 괴로움의 사슬로 묶고 있는 것은 어떤 외부의 힘에 의해서가 아니다. 이렇게 자신의 내부에 원인이 있으므로 그 사슬을 끊어내야 한다는 것이 부처님의 깨달음이었다. 이 열두 가지의 인연관계(十二緣起)는 지금까지 누구도 발견하지 못하고 깨닫지 못한 인생의 비밀이었다. 부처님은 이것을 깨달아서 부처가 되었고, 생사윤회의 사슬에서 벗어나 해탈을 얻게 되었다. 부처님을 뜻하는 불타(佛陀)란 말은 '깨달은 사람'이라는 뜻의 범어 붓다(Buddha)를 소리대로 옮긴 것에서도 이 깨달음이 부처님과 얼마나 직접적인 관계가 있는지를 알 수 있다.

여기서 부처님이 깨달은 내용을 다시 정리하면 '모든 것은 인연에 따라 생겨나고(諸法從緣生)인연에 따라 소멸한다(諸法從緣滅)'는 인연생기(因緣生起)의 원리다.

이 원리를 인생의 외재적 조건인 세계나 우주뿐만 아니라 나 자신에게 철저히 적용된다.

우리가 자아(自我) 또는 나(我)라고 생각하는 존재는 본질적인 그 무엇이 별도로 따로 존재하는 것이 아니다. 이것을 똑바로 안다면 집착할 만한 대상은 어디에서도 찾아볼 수 없다. 본래 없는 것을 항상하는 것이라고 집착하는 것은 어리석음에 지나지 않는다. 어리석음(惑)에 의해 집착하면 어떤 행위(業)를 하게 되고, 그것은 도리어 괴로움(苦)을 만들 뿐이다. 십이연기는 12가지 복잡한 항목으로 이루어져 있지만 이것을 요약하면 방금 말한 어리석음(惑) → 이로 인한 어떤 행위(業) → 그 결과로서의 괴로움(苦)라는 세 가지 요소가 축이다.

따라서 부처님이 우리에게 한결같이 강조한 것은 '집착으로부터 벗어나야 한다'

는 것이었다. 집착하지 않으면 어리석음이 싹트지 않고, 어리석음이 없으면 어리석은 행위를 하지 않고, 어리석은 행위를 하지 않으면 그로 인한 괴로움이 사라진다는 것이다. 이를 환멸연기(還滅緣起)라 한다.

　자아에 관한 이러한 명상 관찰법은 다른 일에도 적용할 수 있다. 우리가 어떤 일을 하다가 실패하게 되면 많은 고통을 겪게 된다. 이 때 우리는 대개 그 원인을 깊이 생각하지 않고 결과만으로 괴로워한다. 그러지 말고 괴로움의 원인을 냉정하게 하나하나 거꾸로 추적해 들어가는 것이다. 그러면 그 근저에는 어리석음이라는 첫 번째 단추를 발견할 수 있다. 지혜로운 사람은 이 첫 단추부터 다시 생각해 내려온다. 그러면 어느 정도 분도 풀리고 고통도 최소화된다. 부처님이 터득한 십이연기를 잘 이해하지 못하는 사람은 우선 이 같은 관찰법이라도 배워볼 일이다.

열반이란 무엇인가

부처님이 장로제자 사리풋타(舍利佛)와 함께 마가다 국의 나알라 라는 마을에 머물고 계실 때의 일이다. 어느 날 사리풋타의 옛 친구 잠부카다카(閻浮車)라는 사람이 찾아왔다. 잠부카다카는 외도를 따르는 수행자였는데 부처님의 명성을 듣고 그의 제자로 있는 사리풋타를 찾아온 것이었다. 그가 사리풋타를 찾아온 것은 부처님의 가르침에 대한 궁금증을 물어보고자 해서 였다.

"친구여, 한 가지 물어볼 것이 있네. 당신의 스승은 자주 열반에 대해서 말하고 있는데 도대체 열반이라는 것은 어떤 상태를 가리키는 것인가?"

"친구여, 열반이란 것은 탐욕이 영원히 다하고, 분노가 영원히 다하고, 어리석음이 영원히 다한 상태를 말하는 것이네(貪慾永盡 瞋恚永盡 愚癡永盡 是名涅槃)."

"그러면 한 가지만 더 묻겠네. 우리가 그 열반에 이르려면 어떤 길을 걸어야 하는가? 어떻게 해야 열반을 얻게 되는가?"

"열반으로 가는 길을 물었는가? 그 길은 여덟 가지가 있네. 이를 팔정도(八正道)라 하네. 팔정도란 바른 소견(正見), 바른 사색(正思性), 바른 말(正語), 바른 행동(正業), 바른 생활(正命), 바른 노력(正精進), 바른 생각(正念), 바른 명상(正定)이네. 어떤 사람이든 이 여덟 가지 길을 걷게 되면 열반에 이를 수 있네."

사리풋타의 간명한 대답을 들은 잠부카다카는 기쁜 얼굴로 돌아갔다.

잡아함 18권 490경《염부차경(閻浮車經)

 원래 이 경에는 열반을 비롯한 무명 등 28개의 질문과 답변이 들어 있다. 모두 하나하나의 독립된 경전으로서도 손색이 없으나 잠부카다카와의 문답이어서 하나로 묶은 듯하다.

사리풋타와의 잠부카다카는 예부터 잘 아는 사이였다. 그래서인지 두 사람은 핵심적인 주제를 매우 간명하고 솔직하게 문답을 하는 것이 인상적이다. 여기서 인용한 열반에 관한 질문과 답변도 그 중의 하나다.

잠부카다카는 단도직입적으로 '당신들은 입만 열면 열반, 열반 하는데 도대체 그 열반이란 어떤 상태를 말하느냐?'고 묻는다. 이에 대한 사리풋타는 한마디로 똑 떨어지는 답변을 주었다. '탐욕과 분노와 어리석음이 영원히 사라진 상태'라는 것이다. 지금까지 열반에 대해 이 이상으로 훌륭하게 답변한 사람은 아무도 없었다. 그래서 예부터 이 답변은 열반을 설명하는 근거로 널리 이용돼 왔다. 부처님이 사리풋타를 누구보다도 아낀 것도 이 같은 빛나는 지혜 때문이었다.

이런 문답도 있다.

"무명, 무명 하는데 무명(無明)이란 도대체 무엇인가?"

"쉽게 말해 한마디로 무식하다는 것이다. 과거 현재 미래에 대해 무식하고, 불법승 삼보에 대해 무식하고, 고집멸도 사성제에 대해 무식하고 선악에 대해 무식하고 내외에 관해 무식한 것을 일러 무명이라 한다."

매우 재미있고 상징적인 대답이었다. 그러자 친구는 '큰 어둠이 쌓이고 모인 것이라는 뜻이란 말이지?' 하고 맞장구를 친다. 서로 속내를 아는 사람끼리의 대화는 이렇게 편하고 수월하다.

이들의 문답 가운데 한 가지 주목되는 것은 '깨달음'에 관한 주제가 없다는 사실이다. 이는 다른 경전에서도 마찬가지다. '깨달음이 무엇이냐'는 질문은 거의 찾아

볼 수 없다. 왜 그럴까. 그것은 부처님의 깨달음으로 밝혀진 진리에 의지해 열반에 이르는 것이 불교의 목적이기 때문이 아닌가 생각된다. 이 때의 깨달음은 열반으로 가는 수단이며, 그 깨달음은 이미 부처님에 의해 완성돼 있다는 것이 전제된다.

 일반적으로 사람들은 불교의 목적이 '깨달음'에 있다고 생각한다. 이러한 견해가 아주 틀린 것이라고 볼 수는 없다. 그러나 엄밀한 의미에서 깨달음은 열반에 이르는 수단이다. 따라서 불교의 목적은 최고의 행복인 열반에 있다. 이 열반에 이르고자 하면 연기이법(緣起理法)을 깨닫고, 깨달음에 의한 생활을 해야 한다. 무엇보다 부처님이 35세에 깨달음을 얻어 80세에 열반에 든 사실이 이를 말해 준다. 지금까지 우리들이 생각해 온 불교의 목적과 어떻게 다른지 비교해 볼 만한 주제다.

성자들이 걸어가는 길

 부처님이 사밧티의 기원정사에 있을 때의 일이다. 어느 날 부처님에게 한 비구가 찾아와 부처님의 사촌동생인 팃사 비구의 수행에 대해 말했다.

"부처님. 팃사 비구가 몸과 마음이 혼면하여 수행을 게을리 하고, 교법에 대해 의혹을 품고 있습니다."

그 말을 들은 부처님은 즉시 팃사를 불러 여러 가지를 물어본 뒤 다음과 같은 비유로 가르쳤다.

"팃사여, 어떤 사람이 훌륭한 성을 찾아 가고 있었다. 그러나 그는 어리석어서 길을 잘 몰랐다. 그래서 길을 잘 아는 지혜로운 사람에게 물었더니 그는 이렇게 가르쳐 주었다.

'나그네여, 이 길을 따라가다 보면 두 갈래 길이 나올 것이다. 그 때 그대는 왼쪽으로 가지 말고 오른 쪽으로 가라. 한참을 가다보면 큰 숲과 깊은 늪과 험준한 산을 만나게 될 것이다. 그러나 멈추지 말고 계속 가다보면 마침내 그대가 가고자 하는 성에 도착할 수 있을 것이다.'

팃사여, 여기서 내가 비유로 말한 나그네는 범부를 말하는 것이며, 길을 잘 알고 있는 사람이란 여래를 말하는 것이다. 또 두 갈래 길이란 의혹을 말하는 것이며, 왼쪽 길이란 탐욕과 분노와 어리석은 생각을 말하는 것이다. 또 오른쪽 길이란 여래가 가르친 여덟 가지 성스럽고 바른 길을 말하는 것이다. 바른 길이란 곧 바른 견해(正

見), 바른 뜻(正思惟), 바른 말(正語), 바른 행동(正業), 바른 생활(正命), 바른 노력(正精進), 바른 생각(正念), 바른 선정(正定)이다. 또 큰 숲이란 무명, 깊은 늪이란 오욕락, 험준한 산이란 분노와 근심과 걱정을 말하는 것이다. 마지막으로 그가 도달한 성이란 열반의 경지를 말하는 것이다.

팃사여, 그러므로 그대는 기쁜 마음으로 정진해야 한다. 여래가 이렇게 너에게 열반에 이르는 길을 자세하게 가르쳐 주고 있으니 게을러서 뒷날 후회하는 일이 있어서는 안 될 것이다."

잡아함 10권 271경 《저사경(低舍經)》

불교 수행에는 근기와 능력에 따라 여러 가지 방법이 있지만 그 근본은 오직 팔정도다. 팔정도는 불자가 걸어야 할 '종교의 길'로 이 경의 비유대로 목적지를 찾아가는 나그네가 의지해야할 이정표와 같다. 잡아함 12권 287경 《성읍경(城邑經)》은 이를 다음과 같은 비유로 설명하고 있다.

'어떤 사람이 광야에서 길을 잃었다. 두려움에 떨면서 길을 찾아 헤매다가 문득 옛사람이 걸어간 오래된 길을 발견했다. 그는 그 길을 따라 걸어갔다. 그랬더니 거기에는 오래된 성읍과 화려한 왕궁, 아름다운 동산과 연못, 시원한 숲이 있었다.'

여기서 오래된 길이란 바로 팔정도를 비유한 것이다. 그리고 오래된 성읍과 아름다운 왕궁은 해탈과 열반의 경지를 비유한 것이다. 이 비유에서 '오랜 된 길'이란 표현은 시사하는 바가 크다. 그것은 부처님이 '개척한 길'이 아니다. 이미 오래 전에 어떤 사람이 걸어간 길이고 부처님은 그 길을 재발견했다는 의미다. 그것이 다름 아닌 팔정도의 길이다. 따라서 뒤에 걸어오는 사람들은 부처님에 의해 재발견된 길을 의심 없이 걸어가기만 하면 된다.

다시 말해 팔정도의 길은 '성자의 길'이며 성자가 되기 위해 가는 길이다. 이 길로 걸어가면 누구라도 성자가 될 수 있다.

불자가 걸어야 할 종교의 길은 이미 이렇게 부처님에 의해 제시돼 있다. 벌써 많은 사람들이 걸어가서 이제는 길이 넓어지고 이정표까지 세워져 있다. 이정표란 바로 경전일 것이다. 여기에 의지해 걸어가면 길을 잃어버릴 염려가 없다. 이 얼마나 쉬운 일이며 또한 다행한 일인가. 그리고 이 길을 가르쳐 준 부처님은 또 얼마나 고마운 분인가.

사성제의 진리를 터득하라

 부처님이 바라나시에 있는 사슴 동산(鹿野苑)에 머무르실 때의 일이다. 어느 날 부처님은 제자들에게 이렇게 설법했다.

"네 가지의 성스럽고 참다운 진리가 있다. 무엇을 네 가지라고 하는가. 첫째는 모든 것은 괴롭다는 진리요(苦聖諦), 둘째는 괴로움의 원인은 쌓임에 있다는 진리요(苦集聖諦), 셋째는 모든 괴로움이 소멸된 진리요(苦滅聖諦), 넷째는 괴로움을 소멸시키는 방법의 진리(苦滅道聖諦)다.

만약 수행자로서 이미 모든 것이 괴롭다는 진리를 알고 이해하며(知), 괴로움의 원인이 쌓임에 있음을 알고 끊으며(斷), 괴로움이 소멸된 진리를 알고 증득하며(證), 괴로움이 사라지는 방법의 진리를 알고 닦았다면(修), 그런 사람은 빗장과 자물통이 없고, 구덩이를 편편하게 고르고, 모든 험하고 어렵고 얽매이는 것으로부터 벗어났다고 하리라. 그는 어질고 성스러운 사람(賢聖)이라 부를 것이며 거룩한 깃대를 세웠다고 하리라."

잡아함 15권 386경 《현성경(賢聖經)》

 불교의 교리는 방법론적으로는 깨달음을 추구하는 것에 있지만 목적론적으로는 괴로움을 소멸시켜 열반에 이르는데 있다. 이 경전은 이 같은 불교 교리의 구조를 아주 간명하게 설명하고 있는 중요한 경전이다. 이에 따르면 인생이란 고통에 직면해 있는 존재다. 그 고통이란 생로병사(生老病死) 외에도 사랑하는 사람과 헤어지는 고통(愛別離苦), 싫은 사람과 만나는 고통(怨憎會苦), 구하고자 해도 구해지지 않는 고통(求不得苦), 육체가 너무 왕성한 데서 오는 고통(五陰盛苦) 등 여러 가지가 있다. 이를 네 가지 도는 여덟 가지 괴로움(四苦八苦)이라고 한다.

사성제의 첫 번째 고성제란 먼저 이러한 고통의 현실을 직시해서 아는 것이 중요하다는 가르침이다. 두 번째 집성제란 이러한 고통의 원인은 번뇌와 갈애의 집적(集積)에 의해 생긴다는 것이다. 따라서 그것을 차단하고 끊는 것이 중요하다는 가르침이다. 세 번째 멸성제란 괴로움을 소멸한 상태의 편안한 경지가 있다는 진리다. 이것은 반드시 증득하지 않으면 안 되는 경지다. 네 번째 도성제는 편안한 경지에 도달하려면 여덟 가지의 바른 삶을 살아야 한다는 것이다.

사성제의 논리는 귀납적인 구조이기 보다는 연역적인 구조를 가지고 있는 것이 특징이다. 즉 결론부터 먼저 말하고 그 원인을 설명하는 방식이다. 이것은 사성제가 오묘한 철학이론을 설명하는 수단이 아니라 종교적 실천을 중시하고 있다는 것을 의미한다. 실제로 사성제는 각각의 항목이 설정한 지단중수(知斷證修)라는 분명한 실천적 목적이 있다. 괴로움의 현실을 바로 알고(知), 그 원인을 단절(斷)해야 하며, 그래야 괴로움이 소멸된 열반을 성취(證)할 수 있다. 또한 괴로움의 원인을 단절하는 방법으로써 팔정도의 실천(修)을 강조하는 것이다.

불교의 가르침은 사성제의 진리 속에 다 포함되어 있다. 즉 인생의 현실이 괴로움인 줄 알고 열반의 이상을 성취해야 한다는 것이다. 불교의 수많은 이론이나 철학이나 교리는 궁극적으로 이것을 설명하고 실천으로 이끌어가기 위한 수단으로 부처님은 이 길을 먼저 걸어간 사람이며, 수행자는 그 뒤를 따라 가는 사람이다. 고집멸도 사성제를 바로 알고 바로 실천한다면 더 이상의 불교수행은 필요없다.

누가 진리를 만들었는가

 부처님이 쿠루수의 조우 마을에 있을 때의 일이다. 어느 날 젊은 제자 한 사람이 찾아와 다음과 같은 질문을 했다.

"부처님. 이른 바 연기법(緣起法)은 부처님께서 만든 것입니까, 아니면 다른 누가 만든 것입니까."

이에 대해 부처님은 다음과 같이 대답하고 있다.

"연기법이란 내가 만든 것도 아니고 다른 사람이 만든 것도 아니다. 따라서 그것은 여래가 세상에 나오든 나오지 않았거나 법계에 항상 머물러 있는 것이다. 다만 나는 이 연기법을 스스로 깨닫고, 깨달음을 이룬 뒤에 모든 중생을 위해 연설하고 드러내 보일 뿐이다. 즉 '이것이 있으므로 저것이 있고, 저것이 있으므로 이것이 있다. 이것이 사라지므로 저것이 사라지고 저것이 사라지므로 이것이 사라진다.' 고 말하는 것이다."

잡아함 12권 299경 《연기법경(緣起法經)》

연기법이란 널리 알려진 대로 모든 존재가 상호의존 관계에 있음을 밝힌 진리다. '이것이 일어나면 저것이 일어나고 저것이 사라지면 이것이 사라진다' 는 표현 그대로 모든 존재는 상호의존관계를 떠나서는 한시도 존재할 수 없다. 죽음이란 왜 생기는가. 태어났기 때문이다. 바퀴는 축을 의지하고, 남자는 여자가 있으므로 존재하고 여자는 남자가 있으므로 존재한다. 집은 기둥과 들보가 서로 의지해 있으므로 존재한다. 그러나 부모가 없으면 자식도 없고, 제자가 없으면 스승도 있을 수 없다. 축이 없으면 바퀴는 굴러갈 수 없다. 이렇듯 '조건'이 사라지면 존재하던 모든 것들은 사라진다. 이러한 원리를 공식화하면 다음과 같다.

    이것이 있으면 저것이 있다.   (此有故彼有)
    이것이 없으면 저것도 없다.   (此無故彼無)
    이것이 일어나면 저것도 일어난다. (此起故彼起)
    이것이 사라지면 저것도 사라진다. (此滅故彼滅)

이 연기법은 불교의 교리 가운데서도 가장 핵심을 이루는 부분이다. 불교의 교리는 이 연기법을 기점으로 하여 전개된다. 무상이나 무아, 고통과 같은 개념은 존재를 연기적 관계로 파악한 상태에서 도출해 낸 결론이다. 불교의 수많은 이론이나 사상은 이 원리가 적용되지 않으면 성립이 불가능하다. 어떤 이론이 불교적이냐 아니냐를 판별하는 기준도 여기에 있다. 다른 종교와 차별되는 특징도 이것이다.

그러면 이 연기법을 창안한 사람은 누구인가. 불교의 핵심교리이므로 부처님이 창안한 것이라고 보아야 않겠는가. 이 젊은 제자는 지금 그것을 묻고 있는 것이다. 이에 대한 부처님의 답변은 분명하고 간단하다. 연기법은 누가 만든 것이 아니라 본래부터 있던 것이며, 부처님은 다만 스스로 그것을 깨달았을 뿐이라는 것이다. 때문에 부처님이 해야 할 일은 자신이 먼저 깨달은 진리를 중생들이 알아듣기 쉽도록 가르치고 설명하는 것이다.

부처님의 이러한 언명은 다른 종교 지도자의 태도와는 커다란 차이를 나타낸다.

어떤 종교의 교주는 '나는 길이요, 진리요, 생명이다' 라고 말한다. 그리고 '나를 통하지 않고는 천국에 이를 수 없다' 고 말한다. 이러한 발언의 배후를 살펴보면 진리가 자신에게 독점되어 있다는 사실이 강조되고 있다. 그러나 부처님은 깨달음이니 열반이니 하는 것이 자신에게 종속돼 있다고 말하지 않는다. 또 반드시 부처님을 통하지 않으면 열반에 이를 수 없다고도 말하지 않는다. 불교에 있어서 진리란 만인에게 열려져 있는 것이다. 부처님이 열반에 즈음해 '진리가 사권(師拳=스승의 주먹) 속에 감춰져 있다고 생각해서는 안 된다' 고 말한 것도 같은 맥락이다. 이는 불교가 기본적으로 '열린 종교' 임을 뜻하는 것이다.

불교의 종교적 특질

 부처님이 사왓티의 기원정사에 계실 때의 일이다. 어느 날 파세나디 왕이 부처님을 찾아와 이렇게 말했다.

"부처님, 저는 혼자 고요한 곳에서 명상을 하다가 이런 생각을 했습니다. '부처님의 바른 가르침은 현실적으로 증명되는 것이며, 때를 격하지 않고 과보가 있는 것이며, 와서 보라고 말할 수 있는 것이며, 잘 열반으로 인도하는 것이며, 지혜 있는 사람이라면 각기 알 수 있는 것이다.' 저의 이런 생각이 맞는 것인지요."

부처님은 왕을 칭찬하며 이렇게 말했다.

"대왕이여, 그러합니다. 대왕이여, 그러합니다. 여래의 바른 가르침은 현실적으로 증명되는 것(現見)이며, 때를 격하지 않고 과보가 있는 것(不待時節)이며, 와서 보라고 말할 수 있는 것(來見)이며, 잘 열반으로 인도하는 것(親近涅槃)이며, 지혜 있는 사람이라면 각기 알 수 있는 것(應自覺知)입니다.

따라서 여래의 가르침은 또한 중생의 좋은 짝이며 벗입니다. 왜냐하면 여래의 가르침은 중생이 태어나고 늙고 병들고 죽으며 근심과 슬픔과 번뇌와 괴로움에 빠져 있으면, 그 모든 번뇌를 떠나, 시절을 기다리지 않고, 현재에서 그 고통을 벗어나게 하며, 바로 보고 통달하게 하며, 스스로 깨달아 증득하게 하기 때문입니다."

왕은 부처님의 칭찬을 받고 기쁜 얼굴로 돌아갔다.

잡아함 46권 1238경 《왕경(王經)》

이 경은 불교의 종교적 교리적 특징이 무엇인가를 설명하는 매우 중요한 경전이다. 경명이 한글대장경에는 《불방일경》으로 되어 있으나 내용과는 아무런 관계가 없다. 이에 비해 남전대장경 상응부에는 《왕경》이란 제목이 붙어 있다. 파세나디 왕의 질문이란 점에서 이 이름이 더 적절하다. 이 경에 따르면 불교는 다른 종교에 비해 다음과 같은 다섯 가지 특징이 있는 가르침이다.

첫째는 현실적으로 증명되는 가르침이다. 이를 현견(現見)이라 한다. 사람은 반드시 병들고 죽는다든가, 인생은 고해라고 말한다든가 하는 것은 먼 뒤의 일이 아니며 증명할 수 없는 것이 아니다. 현재 여기서 볼 수 있는 것이다. 이는 기독교처럼 '불합리하기 때문에 믿는' 종교와 분명히 다른 점이다.

둘째는 때를 격하지 않고 과보가 있는 가르침이다. 이를 부대시절(不待時節)이라 한다. 예를 들어 탐욕과 분노가 사라지지 않으면 언제나 갈증만 더한다. 이 때 불교는 그것을 버리면 편안해진다고 말한다. 실제로 그렇게 하면 그 자리에서 편안해진다. 때를 기다릴 필요가 없다.

셋째는 와서 보라고 말할 수 있는 가르침이다. 이를 내견(來見)이라 한다. 기도를 하면 사과가 땅에서 하늘로 솟아오른다고 말하는 것은 믿을 수가 없다. 그렇게 해보아도 아무 소용이 없다. 그것은 법칙도 원리도 아니기 때문이다. 그러나 기도를 하든 하지 않든 때가 되면 사과가 땅으로 떨어진다고 하는 것은 누구에게든 와서 보라고 말할 수 있다. 그것은 법칙이고 원리이기 때문이다. 불교의 진리는 몇몇 사람만이 독점적으로 알 수 있는 그런 것이 아니다. 모든 사람에게 개방돼 있으며 와서 보면 누구라도 검은지 흰지 알 수 있다. 진리를 감추지 않는다는 것은 '열린종교'라는 뜻이기도 하다.

넷째는 열반으로 인도하는 가르침이라는 것이다. 이를 친근열반(親近涅槃)이라 한다. 진리를 만인에게 공개하는 것은 만인이 모두 열반에 이르도록 하기 위해서다. 다른 길로 잘못 들어섰다가 미로를 헤매지 말고 바른 길(八正道)을 통해 빨리 열반에 이르라는 가르침이다.

다섯째는 지혜 있는 사람이라면 스스로 알 수 있는 가르침이다. 이를 응자각지(應自覺知)라 한다. 앞에서 말한 몇 가지는 특별한 사람만이 아는 길이 아니다. 지혜 있는 사람이라면 조금만 곰곰이 생각하면 금방 알 수 있는 길이란 말이다.

어떻게 생각하면 불교의 길이란 '상식의 길'에 지나지 않는다. 문제는 사람들이 이 상식의 길을 벗어나 자꾸 비상식의 길로 가는데 있다. 불교는 비상식의 길로 가려는 사람들에게 상식의 길로 되돌아오라고 손짓하는 종교인 것이다.

제5부

불자가 가져야 할 얼굴

종교생활은 맑은 공기를 마시는 것

 부처님이 사밧티의 기원정사에 계시던 때의 일이다. 어느 날 장로 사리풋타는 부처님의 좋은 설법을 듣고 돌아가는 길에 파루티카 라는 외도를 만났다. 그는 불(火)을 섬기는 외도로 사리풋타와도 잘 아는 꽤 유명한 사람이었다.

"어디를 다녀오시는 길이신가?"

"부처님을 찾아뵈옵고 설법을 듣고 오는 길이네."

"아직도 스승의 설법을 듣고 다니다니, 자네는 아직도 젖을 떼지 못했구먼. 나는 이래봬도 이미 젖을 떼었네."

외도의 말투는 분명히 사리풋타를 놀리는 것이었다. 그러자 사리풋타는 이렇게 말했다.

"그러한가. 나는 이렇게 생각하네. 자네가 벌써 스승의 가르침을 받지 않아도 된다면 그것은 참으로 훌륭한 가르침이 아니요, 의지할만한 가르침이 아니기 때문일 것이네. 비유하면 어미 소가 있는데 그 소는 거칠고 사납고 젖이 적어서 젖을 빨아도 젖이 잘 나오지 않으니 송아지들이 떠나는 것과 같네. 그러나 내가 배우는 법은 좋은 진리이고, 바른 깨달음이며, 번뇌를 없애주는 가르침이며, 의지할만한 가르침이네. 비유하면 어미 소가 거칠거나 사납지 않다. 그 젖은 맛있으며, 오래 먹어도 싫증이 나지 않고, 항상 잘나오기 때문에 송아지들이 떠나지 않고 그 젖을 빨고 있는 것과 같네. 내가 오래도록 스승의 설법을 자주 듣는 것은 이처럼 그 가르침이 바른 것이고 훌륭하기 때문이네."

잡아함 35권 947경 《보루저가경(補縷低迦經)》

사리풋타의 설명처럼 부처님의 가르침은 바르고 훌륭한 것이어서 중생이 항상 의지하지 않으면 안 되는 진리다. 그것은 마치 공기나 물처럼 소중한 것이다. 공기나 물은 아무리 오래 마셨다고 하더라도 잠시만 마시기를 멈추면 곧 생명을 잃게 된다. 부처님의 가르침이 또한 그러하다.

종교생활이란 좋은 공기와 맑은 물을 마심으로써 건강과 생명을 지켜나가는 것에 비유할 수 있다. 하루라도 공기나 물을 떠나서는 살 수 없다. 그러나 세상에는 나쁜 물과 공기가 얼마나 많은가. 사람들은 늘 그것을 마시고 살아가다가 병에 걸리거나 파멸에 이른다. 부처님의 가르침은 이런 세상에서 공기와 물을 깨끗하게 해주는 정화제와 같다. 그러므로 범부들은 자주 절을 찾아 좋은 공기와 물을 마셔야 한다.

불교를 만난 것은 최고의 행운

 부처님이 베살리의 원숭이 연못 옆 중각강당에 계실 때의 일이다.

어느 날 제자들과 함께 연못 주변을 산책하시던 부처님이 문득 아난다에게 이런 것을 물었다.

"아난다야, 큰 바다에 눈먼 거북이 한 마리가 살고 있다. 이 거북이는 백 년에 한 번씩 물 위로 머리를 내놓는데 그때 바다 한가운데 떠다니는 구멍 뚫린 나무판자를 만나면 잠시 거기에 목을 넣고 쉰다.

그러나 판자를 만나지 못하면 그냥 물속으로 들어가야 한다. 그런데 이때 눈먼 거북이가 과연 나무판자를 만날 수 있겠느냐?"

아난다는 '그럴 수 없다'고 대답했다. 눈까지 먼 거북이가 백 년 만에 머리를 내밀 때 넓은 바다에 떠다니는 구멍 뚫린 나무판자를 만난다는 것은 확률적으로 도저히 불가능한 것이기 때문이었다. 이에 부처님은 다시 이렇게 말씀했다.

"그래도 눈먼 거북이는 넓은 바다를 떠다니다 보면 서로 어긋나더라도 혹시 구멍 뚫린 나무판자를 만날 수 있을지도 모른다. 그러나 어리석고 미련한 중생이 육도윤회의 과정에서 사람으로 태어나기란 저 거북이가 나무판자를 만나기보다 더 어렵다. 왜냐하면 저 중생들은 선을 행하지 않고 서로서로 죽이거나 해치며, 강한 자는 약한 자를 해쳐서 한량없는 악업을 짓기 때문이니라. 그러므로 비구들이여, 너희들은 사람으로 태어났을 때 내가 가르친 '네 가지 진리(四聖諦)'를 부지런히 닦으라. 만약 아직 알지 못하였다면 불꽃같은 치열함으로 배우기를 힘써야 한다."

잡아함 15권 406경《맹구경(盲龜經)》

 불교에 '맹구우목(盲龜遇木)'이란 고사성어가 있는데, 이 말이 생겨나게 된 배경이 바로 이 비유설법이다. 이 고사성어는 뒷날 다시 다음과 같은 사구성언을 만들어냈다.

첫째는 사람의 몸 얻기 어렵고　　(人身難得)
둘째는 남자로 태어나기 어렵고　(丈夫難得)
셋째는 출가하기가 어렵고　　　　(出家難得)
넷째는 불법 만나기가 어렵다.　　(佛法難得)

이를 요약해서 '사람됨도 어렵지만 불법을 만나기는 더욱 어렵다(人身難得 佛法難逢)'는 말도 자주 쓰인다. 모두 바른 진리를 만나기가 얼마나 어려운가를 강조함으로써 불자들을 경책할 때 사용하는 경구가 되고 있다.

이 경구가 의미하는 바는 천재일우(千載一遇)의 기회를 허송하지 말라는데 있다. 우리가 살아가는 인생에는 그렇게 많은 기회가 주어지는 것이 아니다.

옛말에 '아무리 불행한 사람도 일생에 세 번의 기회는 있다.'고 하지만 100세 시대를 사는 일평생에서 세 번의 기회는 사실 너무 적은 것이다. 이 기회를 놓치면 나머지 세월은 불우하게 보낼 수밖에 없다는 생각을 하면 등골이 서늘해진다. 더욱이 기회란 온다는 예고를 하고 오는 것이 아니다. 언제 왔다가 언제 가는 것인 줄도 모르는 것이 기회다. 기회가 언제 오는 줄도 모르고, 언제 가는 줄도 모른다는 것은 뒤

집어 말하면 기회는 아주 없다는 뜻도 된다.

따라서 그것은 오기를 기다리는 것이 아니라 적극적으로 만들어가야 하는 것인지도 모른다. 마치 바다 위에 구멍 뚫린 판자가 떠다닌다 해도 거북이가 헤엄을 치고 있지 않으면 만날 수 없는 것과 같다. 이렇게 기회를 기다리다가 한 번의 기회가 왔을 때는 그것을 놓치지 말아야 한다. 공부할 기회를 잃고 나면 나중에 후회해도 돌이킬 수 없다. 사랑하는 사람이 있을 때 놓치지 말아야지 버스가 떠난 뒤에 손을 흔들면 무슨 소용이 있겠는가.

그런데 지금 우리는 그 귀한 불교의 바다에 몸을 담그고 있다. 이 얼마나 다행한 일인가. 다만 아직도 불법을 만나지 못한 사람이 적지 않은 것이 마음에 걸릴 뿐이다. 또 우리가 게을러서 부처님 가르침대로 살지 못하는 것도 부끄러울 뿐이다.

불자가 가져야 할 얼굴

 부처님이 라자가하의 죽림정사에 머물고 계실 때의 일이다. 어느 날 부처님은 설법하던 중에 달을 비유로 들어 다음과 같이 말씀하셨다.

"비구들이여, 그대들이 음식을 얻기 위해 재가자의 집에 가거든 마땅히 달과 같은 얼굴을 하고 가라. 마치 처음 출가한 신참자처럼 수줍고 부드러우며 겸손하게 몸과 마음을 바르게 하고 가라. 또한 훌륭한 장정이 깊은 우물을 들여다보고 높은 산을 오를 때처럼 마음을 단속하고 행동을 진중하게 하라. 마하카사파는 달처럼 몸과 마음을 단정히 하고 처음 출가한 신참자처럼 수줍고 겸손하고 부드러우며 교만하지 않은 겸손한 얼굴로 재가를 찾아간다."

여기까지 말씀하신 부처님은 손으로 허공을 한번 움켜잡았다 놓은 뒤 계속 말씀을 이었다.

"어떠한가? 지금 내 손 안에 허공이 들어 있는가? 그렇지 않다. 이와 같이 재가로 가서 음식을 얻을 때는 집착하고 구속됨이 없이 다만 '공덕을 원하는 자는 공덕을 베풀기를……' 하고 생각해야 한다.

그리하여 자기가 얻게 되면 기쁘게 생각할 것이며, 남이 얻어도 기쁘게 생각해야 한다. 그래야 비구의 자격이 있다 하리라."

잡아함 41권 1136경 《월유경(月喩經)》

 어떤 사람이 어떤 얼굴을 갖는다는 것은 그가 살아온 세월과 경험이 농축된 것이다. 그것은 전인격의 투영이기도 하다. 성실하게 땅을 일궈 곡식을 가꾸는 일에 평생을 바친 농부의 얼굴은 그에 합당하게 가꾸어져 있다.

색깔은 햇빛에 그을러 구리 빛이고 이마에는 깊은 주름이 패어 있다. 거기에서는 일확천금을 꿈꾸는 허황한 욕심이 없다. 뿌리고 가꾼 만큼 거둔다는 농사의 철학이 배어 있다.

무당의 얼굴에는 무기(巫氣)가 서려 있다. 선창에서 바닷바람을 쐬며 뱃사람들의 온갖 투정을 다 받아주며 살아온 주모의 얼굴에서는 서슬 퍼런 강인함이 느껴진다.

평생을 시장에서 주판만 튕기고 살아온 정직한 상인에게서는 정확한 계산법이 몸에 익어 있다. 평생 남을 가르쳐온 훈장에게서는 잔소리와 함께 선생님 냄새가 가시지 않는다. 이렇게 얼굴이란 그 사람의 전인생과 전인격을 나타내는 것이다.

종교인의 얼굴도 마찬가지다. 기독교를 믿는 사람과 천주교를 믿는 사람의 얼굴이 다르고 불교를 믿는 사람의 얼굴이 다르다. 종교가 한 사람의 내면적 인격을 변화시키는 역할을 하는 것이라면 분명히 사람의 얼굴을 변화시켰을 것이다. 그렇다면 불자의 얼굴은 어떤 얼굴일까. 경전에 의하면 '달처럼 수줍고 부드러우며 겸손한 모습'이다.

물론 이 표현은 출가 수행자가 탁발을 나갈 때 어떤 얼굴과 마음가짐을 해야 하는가를 설명하는 비유여서 적절하지 않을 수도 있다. 그러나 이 얼굴은 수행자들만이 가져야 할 모습으로만 한정할 필요는 없다. 불교에서 수행자는 불자들의 사표다. 수행자들이 달처럼 맑고 고요하며 그래서 수줍은 듯 겸손한 얼굴을 한다면 불자들도 그 얼굴을 닮아야 하는 것이 당연하다.

부처님이 비유한 '달과 같은 얼굴'은 수행자나 또는 재가의 불자들이 언제나 가져야할 얼굴이다. 절에 갈 때의 얼굴하고 절에서 돌아왔을 때의 얼굴이 달라져서는 안 된다. 언제 어느 때나 그런 얼굴이어야 한다. 그러자면 언제나 수줍고 부드러우며 겸손한 자세를 가져야 한다. 사람의 얼굴이란 거짓으로 그렇게 꾸민다고 겸손하고 부드러운 얼굴이 되는 것이 아니다. 속은 형편없으면서 일부러 그런 표정을 짓는다면 그것은 광대의 가면과 같은 것이지 불자의 얼굴은 아니다.

    내 얼굴이 얼마나 '불자의 얼굴'에 가까운지 지금 거울을 꺼내 비춰볼 일이다.

삼보에 귀의한 공덕

 부처님이 상업도시로 번창하던 베살리의 마하바나(大林精舍)에 있을 때의 일이다.

어느 날 베살리의 상인들이 먼 나라로 무역을 하러 떠나기 전에 부처님과 그 제자들에게 공양을 올리고 싶다고 했다. 부처님은 그들의 마음을 가상히 여겨 기꺼이 승낙을 했다. 상인들은 정성으로 마련한 여러 가지 음식을 부처님과 그 제자들에게 공양을 올렸다.

이윽고 공양이 끝나자 상인들은 자리를 정돈하고 부처님 앞에 모여 앉았다. 여행을 떠나기 전에 부처님으로부터 위안이 될 만한 법문을 듣기 위해서였다. 부처님은 상인들의 마음을 헤아리시고 이런 법문을 들려 주셨다.

"그대들은 이제 먼 길을 떠나려 한다. 인적도 없고 바람만 부는 벌판 한가운데를 지날 때 그대들은 두렵고 불안한 마음이 생길 것이다. 그러나 그대들은 두렵고 불안한 마음을 갖지 말라. 그 때는 마땅히 삼보에 귀의하라. 삼보에 귀의하려면 먼저 여래를 생각하라. 여래는 응공(應供)이며 정등각자(正等覺者)이며 세존(世尊)이니라. 다음에는 법을 생각하라. 부처님의 법을 통달 친근하면 능히 지금 바로 번뇌를 없애고 자각에 의해 알 수 있는 것이니라. 그 다음에는 청정한 승가를 생각하라. 부처님의 제자들은 바르게 수행하므로 세간의 복전(福田)이니라. 이렇게 삼보에 귀의하는 마음을 가지면 모든 불안과 두려움이 곧 사라지리라."

계속해서 부처님은 이런 비유를 들어 두려움이 사라지는 이유를 설명했다.

"옛날 제석천의 군대와 아수라의 군대가 싸움을 한 일이 있었다. 그 때 제석천의 군대는 제석천의 이름이 새겨진 깃발을 들고나가 싸워서 이겼다. 깃발을 보고 제석천의 용맹과 힘을 생각했기 때문이다."

잡아함 35권 980경《염삼보경(念三寶經)》

 불교의 종교적 제일 관심은 깨달음이다. 깨달음은 누가 대신해줄 수 없는 자신의 노력과 수행으로 완성된다. 때문에 불교는 신앙과 예배의 대상을 염두에 두는 '믿음' 의 문제를 크게 중요시하지 않는 것으로 생각한다. 실제로 많은 경전들이 '믿음' 보다는 '수행' 을 강조하는 데서도 이러한 경향의 일단을 엿볼 수 있다.

그러나 재가의 불자들은 수행에만 전념할 처지가 아니다. 일상적 욕망과 번뇌 속을 뒹굴며 살아야 한다. 그렇다면 재가자들은 어떻게 부처님의 가르침에 따르는 종교생활을 해야 하는가. 이 경은 언제 어디서나 '삼보에 귀의하는 생활을 하라' 고 가르친다. 그러면 자연 용기와 힘이 생긴다는 것이다. 여기서 한 가지 오해하지 말아야 할 것이 있다.

불교에서 삼보에 귀의한다는 것은 절대자에게 의지하는 것과는 그 성격이 다르다는 점이다. 불교에서 삼보란 바로 진리 그 자체를 의미한다. 삼보는 진실한 삶을 살고자 하는 사람이라면 언제나 친근히 해야 할 대상이다. 부처님과 부처님 가르침, 이 가르침을 따르는 승단이야 말로 중생의 귀의처다. 그래서 삼보에 귀의하는 것이 바로 위안이며 구원이며 평화가 된다.

따지고 보면 제석천의 깃발 자체에 어떤 힘이 있는 것은 아니다. 하지만 싸우는 군인은 그것을 쳐다보는 것만으로 용기를 얻는다. 위안이 되기 때문이다. 마찬가지로 삼보도 그 이름만으로는 어떤 불가사의한 능력이 있는 것이 아니다. 그러나 지극한 마음으로 삼보에 귀의하면 마음이 편안해진다. 이것이야말로 삼보에 귀의함으로써 얻는 불가사의한 공덕인 것이다.

　이 경과 같은 내용의 경전은 981경 《당경(幢經)》이 있다.

부처님은 왜 설법하는가

 부처님이 라자가하 죽림정사에 계실 때의 일이다.
어느 날 부처님은 제자들에게 다음과 같이 말씀하셨다.

"세상 사람들이 싫어하는 것이 세 가지가 있다. 늙고 병들고 죽는 것이다. 이 세 가지가 없었다면 여래는 세상에 출현하지 않았을 것이며 설법하지도 않았을 것이다.

중생들이 늙고 병들어 죽는 것은 무엇 때문인가. 탐욕과 분노와 어리석음 때문이다. 이 셋은 육신을 나라고 보고, 삿된 계율에 집착하고, 의심하기 때문에 생긴다.

다시 이 셋은 옳지 않은 생각과, 삿된 도리를 가까이 하는 것과, 게으름 때문에 생긴다. 다시 이 셋은 정신을 잃고, 바르게 알지 못하고, 어지러운 마음 때문에 생긴다. 다시 이 셋은 생각이 들뜨고, 율의를 행하지 않고, 계를 배우지 않기 때문에 생긴다. 다시 이 셋은 믿지 않고, 가르치기 어렵고, 게으르기 때문에 생긴다. 다시 이 셋은 성인을 뵈려 하지 않고, 설법을 들으려 하지 않고, 남의 단점을 찾기 때문에 생긴다. 다시 이 셋은 공경심이 없고 거슬리는 말이나 하며 나쁜 벗과 친하게 지내기 때문에 생긴다. 다시 이 셋은 스스로 부끄러움도 없고 남에게도 부끄러워하지 않으며 함부로 놀기 때문에 생긴다.

그러므로 늙고 병들어 죽는 괴로움에서 벗어나려면 삼독을 끊고 내지 스스로 부끄러움도 없고 남에게도 부끄러워하지 않고 함부로 놀지 않으려는 습관을 버려야 한다. 이렇게 거듭거듭 수행하다보면 탐욕과 성냄과 어리석음을 끊고 늙음과 병과 죽음을 떠날 수 있게 되느니라."

잡아함 14권 346경 《삼법경(三法經)》

부처님은 29살의 나이에 출가해서 6년간 고행수도를 했다.

그러나 고행 수도를 통해 높은 경지에 이르기는 했으나 완전한 깨달음을 이루지는 못했다. 그래서 고행 수도를 포기하고 보리수 아래로 옮겨 앉아 3x7일 동안 중도 수행법으로 깊은 명상을 실천했다. 그리하여 완전한 깨달음을 성취했다. 그 때의 나이는 35세. 이후 부처님은 녹야원에서 저 유명한 첫 설법(初轉法輪)을 한 이래 45년 동안 하루도 쉬지 않고 수행과 전도를 계속했다. 사막의 모래 바람과 뜨거운 열사의 태양을 마다 않고 넓은 인도대륙을 여행하면서 펼친 전도의 발길은 육신이 쇠잔해진 80세가 돼서야 멈췄다. 참으로 끊임없는 열정으로 계속된 전도의 여정이 부처님의 일생이었다.

도대체 부처님은 29세의 나이에 세속의 부귀영화를 뒤로하고 출가했으며 무엇을 알기 위해 고행 수도를 했는가. 그 분이 깨달았다는 진리는 무엇이고, 무엇을 위해 45년간 쉬지 않고 고단한 정도의 여정을 걸으셨는가. 이 여러 가지 질문을 한마디로 응답해주고 있는 것이 바로 이《삼법경》이다.

이에 따르면 부처님은 늙음(老)과 병듦(病)과 죽음(死)이라는 중생고를 해결하기 위해 이 세상에 오신 분이다. 부처님이 깨달음을 얻은 뒤 그 지혜의 눈으로 진단한 바에 따르면 이 인생의 세 가지 고통(三苦)은 탐진치 삼독(三毒)에 의해서 생겨난 것이다.

그리고 이 삼독은 다시 육신과 삿된 계율과 의심이라는 세 가지 묶임(三結)에 의해 일어난 것이다. 그리고 이는 다시 9번이나 계속되는 다른 세 가지 요인에 의해 생겨난 것이었다. 그래서 부처님은 중생들이 이 끊임없이 계속되는 세 가지 고통과 세 가지 잘못과 세 가지 결박으로 벗어나는 길을 가르치고 있다는 것이다.

    중생고의 괴로움은 반드시 이 경에서 나열한 순차에 의한 것만은 아니다. 중요한 것은 이 경전이 열거하고 있는 3×9=27의 항목 가운데 얼마나 많은 부분이 현재의 나에게서 일어나고 있느냐 하는 것이다. 그 항목이 많으면 많을수록 중생은 더 많은 고통을 받게 되며 해탈로부터는 점점 더 멀어지게 된다. 부처님은 이를 막고자 수많은 잔소리를 거듭하며 설법을 쉬지 않고 있는 것이다. 생각해 보면 참 끈질긴 분이고, 고마운 분이고, 자비로운 분이 부처님이시다.

'전도선언' 속에 담긴 뜻

깨달음을 성취한 부처님이 바라나시의 녹야원에서 첫 설법을 한지 얼마 되지 않았을 때의 일이다. 교진여를 비롯한 다섯 명의 비구를 교화하고 다시 야사와 그의 친구 60여 명을 교화한 부처님은 어느 날 제자들에게 다음과 같은 명령을 내렸다.

"나는 이미 천상과 인간의 모든 인연과 속박에서 벗어났다. 너희들 또한 그러한 속박의 밧줄로부터 벗어났다. 이제 너희들은 세상으로 나가라. 그리하여 세간의 안락과 모든 사람들의 이익을 위하여 설법하라. 세간으로 나갈 때는 두 사람이 한길로 가지 말고 따로따로 다녀라. 이제 나도 우루벨라의 세나니가마(兵將村)로 가리라."

잡아함 39권 1096경 《승삭경(繩索經)》

부처님의 '전도선언(傳道宣言)'으로 불리는 이 말씀은 《불본행집경(佛本行集經)》과 《사분율(四分律)》 32권에도 같은 내용이 기록돼 있다. 이들 두 자료는 이 경에 나오는 말씀보다 조금 더 구체적인 사실을 적시하고 있다. 예컨대 '설법을 할 때는 처음도 좋고 중간도 좋으며, 끝도 좋도록 의리와 표현을 고루 갖추어야 한다. 세상에는 더러움이 적은 삶을 사는 사람도 있지만 그들도 설법을 듣지 않으면 타락할 것이다. 그러나 그들이 설법을 듣는다면 타락에서 벗어날 것이다.'라는 말씀도 있다.

이 짧은 경전은 부처님의 전도선언은 전도의 목적이 무엇이고 그 방법은 어떠해야 하는가를 간명하게 요약하고 있어서 주목된다.

첫째는 어떤 사람이 전도에 나설 자격이 있느냐 하는 것이다.

이에 대해 이 경전은 '신과 인간의 사슬에서 풀려난 사람'이라고 못박고 있다. 이것을 다른 말로 바꾸면 남을 가르칠 만한 지혜와 자격을 갖추어야 한다는 뜻이다. 이 자격에 대해서는 교리적인 검토가 필요하다. 부처님은 전도에 나서는 제자들과 자신을 가리켜 '나와 너희들은 이미 속박의 밧줄에서 벗어났다'고 말하고 있다. 제자와 스승의 인격이 같은 수준이라는 것이다. 《사분율》과 같은 자료에 따르면 최초로 다섯 제자를 교화한 다음 부처님은 자신을 포함해 '이 세상에는 이제 여섯 명의 아라한이 있다'고 말한 대목이 있다. 제자들도 자신과 같은 수준에 이르렀음을 선언하는 말이다. 이 대목은 부처님이라는 인격이 접근 불가한 초인적 경계가 아니라는 것을 의미한다.

둘째는 전도의 목적이다.

이에 대해 이 선언은 '세간의 이익과 안락을 위해서'라고 말한다. 이것은 곧 중생 제도를 위한 대자대비의 발로로 이해하면 될 것이다. 이와 함께 특히 '두 사람이 같은 길로 가지 말고 한 사람씩 다니라'는 말씀은 전도에 대한 부처님의 열망이 얼마나 간절한 것인가를 엿보게 한다.

셋째는 설법의 방법에 관한 것이다.

이에 대해 이 선언은 '처음도 좋고 중간도 좋고 끝도 좋으며 의리와 표현을 갖추어야 한다.'고 말한다. 이는 이치에 맞고 논리 정연한 것이어야 한다는 뜻이다. 그것은 또한 정법에 어긋나는 내용을 두서없이 멋대로 지껄여서는 안 된다는 것을 경계한 것이기도 하다.

한편 이 전도선언에는 또 '비록 더러움이 적은 사람도 설법을 듣지 않으면 타락할지도 모른다' 는 우려가 포함돼 있어서 주목된다. 이 부분은 설법을 들어야 하는 대상이 놓인 상태가 어떤가를 설명한 것이다. 전도선언은 이에 대해 이미 타락했거나 타락하지 않았다 하더라도 곧 타락할 위험에 놓여 있다고 지적하고 있다. 따라서 하루라도 빨리 이 사실을 경고하고 구제의 방도를 강구해야 한다는 것이다. 이는 '마음만 깨끗하면 된다.' 면서 절에 나와 설법 듣는 일을 게을리 하는 건방진 불자들에게 던지는 부처님의 경고이다. 새겨 들어야 할 대목이다.

불자의 사명은 전법

 부처님이 사밧티의 기원정사에 있을 때의 일이다. 어느 날 푼나가 찾아와 교법을 널리 펴기 위해 전법의 길을 떠나겠다며 허락을 청했다.

"저는 지금까지 부처님의 훌륭한 가르침을 배웠습니다. 이제부터는 아직도 이 법을 모르는 사람들에게 법을 전하고자 합니다. 허락해 주시옵소서."

"그래. 좋은 일이다. 너는 이제 어디로 떠나고자 하는가."

"저는 서쪽에 있는 수로나 국으로 가고자 합니다."

"그런가. 하지만 푼나야, 수로나 사람들은 거칠고 모질며 성급하며 사납기가 그지없다고 한다. 그들이 너에게 욕하고 헐뜯으면 어떻게 하려는가."

"부처님. 만약 저들이 그러하다면 저는 그들을 어질고 착한 사람이라고 생각하겠습니다. 왜냐하면 그들은 아직 저를 때리지는 않았기 때문입니다."

"만약 저들이 너를 때리면 어찌 하겠는가."

"그래도 저는 그들을 어질고 착한 사람이라고 생각하겠습니다. 왜냐하면 아직 몽둥이나 칼로 저를 상하게 하지는 않았기 때문입니다."

"만약 저들이 몽둥이나 칼로 너를 상하게 하면 어찌 하겠느냐."

"그래도 저는 그들을 어질고 착한 사람이라고 생각하겠습니다. 왜냐하면 아직 저를 죽이지는 않았기 때문입니다."

"만약 너를 죽이면 어찌 하겠느냐."

"부처님. 그래도 저는 그들을 어질고 착한 사람이라고 생각하겠습니다. 왜냐하면 수행자는 자신에 대한 집착을 버려야 하는데 저들이 그 집착에서 벗어나게 해주었기 때문입니다."

"너는 참으로 나의 교법을 잘 배워 익혔구나. 너는 수로나 국으로 가서 그들과 함께 살면서 그들에게 바른 교법을 전하라. 그리하여 그들을 편안하게 하고 열반을 얻게 하라."

잡아함 13권 311경 《부루나경(富樓那經)》

푼나(富樓那)는 부처님의 10대 제자 가운데 '설법제일'로 칭송된다. 푼나가 설법제일의 칭송을 받은 것은 전법의지가 누구보다 뛰어났기 때문에 붙여진 것이다. 이 경은 그의 전법의지가 얼마나 열렬했던가를 잘 보여주고 있다.

다른 자료에 따르면 그는 부처님과 같은 해 같은 날 태어났다고 한다. 아버지는 부처님의 아버지인 숫도다나(淨飯王)의 국사였으며 어머니는 콘단냐(憍陳如)장로의 여동생이었다. 그는 상대방을 굴복시켜 자기주장을 주입시키기 보다는 상대의 주장을 일단 인정한 다음에 참다운 종교심을 싹트게 하는 교화방법을 구사했다. 푼나는 부처님의 허락을 받고 수로나로 떠나 적극적인 활동으로 5백여 명을 교화했다.

그러나 그의 놀라운 포교성과는 외도들의 시기를 받아 교화활동을 편 지 3개월 만에 순교했다. 불교포교사에서 최초의 순교자가 된 것이다.

푼나가 전법의 길을 떠나기 전에 부처님과의 대화는 초기교단의 불교도들이 얼마나 뜨거운 전법열망을 가지고 있었던 지를 짐작케 한다. 그들은 자신이 박해받거나 심지어는 목숨을 잃을지 모르는 상황을 두려워하지 않았다. 오히려 전법을 하다가 순교를 한다면 이를 영광으로 생각하겠다는 말을 한다. 그들은 불교의 진리에 대해 투철한 확신을 가지고 있었다. 불교는 푼나와 같은 전도 의욕에 충만한 제자들에 의해 빠른 속도로 인도 전역으로 퍼져 나갔다.

전법을 위해 목숨마저 아까워하지 않은 푼나 존자의 얘기를 기록하고 있는 이 경은 언제 읽어도 전율과 같은 감동이 느껴진다.

부처님이 임종 직전에 한 일

 부처님이 열반하기 직전 쿠시나가라 쌍림에 도착했을 때의 일이다.

부처님은 당신이 열반에 드실 것을 알고 아난다를 시켜 머리를 북쪽으로 하고 오른 쪽으로 누워 바른 생각과 바른 지혜로 죽음의 고통을 참고 계셨다.

그때 쿠시나가라에 있던 수바드라라는 노인이 부처님을 찾아와 뵙기를 청했다. 그는 나이가 120세나 되는 외도로서 부처님을 친견하고 설법을 듣는 것이 소원이었다.

"부처님은 오늘 밤 열반에 드실 것입니다. 나는 아직 의심이 있고 바라는 것이 있습니다. 부처님은 나의 의심을 깨우쳐주실 것입니다. 그러니 아난다님. 제발 부처님을 친견하게 해주십시오."

"노인께서는 제발 부처님을 괴롭히지 마시오. 부처님은 지금 몹시 피로하십니다."

수바드라는 아난다에게 세 번이나 간청했고 아난다는 세 번 모두 거절했다. 그러자 누워있던 부처님이 사정을 짐작하고 아난다를 불렀다.

"아난다야. 수바드라를 막지 말라. 내게 와서 의심나는 것을 묻게 하라."

수바드라는 기뻐하며 부처님에게 궁금한 것을 여쭈었다.

"세상의 여섯 가지 종교 지도자들(六師外道)은 자기들만이 진실한 수도자(沙門)라고 말합니다. 과연 저들의 그러한 주장이 옳습니까?"

"여덟 가지 바른 도(八正道)를 행하지 않으면 누구라도 진실한 수도자라 할 수 없다. 바른 도를 행하지 못하는 사람은 외도의 스승이요, 이름만 수도자이니라."

수바드라는 부처님의 가르침을 받고 이내 의심이 풀렸다. 그는 부처님의 제자가 되기를 청해 허락을 받고 '최후의 제자'가 되었다.

잡아함 35권 979경 《수발타라경(須跋陀羅經)》

부처님이 돌아가시자 제자들은 생전의 부처님 모습을 오래도록 잊지 않기 위해 특별한 사건을 연관지어 기억하기 방법을 즐겨 사용했다.

예를 들어 부처님에게 최초로 공양을 올린 사람과 최후로 공양을 올린 사람은 누구인가를 연관지어 기억하는 것이다. 최초로 공양을 올린 사람은 부처님이 고행 수도를 중지한 다음 네란자라 강에서 목욕을 하고 나와서 기진맥진 할 때 유미죽을 끓여준 수자타라는 처녀였다.

그리고 최후의 공양을 올린 사람은 부처님이 쿠시나가라 교외에 이르렀을 대장장이 춘다가 올린 버섯공양이었다. 이때 춘다가 올린 공양은 '숫카맛카라'라는 것이었는데 여기에는 약간 상한 돼지고기가 들어 있었던 모양이다. 이 음식을 드시고 식중독을 일으켜 고생을 하시다가 열반에 들었다. 이로 인해 춘다는 많이 괴로워했다고 한다.

한편 부처님의 최초 제자는 녹야원에서 첫 설법을 들은 콘단냐라는 사람이었다. 그는 고행림에서 부처님과 함께 수행하던 고행자로 부처님이 고행을 포기하자 타락했다면 떠났던 사람이었다. 부처님은 깨달음을 성취한 뒤 이들을 찾아가 설법했는데 콘단냐가 처음으로 부처님의 말씀을 이해하자 '콘단냐는 깨달았다'며 좋아했다고 한다. 그 뒤부터 그는 '깨달은 콘단냐'라는 별명을 갖게 되었다. 그리고 최후의 제자는 바로 이 경전의 주인공인 120세의 노인 수바드라였다. 수바드라가 어떻게 부처님을 만나는가는 본문에 자세히 소개돼 있으므로 생략하기로 한다.

부처님의 생애는 그야말로 여러 가지 극적인 사건과 감동으로 점철돼 있다. 그 중에서도 가장 감동적인 한 장면을 꼽는다면 열반 직전 가르침을 청하는 노인에게 설법하는 바로 이 경전의 장면일 것이다. 중생을 구제하고 가르침을 펴기 위해서는 자신의 고통은 아랑곳하지 않는 성자로서의 부처님 모습이 이 한 장면에 압축적으로 나타나고 있다. 이 경전에서 보이는 부처님의 모습은 권위주의자가 아니다. 너그럽고 자상한 스승이었다. 부처님이 제자들에게 진심으로 존경받은 것은 바로 이 '스승다운 면모' 때문이었다고 생각된다.

진리를 의지처로 삼으라

부처님이 라자가하 죽림정사에 머물고 있을 때의 일이다. 그 무렵 마가다의 나라 마을에 있던 장로 사리풋타가 열반에 들었다. 시봉하던 춘다 사미가 사리풋타를 화장하고 사리를 수습한 뒤 아난다를 찾아와 이 사실을 전했다. 아난다는 놀라하며 부처님을 찾아뵙고 사뢰었다.

"부처님. 지금 저는 온몸이 풀리고 천지가 뒤바뀐 듯하여 어찌할 바를 모르겠습니다. 조금 전 춘다 사미가 저를 찾아왔는데, 사리풋타 존자께서 열반하여 이미 화장을 마치고 사리를 가져왔나이다.

사리풋타께서는 계율이 완전하고, 욕심이 적어 만족할 줄 알며, 큰 지혜를 성취한 교단의 상좌입니다. 저도 많은 가르침을 받았는데 열반에 들었다 하니 애통한 마음을 금할 수 없나이다."

"아난다야. 너는 근심하고 괴로워하지 말라. 무릇 모든 것은 다함이 있고 무너지는 것이니 아무리 무너지지 않게 하려 해도 그렇게 할 수는 없느니라. 내가 전에 이미 말한 것처럼 정신과 육체와 의식은 아무리 사랑한다해도 마침내 버리고 떠나는 것이어서 언제까지나 보존할 수 없는 것이니라. 사리풋타는 대중 속에서 가장 뛰어난 제자이지만 마침내 큰 바위산도 무너지듯이 떠난 것이니라.

아난다야. 너는 알아야 한다. 여래도 오래지 않아 떠날 것이다. 그러므로 아난다야. 마땅히 스스로를 의지처로 삼고, 법을 의지처로 삼아야 한다. 결코 다른 것을 의지처로 삼지 말라."

잡아함 24권 638경 《순타경(純陀經)》

 사리풋타는 부처님보다 연상으로 친구인 목갈라나와 함께 제자가 된 교단의 장로였다. 일반적으로 자기보다 연하의 사람을 스승으로 섬긴다는 것은 상상이 어렵다.

그러나 사리풋타와 목갈라나 같은 사람은 그것을 개의치 않았다. 바르게 깨치고 지혜가 더 높고 훌륭한 인격을 갖춘 사람을 스승으로 섬긴다는 것은 부끄러운 일도 자존심 상하는 일도 아니었다. 오히려 그런 스승을 가질 수 있다는 것을 행복하게 생각했다. 부처님의 최초 제자였던 콘단냐나 최후의 제자였던 수바드라 역시 부처님보다 연상이었다.

부처님의 제자 중에는 동년배인 제자도 상당수 있었다. 푼나나 카트야나, 나중에 불교교단을 실질적으로 지도하는 카사파도 비슷한 나이였던 것으로 추정된다. 이들은 세속의 나이보다는 누가 먼저 승단에 입문했는가, 그리고 누가 더 빨리 깨달음을 성취하고 높은 경지에 올랐는지로 자리를 정했다. 이런 기풍은 뒷날에까지 계속 이어져 승가사회는 이른바 법납(法臘)으로 위계를 정하는 바탕이 되었다.

그건 그렇고, 장로 사리풋타의 열반 소식은 부처님에게도 큰 슬픔이었을 것이 분명하다. 경전의 여러 문면을 살펴보면 부처님도 그를 교단의 '큰 바위산'으로 생각하고 깊은 신뢰를 가지고 있었던 듯하다. 아마 그가 더 오래 살았다면 부처님의 후계자가 되었을 것이라고 추정하는 학자도 있다. 그러나 부처님은 사리풋타의 입멸소식을 듣고 애써 슬픔을 보이지 않았다. 오히려 그럴수록 모든 존재는 반드시 소멸하기 마련이라는 사실을 제자들에게 깨우쳤다. 그러므로 사람에 의지하지 말고 진리에 의지하라고 가르쳤다.

　가까운 사람의 죽음은 누구나 안타깝고 슬픈 일이다. 부처님도 예외는 아니다. 그러나 그 죽음을 어떻게 받아들이느냐 하는 문제에 있어서 부처님과 중생은 확연한 차이를 드러낸다. 가까운 사람의 죽음을 슬픔으로만 받아들이지 말고 거기서 오히려 큰 깨우침을 얻어야 한다는 것이다. 우리가 다른 사람의 죽음을 목도했을 때도 마찬가지다.

　부처님은 당신의 임종 때도 똑같은 유훈을 남겼다. 이것이 저 유명한 '스스로에 의지하고 진리에 의지하며, 스스로를 등불삼고 진리를 등불 삼으라.(自歸依法歸依 自燈明法燈明)'는 가르침이다.

　사족 한 마디 더.

　나는 다행스럽게도 몇 년 전 인도의 성지를 순례한 적이 있다. 부처님이 열반에 들었던 쿠시나가라를 찾았을 때 나는 얼굴이 눈물로 범벅이 되도록 울었다. 해는 지고 달이 떠올랐는데 나의 스승이신 부처님이 이곳에서 잠들었구나, 그때 이 자리에 함께 있었던 성제자들이 얼마나 슬퍼했을까를 생각하니 도저히 눈물을 참을 수가 없었다. 부처님은 임종에 즈음해 '사람은 누구나 죽는다. 슬퍼하지 말라'고 타이르셨지만 나도 그 자리에 있었다면 이렇게 울었을 것이 틀림없었을 것이라며 밤 깊은 쿠시나가라에서 울고 또 울었다.

사람을 믿으면 실망하기 쉽다

 부처님이 사밧티의 기원정사에 머물고 계실 때의 일이다. 어느 날 제자들에게 다음과 같이 가르치셨다.

"진리를 믿지 않고 사람을 믿으면 다섯 가지 허물이 생긴다.

만약 자기가 믿는 사람이 대중으로부터 비난받거나 버림을 받으면 그는 실망해서 이렇게 생각한다. '나는 그를 존중하고 공경하였는데 대중들은 그를 비난한다. 이제 나는 누구를 믿고 절에 갈 것인가.' 이것이 첫 번째 허물이다.

만약 자기가 믿는 사람이 계율을 범하거나 어기면 그는 실망해서 이렇게 생각한다. '나는 그를 존중하고 공경하였는데 그는 계율을 범하였다. 이제 나는 누구를 믿고 절에 갈 것인가.' 이것이 두 번째 허물이다.

만약 자기가 믿는 사람이 그 절에 있지 않고 다른 곳으로 떠나면 그는 실망해서 이렇게 생각한다. '나는 그를 존중하고 공경하였는데 그는 다른 곳으로 떠났다. 이제 나는 누구를 믿고 절에 갈 것인가.' 이것이 세 번째 허물이다.

만약 자기가 믿는 사람이 도를 닦지 않고 속세로 돌아가면 그는 실망해서 이렇게 생각한다. '나는 그를 존중하고 공경하였는데 그는 세속으로 돌아갔다. 이제 나는 누구를 믿고 절에 갈 것인가.' 이것이 네 번째 허물이다.

만약 자기가 믿는 사람이 목숨이 다해 죽게 되면 그는 실망해서 이렇게 생각한다. '나는 그를 존중하고 공경하였는데 그가 죽었다. 이제 나는 누구를 믿고 절에 갈 것인가.' 이것이 다섯 번째 허물이다.

　이리하여 그는 마침내 절에 가지 않게 되고, 절에 가지 않으면 스님들을 공경하지 않게 된다. 스님들을 공경하지 않으면 설법을 들을 수 없고, 설법을 들을 수 없으면 진리를 등지거나 물러나게 된다. 이것이 사람을 믿고 공경함으로써 생기는 다섯 가지 허물이다.

　그러므로 비구들이여. 그대들은 마땅히 부처님과 교법과 승단과 계율에 대한 무너지지 않는 깨끗한 믿음을 갖고 지나치게 사람을 의지하거나 믿지 말라."

잡아함 제30권 837경 《과환경(過患經)》

　부처님이 이 경에서 지적하고 있는 허물은 실제로 우리들의 신행생활에서도 많이 목격하게 된다. 절에 나가다 보면 실망하는 일이 한두 가지가 아니다. 무엇보다도 큰 실망은 스님들이 도덕적으로 비난받는 일을 했을 때다. 인간적인 신뢰가 무너지는 것은 그렇다 치더라도, 사회적으로 불교와 스님들을 한꺼번에 싸잡아 매도하는 여론이 들끓을 때면 차라리 불자라는 사실을 숨기고 싶은 심정이다.

　절에서 나쁜 일이 생길 때 가장 곤혹스러운 것은 가족이나 친지들이 '도대체 어떻게 된 일이냐?'고 물어오는 경우다. 불교전체, 스님들 모두가 그런 것은 아니라고 변명을 하지만 이들은 옛날의 시시콜콜한 얘기까지 꺼내면서 빈정거린다. 화를 낼 수도 없고 싸울 수도 없고 괜히 스님들이 밉고 원망스러워진다. 이럴 때는 쥐구멍이라도 있으면 세상 여론이 잠잠해질 때까지 숨었다 나왔으면 좋겠다고 말하는 사람도 있다.

　부처님은 이런 중생의 마음을 미리 헤아리고 계신 듯하다. 오히려 얼마든지 그런 일이 있을 수 있다는 것을 전제로 그럴 때 어떻게 처신하고 마음을 달래야 할지를 가르치고 있다. 그러나 부처님의 방법도 별로 신통한 것은 아니다. 다만 이로 인해서 '진리의 길'에서 물러나는 일만은 없어야 한다는 것이다. 그러기 위해서는 사람을 공경하고 따르기 보다는 가르침 자체를 믿고 따르라는 지극히 '부처님다운 말씀'이다. 하긴 속담에도 '부처님 뵈러 절에 가지 스님 뵈러 가나.'라는 말이 있기는 하다. 진리를 믿지 않고 사람을 믿다가 생기는 실망을 경계한 말일 것이다. 스님을 믿지 말고 부처님 법을 믿으라는 말씀이다.

꾸준히 절에 나가야 할 까닭

 부처님이 사밧티의 기원정사에 머물고 있을 때의 일이다. 어느 날 상카라(僧迦羅)라는 젊은이가 찾아와 이런 것을 여쭈었다.

"부처님의 가르침을 받은 사람 가운데서도 어떤 사람은 훌륭하고 어떤 사람은 훌륭하지 않습니다. 이들은 왜 그러합니까. 또 어떻게 훌륭한지 그렇지 않은지를 알 수 있습니까?"

이 젊은이의 질문은 요컨대 훌륭한 가르침을 받았으면 다 훌륭하게 되어야 할 텐데 왜 그렇지 않느냐는 것이었다. 이에 대해 부처님은 달(月)을 비유해 그 원인과 결과를 설명해 주었다.

"상카라야. 보름달은 처음에는 비록 조그맣지만 날이 갈수록 광명이 더해 마침내 둥글고 원만해져서 세상을 환하게 비춘다. 그러나 그믐달은 처음에는 둥글고 환하지만 한번 기울기 시작하면 밤낮으로 줄어들어 나중에는 완전히 빛을 잃고 만다. 나의 가르침을 받은 사람도 이와 같다. 어떤 사람이 내게 와서 가르침을 받고 바른 믿음과 고요한 마음을 갖기 시작했다고 하자. 그는 바른 소견으로 깨끗한 계를 지키며, 착한 벗을 가까이 하고, 바른 법을 알고, 남에게 은혜를 베풀고 보시를 할 것이다. 그리하여 마침내 보름달처럼 얼굴도 환해지고 인격도 훌륭해질 것이다.

그러나 어떤 사람은 처음에는 잘 했으나 어느 순간 초지를 잃고 바른 소견과 바른 믿음을 잃는다. 그런 뒤에는 점점 깨끗한 계를 지키지 않고 착한 벗을 멀리하며 바른 법을 배우기를 게을리 한다. 몸으로는 나쁜 행동을 하고 입으로는 나쁜 말을 하며 뜻으로는 나쁜 생각을 한다. 이렇게 나쁜 인연을 지음으로써 그는 목숨을 마친 뒤 나쁜 세상에 떨어지게 된다."

잡아함 제4권 94경 《승가라경(僧迦羅經)》

세속에 있으면서 종교생활을 하는 사람은 두 가지 극단을 피하는 것이 좋다. 하나는 지나치게 열광적으로 절이나 교회를 나가는 것이고 또 하나는 아예 절이나 교회를 외면하는 냉소주의다. 종교생활을 지나치게 열광적으로 하는 사람은 자칫하면 가정과 사회로부터 외면당하기 쉽다. 실제로 날마다 새벽기도를 나간다고 남편이나 자식의 아침도 제대로 챙기지 못하는 사람이 있다. 또 무슨 기도회다, 부흥회다 하면서 며칠씩 집을 비우고 직장에도 나가지 않는 사람이 있다. 본인의 입장에서는 그것만이 최선의 가치요 구원의 길이라고 생각하겠지만 가정과 사회는 그것을 쉽게 용납하지 못한다. 결국 가정파탄이 오고 집에서 쫓겨나는 지경에 이른다. 그러면 그 때는 갈 곳이 없어진다. 종교생활이란 인간의 행복한 삶을 위한 것이다. 결코 인간이 종교를 위해 존재하는 것이 아니다. 그렇게 요구하는 종교가 있다면 그 종교는 그 이유 하나만으로 사교(邪敎)에 지나지 않는다.

반대로 지나치게 종교에 대해 냉소적인 태도도 옳지 않다. 우리 중생은 일순간의 잘못으로 나쁘게 될 가능성이 얼마든지 있다. 그러므로 항상 바른 소견과 믿음을 가져야 하고 좋은 도반을 가까이 해야 하며, 자주 법문을 듣고 깨끗한 계를 지켜 바른 행동을 하기를 게으르지 말아야 한다. 그래야 보름달처럼 된다. 만약 절에 자주 나가지 않고 법문 듣는 일을 게을리 하면 날마다 기우는 달처럼 될 수밖에 없다.

절이란 한마디로 '선한 사람들의 공동체'다. 절에 가면 어려운 세상에서 그래도

선하게 살려고 애쓰고 바르게 살려고 애쓰는 사람들을 만날 수 있다. 그들과 함께 있어 보면 자신도 모르게 마음이 맑아지고 밝아진다. 보름달처럼 돼가는 것이다. 그러나 이를 소홀히 하고 외면하고 비웃다 보면 심성이 비뚤어지기 쉽다. 그리고 또 한 가지 중요한 것은 인생과 세계의 실상에 대한 바른 안목이 열리지 않는다. 인생의 모든 오류는 여기에서 시작된다. 불교는 그것을 막아주고자 하는 가르침이다.

열광주의나 냉소주의만 버린다면 종교는 사람을 참 편안하게 해준다.

그릇을 비워야 채울 수 있다

부처님이 제자 우다이(優陀夷) 존자가 어느 때 코살라 국의 카만다야 마을 암라 동산에 머무른 적이 있었다. 그 동산은 베라카트야나(毘紐迦旃延)라는 여자 바라문의 소유였는데 마침 그녀의 제자들이 나무를 하러 왔다가 존자를 만났다. 그들은 존자의 수행자다운 편안한 모습에 마음이 움직여 설법을 청했다.

존자는 그들을 위해 성심을 다해 설법해 주었다. 젊은이들은 설법을 듣고 베라카트야나에게 돌아가 이렇게 말했다.

"스승님, 저희들은 지금 암라 동산에 와 있는 우다이로부터 설법을 듣고 오는 중입니다. 그는 진리에 대해 막힘없이 아주 친절하게 가르쳐 주어서 큰 감동을 받았습니다."

그녀는 자기도 존자를 만나 설법을 듣고 싶어졌다. 그래서 우다이를 초청해 공양을 올리기로 하고 사람을 보냈다. 우다이는 이를 기꺼이 허락하고 다음날 아침 그녀의 집으로 찾아가 공양을 받았다. 공양이 끝나자 그녀는 좋은 신을 신고 높은 자리에 거만하게 앉아 우다이 존자에게 말했다.

"스님, 한 가지 여쭤 볼 일이 있는데 대답해 주시겠습니까?"

그러나 무슨 까닭인지 존자는 '지금은 때가 아니다'라며 자리에서 일어서는 것이었다. 그녀는 다음날에도 공양을 올리고 말을 꺼내 보았으나 결과는 역시 마찬가지였다. 그러기를 세 번이나 계속했다. 여자 바라문은 주변 사람들에게 그 이유를 물었다. 그랬더니 그중 눈치 빠른 사람이 말했다.

"그것은 아마 당신이 가죽신을 신고 높은 자리에 거만하게 앉아 설법을 들으려고 하기 때문일 것이다. 우다이는 진리를 존중하는 사람이니 높은 곳에 앉아 업신여기는 사람에게는 설법하지 않으려는 것 같다."

그녀는 깨달은 바 있어서 다음날에는 신발을 벗고 낮은 곳에 앉아서 법을 청하였다. 그제야 존자는 성의를 다하여 설법해 주었다.

잡아함 9권 253경《비뉴가전연경(毘紐迦旃延經)》

상대방의 말을 경청해 주는 곳도 사람의 예절 가운데 하나다.

자기 말만 하고 남의 말을 듣지 않거나 무시하는 것처럼 교양 없는 태도도 없다. 어떤 모임에 가보면 이런 사람이 꼭 한둘이 눈에 띈다. 그들은 자기 말만 신나게 하고 남의 말은 중간에 뭉텅 잘라 버린다. 버릇치고는 고약한 버릇이 아닐 수 없다.

남의 말을 경청하려면 우선 겸손해야 한다. 겸손이란 무엇인가. 자기를 낮추는 것이다. '눈높이'란 말이 있지만 '귀높이'도 맞추어야 상대방 말을 들을 수 있다. 어린이와 얘기하려면 어린이 수준에 맞추어야 한다. 그래야 말이 통한다. 어른이 어린이와 높이를 맞추려면 속에 들어 있는 교만을 비워내고 겸손해져야 한다. 이것이 대화법의 기초이다.

강의를 듣거나 설법을 들을 때도 마찬가지다. 말하는 사람이 먼저 높이를 맞추어야겠지만 듣는 사람도 높이를 맞추어야 한다. 듣는 사람이 높이를 맞춘다는 것은 마음 속에 들어 있는 기존의 고정관념이나 선입견을 일단 비워내는 것이다. 그래야 상대방의 말을 한마디도 흘리지 않고 담을 수 있다. 거부나 수용은 그 다음에 충분히 여과해서 결정해도 늦지 않다.

그런데 지금 이 경전에 등장하는 여주인공은 마음을 비워내지 않은 채 설법을 들으려 하고 있다. 우다이 존자가 세 번이나 '지금은 때가 아니다'라고 말하고 돌아갈 정도면 그녀가 어느 정도 고자세인지 짐작이 가고 남는다. 이래서는 안 된다. 학교 공부를 할 때도 잡념이 들어 있으면 잘 안 되듯이 설법을 들을 때도 교만한 마음이 들어 있으면 아무런 도움이 안 된다. 차라리 안 듣는 것이 나을지도 모른다.

이 경전의 이야기는 설법이나 강의를 듣는 사람의 자세가 어떠해야 하는지를 가르치고 있다. 가득 채워진 그릇에는 결코 새로운 물을 담을 수 없다. 빈 그릇이 되어야만 감로수를 가득 채울 수 있다.

점을 치거나 보면 안 된다

부처님이 라자가하 죽림정사에 있을 때의 일이다. 그 무렵 마하목갈라나는 락카나와 함께 키자쿠타 산에서 수행 중이었다. 어느 날 목갈라나는 걸식을 하기 위해 라자가하(王舍城)으로 들어갔다. 목가라나가에 어떤 골목을 지나가고 있을 때 눈앞에 이상한 모습을 한 중생이 나타났다가 사라졌다. 어떤 모습인가 하면 '쇠맷돌로 정수리를 갈리고 온몸에는 불이 활활 붙은 꼴'이었다.

목갈라나는 신통이 뛰어난 제자였으므로 그 가엾은 중생이 어떤 존재인 줄 알고 안타까운 표정을 지었다. 궁금하게 여긴 락카나가 물었으나 그가 믿지 않을 것 같아 일부러 대답을 하지 않았다. 목갈라나는 돌아오는 길에 죽림정사에 계시는 부처님을 찾아뵙고 이 같은 사실을 사뢰었다. 그랬더니 부처님은 이렇게 설명해주었다.

"그 중생은 과거세에 라자가하에 살던 남자 점쟁이와 여자 점쟁이다. 그들은 점치는 것으로써 사람을 속여 재물을 모았다. 남을 속인 죄로 죽어서 지옥에 떨어져 한량없는 고통을 받았으나 아직도 죄가 남아 과보를 받고 있는 것이다."

잡아함 19권 520경 《점복녀경(占卜女經)》

인생의 미래는 불확실한 것이다. 불확실한 미래는 불안하다. 그래서 사람들은 미래를 알고 싶어 한다. 만약 미래를 예측할 수 있다면 불안한 마음이 조금이라도 덜할 수 있을 것으로 믿기 때문이다. 그러나 누구도 미래를 예측할 수 있는 사람은 없다. 간혹 용한 점쟁이가 있어서 미래를 예언한다고 하지만 도대체 다 가오지 않은 미래를 어떤 신통한 방법으로 알아낼 수 있단 말인가.

점쟁이들은 사주니, 관상이니, 주역이니 해서 미래를 알 수 있는 것처럼 말한다. 그렇지만 용하다는 관상가도 자기의 미래는 점치지 못한다. 주역과 팔괘를 아무리 잘 뽑아도 닥쳐오는 미래를 변화시킬 수는 없다. 만약 그런 신통한 능력이 있다고 주장하는 사람이 있다면 그는 지금 남을 속이고 있거나 스스로 어리석음에 빠져 있거나 둘 중에 하나일 것이다.

'수상(手相)이 관상(觀相)만 못하고 관상이 심상(心相)만 못하다.'

무슨 말인가 하면 손금이 아무리 좋아도 얼굴이 잘 생겼어도 남에게 호감을 주는 것만은 못하고, 얼굴이 아무리 잘 생겨도 마음을 잘 쓰는 것만은 못하다는 말이다. 이는 결국 세상만사란 마음먹기(一切唯心造)에 달렸다는 뜻이다. 관상이니 운명이니 하는 것을 보는 이유가 도대체 무엇인가. 미래의 길흉화복을 미리 알고 그에 대처하자는 것이다. 그런데 결국 미래의 길흉화복도 마음쓰기에 달려 있다면 굳이 관상이나 점을 볼 필요가 있겠는가. 차라리 그렇게 신경이 쓰인다면 그 시간에 복업이나 많이 쌓을 일이다. 나쁘게 될 팔자라도 복업 때문에 잘 될 것이고, 잘 될 운명이라면 복업 때문에 더 잘 될 것이기 때문이다.

부처님은 점을 보거나 남을 위해 점을 보는 일, 두 가지 다 옳지 않다고 가르쳤다. 만약 점을 보아준다고 남을 속이는 사람이 있다면 그는 지옥에 떨어져 한량없는 고통을 받게 될 뿐이다.

간혹 불자 중에는 점복으로 사람들을 현혹해 어리석음에 빠뜨리는 사람이 있다. 이들은 자신의 행위를 언필칭 '방편'이라고 말한다. 하지만 부처님은 이를 '지옥에 갈 짓'이라고 말하고 있다. 모골이 송연해지지 않을 수 없다.

전생의 일을 화제 삼지 말라

부처님이 라자가하 죽림정사에 계실 때의 일이다. 어느 날 오후 비구들은 공양이 끝난 후 식당에 둘러앉아 이런저런 얘기를 하다가 전생(前生)에 관한 얘기를 화제로 삼았다. '누구는 전생에 어떤 업을 지었으며 그 때 어떤 일을 얼마나 잘 하였을까' 하는 식으로 많은 시간을 허비했다.

마침 부처님은 정사의 외진 곳에서 홀로 명상에 잠겨 있다가 소란스런 웃음소리와 말소리가 들리자 비구들이 있는 곳으로 왔다.

"너희들은 지금까지 무슨 얘기를 나누었느냐?"

"전생에 관한 얘기를 나누었습니다."

"비구들아. 너희들은 앞으로 전생에 관한 얘기를 화제로 삼지 말라. 왜냐하면 그런 얘기는 진리를 알게 하는 것도 아니고 깨끗한 행위에 도움을 주는 것도 아니다. 지혜나 바른 깨달음에 도움을 주는 것도 아니고 열반으로 향하는데 도움을 주는 것도 아니다.

너희들이 마땅히 화제로 삼아야 할 것은 여래가 가르친 '괴로움의 진리, 괴로움이 모이는 진리, 괴로움이 소멸된 진리, 괴로움을 소멸하는 방법에 관한 진리(四聖諦)'에 관한 것이다. 왜냐하면 이런 화제는 진리를 알게 하는 데 도움이 되며, 깨끗한 행위와 참다운 지혜와 바른 깨달음을 이루는데 도움이 되기 때문이다.

그러므로 비구들이여. 애써 진리에 관한 얘기를 나눌지언정 열반으로 향하는데 도움이 되지 않는 얘기를 화제로 삼지 말라."

잡아함 16권 424경 《숙명경(宿命經)》

이 경전은 부처님의 관심이 어디에 있으며 불교가 추구하는 것이 어디에 있는지를 말해 준다. 한마디로 말해 부처님은 이러한 문제에 관해 깊은 관심을 가지지 말라고 가르친다. 불교의 일관된 관심은 이런 쓸데없는 논쟁에 휩쓸리는 것이 아니라 현실적인 괴로움을 해결하는 데 있다.

호사가들은 전생 문제와 같은 화제에 대해 박식하면 친구들 사이에 인기가 있을지 모르겠다. 그러나 종교생활을 하는 사람들은 그런 것보다 진리의 수행과 거룩한 것에 대해 얘기하고 명상하는 것이 더 좋다. 전생 이야기 같은 것은 잘못하다가 신비주의에 빠지거나 쓸데없는 상상에 매달리게 할 뿐이다.

늘 부처님과 함께 있는 사람

부처님이 카필라바투 니그로다 동산에 계실 때의 일이다. 여름 안거를 마친 부처님이 다른 곳으로 떠날 것을 안 재가 신도 마하나마가 부처님을 찾아뵙고 이렇게 말했다.

"부처님. 제가 식당에서 여러 비구들이 하는 말을 들으니 가사를 다 꿰매면 곧 다른 곳으로 떠나실 것이라 하였습니다. 저는 아직 근기가 천박하여 부처님이 안 계시면 사방이 아득하여 들은 법도 다 잊어버릴 것 같습니다. 이제 부처님과 여러 친한 스님들과 헤어지면 언제 다시 만나 뵐 수 있을는지요."

마하나마의 청은 요컨대 부처님이 더 오래 있어 주었으면 하는 것이었다. 이에 대해 부처님은 이렇게 마하나마를 달랬다.

"마하나마여. 너무 섭섭해 하지 말라. 네가 참으로 믿음이 깊은 신자라면 여래가 곁에 있거나 없거나, 친한 비구들을 보거나 보지 않거나 항상 다섯 가지 바른 법을 생각하고 닦으라. 그러면 너는 항상 여래와 그 제자들과 함께 있는 것이 되리라. 다섯 가지란 어떤 것인가. 첫째는 바른 믿음을 갖는 것이요, 둘째는 계율을 잘 지키는 것이요, 셋째는 자주 설법을 듣는 것이요, 넷째는 널리 보시를 행할 것이요, 다섯째는 바른 지혜를 갖는 것이다.

마하나마여 재가 신자는 이 다섯 가지 법에 의지해 여섯 가지 공덕을 잘 닦아야 하리니 여섯 가지란 어떤 것인가.

첫째는 '여래는 나의 스승'이라고 믿는 것이요, 둘째는 '불법은 가장 귀한 것'이라고 믿는 것이며, 셋째는 승단은 '가장 청정한 집단'이라고 믿는 것이며, 넷째는 '계율은 가장 깨끗한 것'이라고 믿는 것이며, 다섯째는 보시는 가장 훌륭한 공덕이라고 믿는 것이며, 여섯째는 '이러한 믿음의 공덕으로 천상에 태어날 것'이라고 믿는 것이다.

마하나마여. 나의 재가 제자는 항상 이상과 같은 열한 가지 법을 잘 닦고 성취하면 내가 있으나 없으나 결정코 그 성취가 허물어지지 않을 것이니라."

잡아함 33권 932경 《십일경(十一經)》

불교에서 부처님의 존재는 신성불가침의 권위적 상징이 아니다. 불교도에게 부처님은 자상한 교사요, 진리의 길을 함께 걷는 친구와 같은 존재다. 따라서 부처님을 통하지 않고는 열반에 이를 수 없다는 따위의 절대적 권위는 인정되지 않는다. 불교에서 최고의 권위를 갖는 것은 오직 진리뿐이며 부처님도 진리 앞에서는 중생과 동일한 위치에 선다. 이 사실은 부처님 자신이 '나는 고성으로 가는 옛길을 발견한 사람'이라는 표현을 통해 밝힌 바 있다.

그러나 부처님은 인간적으로 너무나 자상한 진리의 스승인 까닭에 제자나 신자들의 존경이 남달랐다. 많은 사람들은 불교의 진리 그 자체보다는 부처님이라는 전인적 인격을 신뢰하고 의지했다. 이러한 존경과 신뢰는 자연스럽게 카리스마를 만들었다. 만약 부처님에게 이러한 카리스마가 없었다면 불교의 전파 속도는 훨씬 늦었을 것이다.

이 경은 바로 이 같은 사정을 짐작케 한다. 재가 불자인 마하나마는 부처님과 그 제자들에 대한 한없는 신뢰와 존경을 보이면서 이별을 아쉬워하고 있다. 이에 대해 부처님은 진실한 종교생활을 하려는 재가 불자들이 무엇보다도 먼저 실천해야 할 일과 마음의 자세를 설명함으로써 섭섭한 마음을 달래주고 있다. 참으로 불교를 믿는 사람은 부처님이 가까이 있느냐 멀리 있느냐가 문제되는 것이 아니라는 것이다. 가까이 있어도 가르침에 충실하지 않는 사람은 부처님과 멀리 떨어져 있는 것이다. 하지만 멀리 헤어져 있어도 가르침을 실천하는 사람은 늘 가까이 있는 것이나 마찬가지라는 말씀이다.

　이는 오늘 우리에게도 그대로 적용되는 가르침이다. 이미 부처님이 열반한 지 2600여년이 지난 오늘의 불자는 그분이 생존해 있었을 때 직접 친견하지 못한 아쉬움이 크다. 그러나 부처님 당시에 태어났더라도 가르침에 충실하지 않은 사람은 부처님을 진실로 가까이 하지 못한 사람이다. 반대로 부처님의 그림자도 못 본 사람들이라도 가르침에 충실 한다면 바로 그가 훌륭한 제자라는 것이다. 이는 불교가 사람을 믿는 종교가 아니라 진리(法)를 중시하는 종교라는 의미이기도 하다.

가족부터 불자를 만들자

부처님이 사밧티의 기원정사에 있을 때의 일이다. 어느 날 기원정사를 지어 불교교단에 기증한 수닷타(급고독) 장자가 찾아와 무슨 얘기 끝에 이런 말을 했다.

'어떤 사람이라도 우리 집에 있으면 그는 깨끗한 믿음을 얻고, 목숨을 마치면 천상에 태어날 것이다.'

이 말을 들은 부처님이 짐짓 그에게 되물었다.

"수닷타 장자는 어떤 일을 하기에 그 같은 말을 자신 있게 하는가?"

"부처님, 저는 우리 집에서 어떤 사람이 임신을 하면 이렇게 가르칩니다. '그 아이를 위해 부처님과 그 가르침과 승단에 귀의하라. 그리고 아이가 태어나면 그 아이를 삼보에 귀의시키고, 그 아이가 철이 들면 깨끗한 계를 가지도록 하라'고. 우리 집 가족은 물론이고 우리 집에서 일하는 하인들까지도 그렇게 하도록 가르칩니다. 저는 또 손님을 재우거나 일꾼을 쓸 때도 반드시 세 가지 귀의와 다섯 가지 계율을 받은 사람을 골라서 쓰며, 아직 삼보에 귀의하지 않은 사람이면 귀의하도록 권합니다. 또한 그들이 깨끗한 마음으로 삼보를 공양하도록 권합니다. 그러므로 어떤 사람도 우리 집에 있으면 깨끗한 믿음을 얻게 되고 목숨을 마치면 천상에 태어난다고 하는 것입니다."

수닷타의 말이 끝나자 부처님이 최고의 찬사로 수닷타 장자를 칭찬하고 '당신의 말대로 모든 것이 뜻대로 이루어질 것'을 인정했다.

잡아함 47권 1241경 《급고독경(給孤獨經)》

'전가족의 불자화'는 주장에 비해 성과가 별로 없는 것이 우리나라 불교의 현실이다. 불자의 종교생활은 자기 혼자만 절에 가서 불공하고 설법 듣는 것으로 끝나는 것이 대부분이다. 이것을 가리켜 '대리신앙'이라고 한다. 가족을 대신해 누군가 혼자 절에 나가고 나머지는 종교생활을 하지 않는 것이다. 이런 태도는 옳지 않다.

고려 때의 고승 보조국사 지눌에게 누님 한 분이 있었다. 그녀는 동생이 고승인 것을 자랑했으나 자신은 열심히 수행하지 않았다. 어느 날 공양 시간에 누님이 찾아왔다. 스님은 짐짓 밥상을 하나만 차리게 하고 혼자서 밥을 먹었다. 누님은 야속해 하자 지눌 스님은 이렇게 말했다.

"내가 밥을 먹었으니 누님도 배가 불러야 할 텐데 왜 누님은 배가 부르지 않습니까?"

"동생이 밥을 먹었는데 어떻게 내 배가 부르겠나."

"그것을 알면서 누님은 어째서 수행을 하지 않습니까. 동생이 고승인 것 하고 누님하고는 아무 상관이 없습니다."

지눌 스님의 가르침은 많은 것을 생각케 한다. 행복한 인생을 위한 최상의 가르침이 불교라고 믿는다면 그것을 내 가족과 친척, 그리고 가까운 이웃에게 먼저 전해야 한다. 나 혼자서만 맛있는 밥상을 받는 것은 인색한 일이다. 마땅히 남에게도 권하고 특히 가족에게는 각별한 애정과 관심으로 권해야 한다. 부처님도 재가불자의 이러한 종교생활을 칭찬하고 권했다.

불교의 생활화란 무엇인가. 요람에서 무덤까지 부처님의 가르침 속에서 살다가 부처님의 나라로 떠나도록 하는 것이다. 특히 이 경전에서 급고독 장자가 말하고 있듯이 '앞으로 태어날 아기를 위해 삼보에 귀의하고, 또 그 아이가 태어났을 때 삼귀의와 오계를 받도록 하는 것' 은 불자들의 중요한 의무다. 나아가서는 사업상 만나는 이웃까지도 불법으로 인도해야 불자라는 이름이 부끄럽지 않게 된다. 그런데 지금 우리는 어떤가. 가까운 가족과 친척, 친구를 부처님의 품으로 안내하는데 게으르지 않는지 반성해 볼 일이다.

남편을 불법에 귀의시키라

 부처님이 기원정사에 머물고 계실 때의 일이다. 어느 날 한 바라문이 잔뜩 화가 나서 부처님을 찾아왔다.

그는 원래 집안대대로 외도를 믿어왔는데 어느 때인가부터 아내 다닌자니가 삼보에 귀의하고는 외도의 가르침을 따르려 하지 않았다. 아내는 불교에 귀의한 뒤로부터는 좋은 일이 있을 때나 나쁜 일이 있을 때나 항상 부처님 계신 곳을 향해 '이 세상에서 가장 귀하신 분이며, 공경받을 만한 분이시며, 완전하게 깨달은 분에게 귀의합니다.'라고 말했다. 남편이 '미쳤느냐?'고 화를 내면 아내는 이렇게 대답했다.

"어떤 사람도 부처님과 토론해 이기는 것을 보지 못했다. 내 말이 거짓인지 아닌지 당신이 직접 가서 확인해보라."

화가 난 남편은 아내를 개종시킨 이교도를 혼내주기 위해 부처님을 찾아왔다.

"내가 어떤 것을 죽이면 편안하고, 걱정 없이 살 수 있는지 아는가?"

그의 질문은 매우 위협적이었다. '내가 당신을 죽여 버리면 편안하고 걱정 없이 살 수 있을 것인데 당신은 그것을 알고 있는가?'란 말투였다. 성난 바라문의 마음을 헤아린 부처님은 이렇게 대답했다.

"성냄을 없애면 편안히 살 수 있다. 성냄을 없애면 마음이 편안해진다. 성냄은 모든 독의 근본이다. 그것은 모든 선근을 해친다. 그 성냄을 죽인다면 모든 성인은 그를 칭찬할 것이다. 만일 네가 능히 그 성냄을 없앤다면 마음에는 걱정이 없어지리라."

이어서 부처님은 그에게 보시와 계율의 공덕과 번뇌를 없애는 법을 차례로 일러 주었다. 깨끗한 흰 천이 쉽게 물드는 것처럼 그는 금방 네 가지 진리(四聖諦)를 터득하고 모든 의혹이 사라져 그 자리에서 바른 지혜를 얻었다. 그는 기쁜 얼굴로 집으로 돌아와 아내를 덥석 안으며 이렇게 말했다.

"나는 지금까지 여래이며 세존이며 등정각자인 부처님과 같은 분을 만나본 적이 없다. 이제 그 분은 나의 스승이시다. 나는 오늘부터 참다운 부처님의 제자가 될 것이다."

잡아함 42권 1158경 《바사타경(婆肆　經》

종교적인 이유로 가족 사이에 갈등이 생기는 것은 예나 지금이나 마찬가지다. 아내나 남편이 어떤 종교에 심취돼 있는 사람이 있으면 상대방에게도 그 종교를 요구하는 것을 쉽게 볼 수 있다. 가족 간의 종교적 일치는 가족 간의 이해와 화목을 위해서도 매우 중요하다. 그러나 종교적 선택은 어디까지나 개인적 판단에 따를 일이어서 무조건적인 맹종은 한번 생각해 볼 일이다.

이런 점에서 이 경에 나오는 다닌자니의 처신은 매우 신중하고 합리적이었다고 생각된다. 이 아내는 자기가 믿는 종교를 남편에게 강요하지는 않았다. 다만 내가 잘못된 믿음을 갖고 있는지 아닌지를 당신이 직접 판단해 보라고 권유하고 있다. 그리하여 부처님을 찾아간 남편은 대화를 통해 어떤 것이 올바른 가르침인지를 스스로 판단하도록 하고 있다.

이 경전에서 또 한 가지 주목되는 점은 남편을 교화하기 위한 아내의 역할이다. 남편을 불법으로 이끌기 위해서는 무엇보다도 견고한 신심과 교리를 바르게 이해하는 것이 급선무다. 부처님의 가르침을 제대로 설명할 수 있을 때 남편을 부처님 앞으로 인도할 수 있다. 우리나라 불교는 여성 불자가 80%를 넘는다. 그러나 남편을 부처님께 귀의시키는 아내는 매우 적다. '치마불교'의 오명을 씻기 위해서라도 여성 불자들이 분발할 일이다.

병상에 염주를 걸어주는 불교

부처님이 사밧티의 기원정사에 있을 때의 일이다. 그 무렵 교단의 재정적 후원자였던 수닷타 장자가 병이 들어 매우 위중한 상태였다. 이 소식을 들은 부처님은 어느 날 아침 탁발을 나선 길에 장자의 집을 방문했다. 장자가 감격하여 자리에서 일어나려 하자 부처님은 이를 만류하고 친절하게 병세를 물었다.

"장자여, 병세는 어떤가. 고통은 견딜 만 한가. 더 나빠지지는 않는가."

"부처님, 저의 병은 너무 심해 견디기 어려울 지경입니다."

"장자여. 두려워하지 말라. 만일 어리석은 사람이라면 평소에 불법승 삼보를 믿지 않고 계율을 실천하지 않았기 때문에 목숨을 마친 뒤의 일을 두려워 할 것이다. 그러나 그대는 라자가하의 한림(寒林)에서 나를 만난 뒤, 삼보에 귀의하고 청정한 계율을 성취했다. 또한 많은 재물을 승단에 보시해 큰 공덕을 지었다. 그러니 무엇이 두렵겠는가."

부처님의 위로를 받은 장자는 마음이 편안해졌다. 그는 기쁜 마음으로 병중에서도 부처님에게 공양을 올리는 것을 잊지 않았다. 부처님의 문병에 이어 다음날에는 아난다와 사리풋타가 차례로 급고독 장자의 집을 찾아 위로하고 설법했다.

잡아함 37권 1030경 《급고독경(給孤獨經)》

병고와 죽음은 인생에 가장 큰 고통이다. 하지만 종교생활을 하는 사람은 바로 이 때 누구보다 큰 위안과 평화를 얻을 수 있다. 부처님과 같은 분이 찾아와 위로해 주고 병상에서의 종교생활을 지도해 주기 때문이다. 앞에서 인용한 경전은 재가 불자들이 병이 들었을 때 부처님과 제자들이 찾아가 위로하는 모습이다. 부처님은 대체로 찾아오는 사람에게 설법을 했지만 병든 재가 불자가 있으면 이렇게 직접 찾아가 위로하고 설법하는 것을 사양하지 않았다.

부처님뿐만 아니라 성문 제자들도 재가 불자들이 병이 들면 찾아가 위로하고 설법하는 일을 자주했다. 잡아함 20권 554권《하리경(訶梨經)》은 마하카트야나(大迦旃延) 존자가 할리장자의 병실을 방문해 위로한 사실을 기록하고 있다. 당시 할리장자는 병이 매우 위중해서 생사가 오락가락하는 지경이었는데, 마하카트야나는 아침 탁발을 나간 길에 장자의 집에 들러 다음과 같은 대화로 그를 위로했다.

"어떻습니까. 고통은 견딜 만합니까. 병은 차도가 있는지요?"

"존자님. 내 병은 점점 더 깊어져 곧 죽을 것 같습니다. 저는 어떻게 해야 좋을지요?"

"육신은 무상한 것입니다. 아무리 '나의 것'이라 집착해도 반드시 무너지게 마련입니다. 불자는 영원하지 않은 것에 집착하지 않습니다."

"그러면 무엇을 믿고 무엇에 의지해야 합니까?"

"거룩한 불법승(佛法僧) 삼보와 계율(戒)에 대해 무너지지 않는 깨끗한 믿음을 성취하도록 해야 합니다."

"어떻게 하면 방금 말씀한 네 가지에 대해 깨끗한 믿음을 성취할 수 있습니까?"

"이렇게 생각해야 합니다. '부처님은 현세의 모든 고통을 떠난 분이시고, 그 가르침은 현세의 모든 고통을 떠나는 가르침이며, 승단은 그 가르침을 따르는 집단이며,

계는 바른 가르침을 실천하는 방법이다. 이를 믿고 따르고 실천하면 위없는 공덕이 성취될 것이다.'라고."

어떤 강건한 사람도 병이 들어 병상에 누워 있으면 마음이 약해지기 마련이다. 이 때 누가 와서 다정한 말 한마디 건네는 것은 더 없는 위로가 된다. 더욱이 스님이나 불자가 찾아와 쾌유를 빌어주고 경전의 한 구절이라도 일러주면 이로 인해 새로운 믿음이 생겨날 것은 당연하다. 열심히 종교생활을 해온 보람을 느끼는 것도 이 때다. 그러나 요즘 우리들은 병고에 시달리는 불자들의 병상을 방문하는 일을 소홀히 하고 있다. 오히려 불자가 입원한 병실에 다른 종교 전도사들이 찾아와 기도하고 위로해주는 일이 더 많다. 어떤 경우에는 이를 계기로 개종하는 불자들이 생기기도 한다. 참 안타까운 일이다.

각설. 병상에 있는 불자들은 염주를 돌리며 자주 삼보에 귀의한 공덕을 생각하는 것이 좋다. 그러면 쉽게 마음의 평화를 얻을 수 있을 것이다.

나무불법승(南無佛法僧)!

불자의 조건 열여섯 가지

 부처님이 고향인 카필라바투 니그로다 동산에 있을 때의 일이다. 어느 날 마하나마라는 재가 신도가 여러 사람들과 함께 부처님을 찾아왔다.

"어떤 사람을 가리켜 재가 신도라 합니까?"

"집에서 깨끗하게 살면서 '목숨을 마칠 때까지 삼보에 귀의하는 우바새, 우바이가 되겠습니다. 이를 증명하여 주십시오.' 라고 다짐한 사람들을 말한다."

"그러면 재가 신도들은 어떤 조건을 갖추어야 이름에 걸맞는다고 할 수 있겠습니까?"

"마하나마여, 다음과 같은 열여섯 가지 조건을 갖추어야 참다운 재가 신도라 할 수 있을 것이다.

첫째는 스스로 바른 믿음을 가져야 한다. 둘째는 스스로 깨끗한 계율을 가져야 한다. 셋째는 언제나 보시를 행하여야 한다. 넷째는 절에 자주 나가 스님을 공경해야 한다. 다섯째는 스님을 보면 법을 청하여 들어야 한다. 여섯째는 항상 바른 법만을 받아 지녀야 한다. 일곱째는 자신이 받아 지닌 법이 옳은 것이지 그른 것인지 그 뜻을 깊이 관찰해야 한다. 여덟째는 바른 법에 따라 실천을 게을리 하지 말아야 한다. 이 여덟 가지를 자기 자신뿐만이 아니라 남에게도 가르쳐 낱낱이 그렇게 하도록 해야 한다.

그러면 모두 열여섯 가지를 성취하는 것이 된다. 이런 사람을 일러 나는 참된 재가 신도라 부른다."

잡아함 33권 929경 《일체사경(一切事經)》

불교교단은 사부대중으로 구성된다. 20세 이상의 남자 출가승인 비구와 여자 출가승인 비구니를 출가이부중(出家二部衆)이라 한다. 이와는 달리 재가에 있으면 삼보에 귀의하고 부처님의 가르침을 따르는 남자 신도는 우바새(優婆塞), 여자 신도는 우바이(優婆夷)라 한다.

이들은 재가이부중(在家二部衆)으로 출가이부중과 함께 사부대중을 이룬다. 사부대중보다 더 좁은 의미의 교단을 지칭하는 말로는 승가(僧伽:samgha)가 있다. 이는 '화합의 공동체' 란 의미로 같은 규약 아래서 공동체 생활을 하는 '승단' 을 지칭하는 말이다. 출가이부중이 여기에 속한다. 승가란 말에는 재가이부중이 포함되지 않는다. 재가이부중은 같은 규약 아래 공동체 생활을 하지 않기 때문이다.

출가중과 재가중의 관계는 수평적 관계이기 보다는 종속적 관계다. 재가이부중은 출가이부중의 지도를 받으며 출가이부중은 재가이부중의 경제적 후원에 의해 교단을 이끌어 간다. 이는 부처님 당시부터 형성된 전통이다. 그러나 출가중과 재가중의 관계는 경제적 거래관계는 아니다. 예를 들어 출가중이 설법을 해주고 재가중은 그 대가로 보시를 하는 것은 정당하지 않다. 부처님은 공양을 받기 위해 설법하는 것을 금했다. 오로지 순수한 부처님의 제자로서 서로 해야 할 바를 다하라는 것이 부처님의 교계(教誡)다. 따라서 출가자에게는 출가자의 의무가 있고 재가자에게는 재가자의 의무가 있다. 이 의무와 조건을 구체적으로 명시하고 있는 것이 이 경전이다. 그 조건은 열여섯 가지다.

이에 따르면 삼보에 귀의하지 않아 바른 믿음이 없는 사람, 1년에 한두 번 정도

절에 나가는 사람, 수계를 하지 않은 사람, 자주 설법을 듣지 않는 사람, 교단의 외호를 위해 보시를 하지 않는 사람, 다른 사람에게 불법을 전하지 않는 사람, 삿된 법을 믿는 사람, 부처님의 가르침을 실천하지 않는 사람은 진정한 의미의 재가 신도가 아니다.

지금까지 스스로 불자라고 자처해온 사람이 이 조건에 자신을 비춰보면 어떤 모습일까. 또 교단은 불자들을 어떻게 가르쳐 왔는지 돌아보면 어떤 결론이 나올지는 생각해볼 일이다.

재가불자가 해야 할 일

 부처님이 카필라바투 니그로다 동산에 계실 때의 일이다. 어느 날 석가족의 마하나마가 부처님을 찾아와 여쭈었다.

"부처님 어떤 사람을 재가 신자라고 합니까?"

"재가 신자란 집에서 깨끗하게 살면서 '목숨을 마칠 때까지 삼보에 귀의하고 불법을 받드는 신자가 되겠습니다.' 라고 다짐한 사람들이다."

"재가 신자는 어떻게 해야 믿음이 완전하다고 할 수 있나이까?"

"여래에 대한 믿음이 완전하고 견고하여 어떤 바라문이나 외도도 무너뜨릴 수 없어야 한다."

"재가 신자는 어떻게 해야 계율을 잘 지킨다고 할 수 있나이까?"

"살생과 도둑질과 음행과 거짓말과 음주를 즐겨 하지 않고 그것을 떠나기를 좋아하는 것이다."

"재가 신자는 어떻게 해야 설법을 잘 듣는다고 할 수 있나이까?"

"처음도 좋고 중간도 좋고 끝도 좋으며, 뜻도 좋고 맛도 좋고 순일하고 원만한 부처님의 가르침을 한번 듣고 잘 기억해두는 것이다."

"재가 신자는 무엇을 버려야 하나이까?"

"인색함을 버리고 널리 보시할 줄 알아야 한다."

"재가 신자는 어떤 지혜를 갖추어야 합니까?"

"괴로움, 괴로움의 원인, 괴로움의 사라짐, 괴로움을 없애는 법(四聖諦)을 바르게 알고 실천하는 것이다."

잡아함 33권 927경 《우파색경(優婆塞經)》

 경명인 우바새란 범어 우파사카(upasaka)를 소리대로 옮긴 말로 '깨끗한 믿음을 가진 신사(淸信士)'로 번역한다. 우바새의 여성형은 우바이(優婆夷)로 우파시카(upasika)를 소리대로 옮긴 말로 번역하면 청신녀(淸信女)가 된다. 모두 재가의 남녀 신자를 의미하는 말이다.

부처님은 이 경에서 재가 불자들이 세속에 살면서 실천해야 할 종교생활의 덕목을 여섯 가지로 나누어 가르치고 있다. 첫째는 삼보에 귀의할 것, 둘째는 믿음이 견고할 것, 셋째는 계율을 잘 지킬 것, 넷째는 자주 설법을 들을 것, 다섯째는 널리 보시를 행할 것, 여섯째는 사제법을 배워 실천할 것 등이다.

불자들이 오랫동안 절에 다니다 보면 일상성에 매몰되어 자기가 지금 어떤 종교생활을 하고 있는지를 잊고 지낼 때가 있다. 무엇이 불자다운 태도인지, 어떻게 해야 올바른 종교생활을 하는 것인지를 잊고, 종교생활을 하지 않는 사람보다도 못한 짓을 할 때가 한두 번이 아니다. 그럴 때 이 경을 읽어보면 좋은 반성의 거울이 될 것이다.

홍사성

동국대학교 불교학과 졸업하고 불교신문 주필, 불교TV 제작국장, 불교방송 상무 등을 역임했다. 현재는 불교평론 발행인 겸 주간이다. 《세계의 불교》《마음으로 듣는 부처님 말씀》《날마다 읽는 부처님 말씀》《불교 입문》《정법천하를 기다리며》《나도 부처님 될래요》《불교상식백과》《근본불교의 이해》《동남아 불교사》 등의 책을 냈다.

부처님은 이렇게 말씀했다

1998년 11월 6일 초판발행
2025년 10월 15일 개정판 1쇄 발행

지은이 홍사성
펴낸이 이규만
디자인 B&D
펴낸곳 참글세상

출판등록 2009년 3월 11일 제300-2009-24호
주소 (우)03149 서울시 종로구 인사동 7길 12 백상빌딩 1305호
전화 02·730·2500 HP 010-6340-6644
팩스 02·723·5961
이메일 kyoon1003@hanmail.net

ISBN 978-89-94781-71-6   03220

※ 잘못된 책은 교환해 드립니다.
※ 이 책은 저작권법에 따라 보호받는 저작물이므로 무단전재와 무단복제를 금지하며,
   이 책 내용의 일부를 이용할 때도 반드시 지은이와 출판사의 서면 동의를 받아야 합니다.
※ 이 책의 수익금 1%는 어린이를 위한 나눔의 기금으로 쓰입니다.